R. 2238. 5^{tos}
P. 1.

LA PALINGÉNÉSIE
PHILOSOPHIQUE,
OU IDÉES
SUR L'ÉTAT PASSÉ
ET SUR L'ÉTAT FUTUR
DES ÊTRES VIVANS.

Ouvrage destiné à servir de SUPPLÉMENT aux derniers Écrits de l'Auteur,

Et qui contient principalement

LE PRÉCIS DE SES RECHERCHES SUR LE CHRISTIANISME.

Par C. BONNET,
de diverses Académies.

TOME PREMIER

A GENEVE,
Chez CLAUDE PHILIBERT & BARTHELEMI CHIROL.

M. DCC. LXX.

AUX AMIS
DE LA VÉRITÉ
ET DE LA VERTU,
QUI SONT LES MIENS.

» L'Entendement va au *vrai* ; la Vo-
» lonté, au *bien* ; la Puissance, à l'*être*.
Théodic. §. 7.

PRÉFACE.

MON Libraire de Coppenhague réimprimoit mon *Essai Analytique sur les Facultés de l'Ame*; il me demandoit des *Additions*: je les lui avois refusées : elles auroient été une espece de vol que j'aurois fait à ceux qui avoient acheté la premiere Edition. Je m'étois donc déterminé à les publier dans un nouvel Ouvrage, qui seroit comme un *Supplément* à mes derniers Ecrits; & c'est cet Ouvrage que je donne aujourd'hui au Public.

La crainte de rendre les Volumes trop gros ne m'a pas permis d'y insérer quelques Pieces que je pourrai publier un jour, & qui roulent sur des Sujets de *Métaphysique* (*) & d'*Histoire Naturelle*.

On trouvera à la tête de cette nouvelle Production deux petits Ecrits qui avoient déjà paru dans la Préface de ma *Contemplation de la Nature* : ce sont ces *Extraits raisonnés* que j'ai moi-même fait de l'*Essai Analytique* & des *Considérations sur les Corps Organisés*. Il m'a paru que je devois les reproduire ici, parce qu'ils sont propres à éclaircir divers endroits de ces Ouvrages, & à faire mieux sentir la liaison des *Principes* & l'enchaînement des *Conséquences*. J'y ai

(*) C'est en particulier une de ces Pieces de *Métaphysique*, à laquelle je renvoie dans la Partie XIII, pag. 34 de cette *Palingénésie*, que j'aurois désiré le plus d'y insérer : je parle de mon *Esquisse du Leibnitianisme*. Elle auroit été utile pour l'Intelligence de quelques endroits de cette Partie, & de la Partie VII.

ménagé des *Titres particuliers* qui manquoient à la Préface de la *Contemplation*, & qui étoient absolument nécessaires pour mettre plus de distinction dans les Sujets, & les retracer plus fortement à l'Esprit.

L'Ecrit *psychologique* dont ces *Extraits* font immédiatement suivis, est tout neuf. Il est principalement destiné à faciliter l'intelligence des *Principes* que j'ai exposés dans l'*Essai Analytique*; à montrer l'*application* de ces Principes aux Cas *particuliers*; & à exercer l'Entendement dans une Recherche si digne des plus profondes méditations de l'Etre pensant. Le Morceau sur l'*Association des Idées* m'auroit fourni facilement la Matiere d'un gros Livre. Je me suis renfermé dans l'espace étroit de quelques pages. Ma santé l'exigeoit. Le Lecteur intelligent saura développer mes Idées, & en tirer une multitude de Conséquences que je n'ai pas même indiquées.

Si après qu'on aura un peu médité cet *Ecrit* & *l'Analyse Abrégée*, on n'entend pas mieux mon Livre *sur l'Ame* ; si l'on se méprend encore sur mes Principes & sur leur Application ; ce ne sera plus assurément parce que je ne me serai pas expliqué assez, ni d'une maniere assez claire & assez précise. Jamais peut-être aucun Ecrivain de *Philosophie Rationnelle* ne s'étoit plus attaché que moi à mettre dans cette belle Partie de nos Connoissances, cette netteté, cette précision, cet enchaînement dont elle ne sauroit se passer, & dont quelques Ouvrages célebres sont trop dépourvus. J'ai prié qu'on voulût bien comparer mon

Travail à celui des Auteurs qui m'ont précédé, & je le demande encore.

Au reste, on juge aisément, que depuis environ vingt-sept ans que je ne cesse point de *composer* pour le Public, j'ai eu des occasions fréquentes de m'occuper de la *Méchanique* du *Style* en général, & de celle du Style *philosophique* en particulier. J'ai donc médité souvent sur les *Signes* de nos Idées, sur l'emploi de ces Signes, & sur les effets naturels de cet emploi. J'ai reconnu bientôt que ce Sujet n'avoit point été creusé ou anatomisé autant qu'il méritoit de l'être, & qu'il avoit avec les Principes de la Science *psychologique* des liaisons secrettes, que les meilleurs Ecrivains de *Rhétorique* ne me paroissent pas avoir apperçues. Je ne me livrerai pas ici à cette intéressante Discussion : elle exigeroit des détails qui me jetteroient fort au-delà des bornes d'une Préface.

L'*Essai d'Application* de mes *Principes psychologiques*, est avec les Ecrits qui le précedent, une sorte d'*Introduction* à la *Palingénésie Philosophique*. En commençant à travailler à cette *Palingénésie*, j'étois bien éloigné de découvrir toute l'étendue de la Carriere qu'elle me feroit parcourir. Je ne me proposois d'abord que d'appliquer aux *Animaux* une de ces Idées psychologiques, que je m'étois plu à développer en traitant de la *Personnalité* & de l'*Etat Futur* de l'*Homme* : *Essai Analyt.* chap. XXIV. Insensiblement le Champ de ma Vision s'est agrandi : j'ai apperçu sur ma route une infinité de choses intéressantes, aux-

PREFACE.

quelles je n'ai pu refuser un coup d'œil, & ce coup-d'œil m'a découvert encore d'autres Objets.

Enfin, après avoir marché quelque temps au milieu de cette Campagne riante & fertile, une Perspective plus vaste & plus riche s'est offerte à mes regards; & quelle Perspective encore! celle de ce *Bonheur à venir* que DIEU réserve dans SA BONTÉ à l'Homme mortel.

J'ai donc été conduit par une marche aussi neuve que philosophique à m'occuper des *Fondemens* de ce *Bonheur*; & parce qu'ils reposent principalement sur la RÉVÉLATION, l'Examen *logique* de ses *Preuves* est devenu la Partie la plus importante de mon Travail. Je n'ai annoncé qu'une *Esquisse:* pouvois-je annoncer plus, relativement à la grandeur

PREFACE.

du Sujet & à la médiocrité de mes Connoissances & de mes Talens !

Ma principale attention dans cette *Esquisse*, a été de ne rien admettre d'essentiel qu'on pût me contester raisonnablement en bonne Philosophie. Je ne suis donc parti que des Faits les mieux constatés, & je n'en ai tiré que les résultats les plus immédiats. Je n'ai parlé ni d'*Évidence* ni de *Démonstration* : mais j'ai parlé de *Vraisemblances* & de *Probabilités*. Je n'ai supposé aucun *Incrédule* : les mots d'*Incrédule* & d'*Incrédulité* ne se trouvent pas même dans cette *Esquisse*. Les *Objections* de divers genres, que j'ai discutées, sont nées du fond de mon Sujet, & je me les suis proposées à moi-même. Je n'ai point touché du tout à la *Controverse* : j'ai voulu que mon Esquisse pût être lue & goûtée par toutes les

PRÉFACE. xiij

Sociétés Chrétiennes. Je me suis abstenu sévérement de traiter le *Dogme* : je ne devois choquer aucune Secte ; mais je me suis un peu étendu sur la Beauté de la *Doctrine*.

Je n'ai pas approfondi également toutes les Preuves ; mais je les ai indiqué toutes, & je me suis attaché par préférence à celles que fournissent les *Miracles*.

Les Lecteurs que j'ai eu sur-tout en vue, sont ceux qui *doutent* de bonne foi, qui ont tâché de s'éclairer & de fixer leurs Doutes, de résoudre les Objections, & qui n'y sont pas parvenus. Je ne pouvois ni ne devois m'adresser à ceux dont le Cœur a corrompu l'Esprit.

Dans la multitude des Choses que j'ai eu à exposer, il s'en trouve beaucoup qui ne m'appartiennent point : comment aurois-je pu ne donner que du neuf dans une Matiere qui est traitée depuis seize Siecles par les plus grands Hommes, & par les plus savans Ecrivains ? Je n'ai donc aspiré qu'à découvrir une *Méthode* plus abrégée, plus sure & plus philosophique de parvenir au grand But que je me proposois.

J'ai tâché d'enchaîner toutes mes Propositions si étroitement les unes aux autres, qu'elles ne laissassent entr'elles aucun vuide. Peut-être cet enchaînement a-t-il été moins dû à mes efforts, qu'à la nature de mon *Plan.* Il étoit tel que je prévoyois assez, que mes Idées s'enchaîneroient d'elles-mêmes les unes aux autres, & que je n'aurois qu'à me laisser conduire par le Fil de la Méditation.

PREFACE. xv

On comprend que cette *Esquisse* ne pouvoit être mise à la portée de tous les Ordres de Lecteurs. Je l'ai dit : je la destinois à ceux qui *doutent* de bonne foi, & en général le Peuple ne *doute* guere. Une Méthode & des Principes un peu philosophiques ne sont pas faits pour lui, & heureusement il n'en a pas besoin.

Qu'il me soit permis de le remarquer : la plupart des Auteurs que j'ai lus, & j'en ai lu beaucoup, m'ont paru avoir deux défauts essentiels : ils parlent sans cesse d'*Evidence* & de *Démonstration*, & ils apostrophent à tout moment ceux qu'ils nomment *Déistes* ou *Incrédules*. Il seroit mieux d'annoncer moins ; on inspireroit plus de confiance, & on la mériteroit davantage. Il seroit mieux de n'apostropher point les *Incrédules*: ce sont eux qu'on veut éclairer & persuader; & l'on commence par les indisposer. S'ils ne ménagent pas toujours les Chrétiens; ce n'est pas une raison pour les Chrétiens de ne pas les ménager toujours.

Un autre défaut, que j'ai apperçu dans presque tous les Auteurs que j'ai étudiés & médités, est qu'ils *dissertent* trop. Ils ne savent pas resserrer assez leurs raisonnemens; je voulois dire, les *comprimer* assez. Ils les affoiblissent en les dilatant; & donnent ainsi plus de prise aux Objections. Quelquefois même il leur arrive de mêler à des Argumens solides, de petites réflexions *hétérogenes*, qui les infirment. La paille & le chaume ne doivent pas entrer dans la Construction d'un Temple de Marbre élevé à la VÉRITÉ.

Le

PREFACE.

Le défir de prouver beaucoup, a porté encore divers *Apologiftes*, d'ailleurs très-eftimables, à donner à certaines Confidérations une valeur qu'elles ne pouvoient recevoir en bonne *Logique*.

Je n'ai rien négligé pour éviter ces défauts : je ne me flatte pas d'y avoir toujours réuffi. Je pouvois peu : je ne fuis pas refté au-deffous du point où je pouvois atteindre. J'ai concentré dans ce grand Sujet toutes les puiffances de mon Ame. Je n'ai pas *nombré* les Argumens : je les ai *pefés*, & à la Balance d'une *Logique* exacte. J'ai fouhaité de répandre fur cette importante Recherche tout l'intérêt dont elle étoit fufceptible, & qu'on avoit trop négligé. J'ai approprié mon Style aux divers Objets que j'avois à peindre, ou plutôt les teintes de ces Objets ont passé d'elles-mêmes dans mon Style. J'ai *senti* & désiré de faire *sentir*. J'ai visé à une extrême précision, & en m'efforçant d'y atteindre, j'ai fait ensorte que la clarté n'en souffrît jamais. Je n'ai point affecté une Erudition qui ne me convenoit pas : il est si facile de *paroître* érudit & si difficile de *l'être*: j'ai renvoyé aux *Sources* ; on les connoît.

Les vrais Philosophes me jugeront : si j'obtiens leur suffrage, je le regarderai comme une récompense glorieuse de mon Travail : mais il est une récompense d'un plus haut prix à laquelle j'aspire, & celle-ci est indépendante du jugement des Hommes.

À Genthod, près de Geneve le 19 de Mai 1769.

TABLE
DU
TOME PREMIER.

ANALYSE ABRÉGÉE
DE
L'ESSAI ANALYTIQUE.

INTRODUCTION, Page 1
I. *Principe fondamental de tout l'Ouvrage. Les Sens, premiere Origine des Idées,* 3
II. *La Réflexion, seconde Source de nos Idées,* 5
III. *L'Union de l'Ame & du Corps, & sa Loi,* ibid.
IV. *Simplicité de l'Ame. L'Homme, Etre mixte,* 6
V. *Structure des Sens, ses Effets généraux. Réalité des Objets de nos Sensations. Influence physique,* 8
VI. *Continuation du même Sujet. Différences spécifiques des Fibres sensibles,* 11

VII. *Physique de la Réminiscence*, Pag. 12
VIII. *Action de l'Ame sur les Sens, indiquée par la nature & par les effets de l'Attention*, 14
IX. *Physique de l'Imagination & de la Mémoire*, 16
X. *Continuation du même Sujet. Remarques importantes sur les Fibres sensibles*, 18
XI. *Continuation du même Sujet. Méchanique de la Mémoire. Physique des Préjugés, du Caractere, &c.* 25
XII. *Considérations sur la Liberté*, 29
XIII. *Remarques sur le Fatalisme*, 33
XIV. *Observations sur la nature de l'Ouvrage & sur la maniere de le lire. Passage de cet Ouvrage qui demandoit à être expliqué*, 34
XV. *Explication du Passage. Considérations préliminaires sur la variété que l'Organisation peut mettre dans les Ames. Résultats généraux des Déterminations que les Fibres du Cerveau peuvent contracter. Application au Passage dont il s'agit*, 36
XVI. *Continuation du même Sujet. De la Question s'il est une Mémoire purement spirituelle. Autre application au Passage dont il s'agit.* 39
XVII. *Continuation du même Sujet. Ré-*

TABLE.

flexions sur l'influence des circonstances physiques, 43

XVIII. *Continuation du même Sujet. Considération sur les Esprits purs & sur la véritable nature de l'Homme. Réflexions sur les vains efforts du Matérialisme,* 45

XIX. *Raisons pourquoi l'Auteur n'est pas Matérialiste,* 49

XX. *Méthodes & réserves de l'Auteur. Projet d'une Histoire de l'Attention. Utilité de cette Histoire,* 51

XXI. *Importance de l'Attention. Ouvrages qui font tomber l'Attention en paralysie. Caractères d'un Ouvrage bien fait & bien pensé,* 54

TABLEAU DES CONSIDÉRATIONS

SUR LES

CORPS ORGANISÉS.

INTRODUCTION, Pag. 61

I. *Remarques générales sur les Extraits que quelques Journalistes ont donné de l'Ouvrage,* 65

II. *Continuation du même Sujet. Vaines déclamations contre l'usage des Con-*

jectures Maniere de penser de l'Auteur sur ses propres Opinions, 67
III. Comment il faut juger de l'Ouvrage, & de ce que l'Esprit Humain peut ou ne peut pas en matiere de Physique, 71
IV. Art de conjecturer en Physique : son Esprit ; ses Usages, 73
V. Continuation du même Sujet. Rapports qui lient toutes les parties de la Nature. Comment l'Art d'observer découvre ces Rapports, 75
VI. Comment le Physicien parvient à la connoissance des Causes. 77
VII. Application aux Recherches de l'Auteur sur la Génération & sur le Développement. Préexistence du Germe à la Fécondation. Premieres Conséquences, 79
VIII. Le Développement, & la Nutrition & la Circulation dans le Germe. Autres Conséquences. 81
IX. L'Irritabilité. Liqueur fécondante, stimulant du Germe, 82
X. Le Mulet ; ses Conséquences. Les Œufs des Vivipares, 84
XI. La Liqueur fécondante, Fluide alimentaire, ses préparations, son élaboration, &c. Comment elle peut nourrir, modifier, & faire développer différentes parties du Germe, 86

TABLE.

XII. *Conclusion. Réflexions sur la nature de l'Ouvrage,* 91

XIII. *Conséquence générale en faveur de la Préexistence des Touts Organiques. Analogies des Etres organisés,* 93

XIV. *Improbabilités des Hypotheses fondées sur l'Epigénese. Ce que c'est que l'Animal. Nombre, diversité, Rapports & Jeu de ses Parties. Admirable Structure des Animaux qu'on juge les moins parfaits. Conséquence,* 96

XV. *Application du Principe de la Préexistence des Germes aux divers genres de Reproductions Animales. Remarque importante sur la signification du mot de Germe,* 100

XVI. *Préexistence des Ames dans les Germes. Réflexions sur l'Ame des Bêtes. Application à la multiplication des Animaux de Bouture, & en particulier à celle du Polype,* 103

XVII. *L'Emboîtement. La Dissémination,* 107

XVIII. *Raisons qui portent l'Auteur à rejeter les Générations équivoques,* 108

XIX. *Les Monstres,* 112

ESSAI D'APPLICATION
DES
PRINCIPES PSYCHOLOGIQUÉS.

INTRODUCTION, Pag. 117
Du Rappel des Idées par les Mots, 118
Suite du Rappel des Idées par les Mots, 129
Sur l'Association des Idées en général, 137
Sur l'Association des Idées chez les Animaux, 150

PALINGÉNÉSIE
PHILOSOPHIQUE.

AVERTISSEMENT, Pag. 161
AVANT-PROPOS, 165
PART. I. *Idées sur l'Etat Futur des Animaux. Hypothese de l'Auteur ; fondement de cette Hypothese*, 169
PART. II. *Comment l'Animal peut s'élever à une plus grande Perfection*, 187
PART. III. *Autres Considérations sur la*

TABLE.

perfection future de l'Animal. Réponses à quelques Questions, Pag. 198

PART. IV. *Application aux Plantes,* 211

PART. V. *Application aux Zoophytes,* 226

PART. VI. *Idées sur l'Etat passé des Animaux : & à cette occasion sur la Création & sur l'harmonie de l'Univers,* 236

PART. VII. *Idées de Leibnitz. Observations sur ces Idées. Jugement sur ce Philosophe,* 263

PART. VIII. *Conciliation de l'Hypothese de l'Auteur sur l'Etat futur des Animaux avec le Dogme de la Résurrection. Principes Fondamentaux de la Religion Naturelle & de la Religion Révélée,* 308

PART. IX. *Réflexions sur l'excellence des machines organiques. Nouvelles découvertes sur les Reproductions animales,* 320

PART. X. *Nouvelles Considérations de l'Auteur sur les Reproductions animales,* 354

TABLE.

PART. XI. *Réflexions sur les Natures plastiques. Nouvelles Considérations de l'Auteur sur l'Accroissement & sur la Préexistence du Germe,* 380

Fin de la Table du Tome premier.

ANALYSE
ABRÉGÉE
DE
L'ESSAI ANALYTIQUE,
OÙ L'ON TROUVE
QUELQUES ÉCLAIRCISSEMENS
SUR LES
PRINCIPES PSYCHOLOGIQUES
DE L'AUTEUR.

ANALYSE

ANALYSE ABRÉGÉE
DE
L'ESSAI ANALYTIQUE,
OÙ L'ON TROUVE
QUELQUES ÉCLAIRCISSEMENS
SUR LES
PRINCIPES PSYCHOLOGIQUES
DE L'AUTEUR.

INTRODUCTION.

JE reproduis ici cette espece d'Analyse de mon *Essai sur l'Ame*, que j'avois insérée dans la Préface de ma *Contemplation de la Nature*. Il m'a paru qu'elle pourroit aider mes Lecteurs à saisir la suite un peu longue de mes Principes, & qu'elle pourroit servir de réponse aux Objections & aux Difficultés qu'on viendroit à tirer de ces Principes.

Tome I.   A

Tout est ici plus rapproché, & quelques Idées fondamentales y sont un peu plus développées ; mais, j'y ai supprimé bien des choses qui, si j'avois voulu les développer aussi, auroient fait de cette sorte d'Extrait un Volume en forme.

Ce seroient les Auteurs eux-mêmes qui devroient faire l'Extrait raisonné de leurs propres Ouvrages. Qui peut mieux que l'Auteur lui-même tracer en raccourci la marche de son Esprit, ses Principes & les Conséquences qui en découlent le plus immédiatement ?

Les Auteurs y perdroient, il est vrai, les éloges que les Journalistes leur prodiguent quelquefois avec trop de complaisance : mais ils y gagneroient d'être mieux lus, mieux entendus, mieux médités, & cet avantage est plus réel.

Je l'ai dit dans la Préface de ma *Contemplation* pag. XXXVI. « J'ai composé » cette Analyse abrégée pour l'opposer à » celle qu'on trouve dans des *Extraits* » trop imparfaits de mon Livre, & pour » faire mieux connoître la Logique dont » j'ai fait usage dans ces Recherches aussi » difficiles qu'intéressantes. »

INTRODUCTION.

Il n'y avoit point de Titres *particuliers* dans cette Préface de la *Contemplation* : j'en ai mis ici, parce qu'il m'a semblé qu'ils manquoient à la distinction des Sujets. Il est toujours bon de caractériser les Sujets ; cela prépare le Lecteur à ce qu'il va lire & marque la route.

I.

Principe fondamental de tout l'Ouvrage.

Les Sens, premiere Origine de nos Idées.

JE suis parti d'un Fait très-connu, très-certain, & que personne ne s'avisera de contester : c'est qu'un Aveugle-né n'acquerra jamais nos Idées de Lumieres & de Couleurs. (*) Son Ame a pourtant les mêmes Facultés que la nôtre : que lui manque-t-il donc pour avoir toutes nos sensations *visuelles* ? l'Organe approprié à ces Sensations.

Si cet Aveugle-né étoit en même temps Sourd-né, s'il avoit encore été privé à sa

(*) *Essai Analytique*, §. 17.

naissance, du Toucher, du Goût, de l'Odorat, je demande quelles idées son Ame pourroit acquérir?

On me répondra apparemment, comme on l'a fait, qu'elle auroit au moins le sentiment de son Existence. Mais comment acquérons-nous le sentiment de notre propre Existence? n'est-ce pas en réfléchissant sur nos propres Sensations? ou du moins nos premieres Sensations ne sont-elles pas liées essentiellement à ce sentiment qu'a toujours notre Ame, que c'est elle qui les éprouve, & ce Sentiment est-il autre chose que celui de son Existence? Mais une Ame qui n'auroit jamais *senti*, comment pourroit-elle savoir qu'elle *existe?*

Il ne seroit pas bon d'admettre ici un certain sentiment *confus* de l'Existence, dont nous ne saurions nous former aucune Idée; il est mieux, sans doute, de ne recevoir que des choses claires, & sur lesquelles on puisse raisonner. La Pensée *actuelle* ne peut constituer l'*Essence* de l'Ame; ce qui la constitueroit, au moins en partie, seroit plutôt la *Cogitabilité*.

II.

La Réflexion, seconde Source de nos Idées.

J'ai donc supposé comme un Principe, que toutes nos Idées dérivent originairement des *Sens*. Je n'ai pas dit que toutes nos Idées sont purement *sensibles*. J'ai montré fort clairement & dans un grand détail, comment la *Réflexion*, aidée des divers genres de *Signes*, s'éleve par degrés des *Sensations* aux *Notions* les plus abstraites. (*) J'ai assez approfondi la Théorie des *Abstractions*, & j'ai tracé en général celle des *Idées*. (†)

III.

L'Union de l'Ame & du Corps, & sa Loi.

Les Objets eux-mêmes ou les Corpuscules qui en émanent, n'agissent sur les Sens que par *impulsion*. Ils leur communiquent un certain ébranlement qui se transmet au Cerveau, & l'Ame éprouve des Sensations.

(*) Chap. XVI. XIX. §. 528.
(†) Chap. XIV. XV. XVI.

Le Philosophe ne recherche point comment le mouvement d'un Nerf fait naître dans l'Ame une Idée. Il admet simplement le Fait, & renonce sans peine à en connoître la Cause. Il sait qu'elle tient au mystere de l'*Union* des deux Substances, & que ce mystere est pour lui impénétrable.

Il lui suffit de savoir, qu'à l'ébranlement de tel ou tel Nerf, répond toujours dans l'Ame telle ou telle Sensation. Il regarde la Sensation, non comme l'effet physique & immédiat du mouvement du Nerf, mais comme la suite inséparable de ce mouvement. Il considere, en quelque sorte, ce mouvement comme un Signe *naturel* de la Sensation, & ce Signe est de l'institution du CRÉATEUR.

IV.

Simplicité de l'Ame.

L'Homme, Être-mixte.

JE n'ai pas affirmé qu'il est impossible que l'Ame pense sans Corps. Il peut exister des *Esprits purs*, qui ont des Idées ; mais, j'ignore profondément comme ils les ont.

Je fais feulement, que le fentiment que j'ai de mon *Moi* eft toujours un, fimple, indivifible ; d'où j'infere que je ne fuis pas tout matiere. J'ai fort développé cette belle preuve. J'admets donc l'exiftence de mon Ame, comme celle d'une Subftance immatérielle, qu'il a plu au CRÉATEUR d'unir à un Corps Organifé. J'aprens donc de la Contemplation de mon Être, que je réfulte de l'union de deux Subftances très-différentes.

Dans cet Ordre de Chofes, je vois que je n'ai des Idées que par l'intervention de mon Corps, & plus je m'étudie moi-même, plus je fuis forcé de reconnoître la grande influence de la Machine fur toutes les Opérations de mon Ame.

J'aprens encore de la RÉVÉLATION, que mon Ame fera éternellement unie à une portion de Matiere ; je ferai donc éternellement un *Être-mixte*.

L'intention de l'AUTEUR de mon Être n'a donc pas été que je fuffe un *Efprit pur*. IL a donc voulu que mon Ame n'exerçât fes Facultés que par l'intervention d'un Corps. S'IL avoit voulu autrement, j'aurois philofophé autrement,

A iv

parce que j'aurois eu une autre maniere d'appercevoir & de juger.

J'ai donc suivi dans mes Recherches sur l'Économie de notre Etre, la marche qui m'a paru la plus conforme à celle de la Nature. Mon Ame n'a aucune prise sur elle-même; elle ne peut se voir & se palper elle-même; mais elle voit & palpe des Corps, à l'aide de celui auquel elle est unie.

Ses Sens la mettent en commerce avec tout ce qui l'environne; par eux, elle tient à toutes les parties de l'Univers; par eux, elle s'approprie, en quelque sorte, la Nature entiere, & remonte même jusqu'à son DIVIN AUTEUR.

V.

Structure des Sens, ses Effets généraux.

Réalité des Objets de nos Sensations.

Influence physique.

J'ÉTUDIE donc la structure de mes *Sens*, ces Instrumens universels des Opérations de mon Ame : je me rends attentif à tout ce qui doit se passer en eux quand les Objets viennent à les frapper. Je médite sur les Effets de ces ébranlemens, sur les Rapports que les Fibres, qui en sont le Siege, soutiennent entr'elles, & sur les Conséquences les plus immédiates de ces Rapports.

Comme je suis assuré que mon Ame n'éprouve aucune *Modification*, qu'à l'occasion de quelque chose qui survient à ses Sens, & par ses Sens à la Partie du Cerveau qui est le Siege immédiat du Sentiment & de la Pensée; je considere le Jeu & les Modifications des Fibres sensibles, comme une sorte de représentation des Modifications correspondantes de mon Ame.

Il importe fort peu à mon but, que je ne me trompe pas sur l'existence des *Corps* : quand tout le système matériel ne feroit qu'un Phénomene, une pure apparence, rélative à ma maniere d'appercevoir & de juger, je n'en distinguerois pas moins mes Sensations les unes des autres; je n'en serois pas moins assuré, que les unes sont en mon pouvoir, & que les autres n'y sont point du tout; je ne serois pas moins certain, qu'il y a hors de mon Ame, quelque chose qui excite en elle des Sensations, indépendamment de sa Volonté. Cette chose, quelle qu'elle soit, est ce que je nomme *Matiere*.

Je n'affirme pas que la matiere soit en effet ce qu'elle me paroît être ; mais je puis raisonnablement affirmer, que ce qu'elle me paroît être, résulte essentiellement de ce qu'elle est en elle-même, & de ce que je suis par rapport à elle. Les Etres qui la voient sous d'autres Rapports que moi, sont d'une nature différente de la mienne. Je la verrois moi-même sous d'autres Rapports, si ma nature venoit à changer.

Il étoit tout aussi indifférent au but de mes Recherches de discuter les différentes Hypotheses, qui ont été imaginées pour rendre raison de l'Union de l'Ame & du Corps, puisque toutes ces Hypotheses supposent également une relation constante entre les Modifications de l'Ame & les Mouvemens du Corps.

Il falloit donc toujours en venir à s'occuper du Jeu des Organes. Il est très-permis après cela, de traduire chaque raisonnement dans la Langue propre à l'Hypothese qu'on a embrassée. Je m'en

DE L'ESSAI ANALYTIQUE. 11

suis tenu à l'*Influence physique*, non comme *au Fait*, mais comme à ce qui paroît l'être.

V I.

Continuation du même Sujet.

Différences spécifiques des Fibres sensibles.

CHAQUE *Sens* a sa méchanique, sa maniere d'agir, sa fin.

Chaque Sens transmet à l'Ame une multitude d'impressions différentes, auxquelles répondent autant de différentes Sensations.

Il ne m'a pas été possible de concevoir, que des Fibres parfaitement *semblables*, pussent suffire à recevoir & à transmettre sans confusion tant d'impressions diverses. Il m'a semblé, que chaque Fibre sensible seroit ainsi dans le cas d'un Corps poussé à la fois par plusieurs Forces, qui agiroient en sens différens : ce Corps recevroit un mouvement *composé*, qui seroit le produit de ces Forces, & qui ne représenteroit aucune de ces Forces en particulier.

En me plaçant dans ce point de vue, je n'ai pu me rendre raison à moi-même de la distinction de mes Sensations. J'ai donc été forcé de supposer qu'il y a dans chaque Sens des Fibres appropriées à chaque espece de Sensation.

J'ai cru appercevoir dans l'Organisation des *Sens* des particularités qui justifioient ma supposition, & je les ai indiquées. (*) Les Observations sur la différence de *Réfrangibilité* des Rayons colorés, & sur celle des *Vibrations* des Cordes des Instrumens sonores, m'ont paru ajouter un nouveau degré de probabilité à cette Conjecture.

VII.

Physique de la Réminiscence.

Mais, mon Ame n'est pas bornée à *sentir* par le ministere de mes Sens: elle a encore le *souvenir* de ce qu'elle a senti. Elle a le sentiment de la *nouveauté* d'une Sensation. Une Sensation qui lui a été présente plusieurs fois, ne l'affecte pas précisément comme la premiere fois.

(*) *Essai Analytique*, Chap. VIII.

C'est toujours par les Sens, que les Objets vont à l'Ame. Des Fibres qui ont été ébranlées plusieurs fois, ne sauroient être précisément dans l'état où elles étoient avant que d'avoir été ébranlées. L'action réitérée de l'Objet doit y apporter quelque changement.

Si l'Espece de la Sensation a été attachée à l'Espece des Fibres, le souvenir de la Sensation ou la *Réminiscence* a pu être attaché à l'état actuel des Fibres. J'ai donc conjecturé que des Fibres *Vierges* n'affectoient pas l'Ame, précisément comme celles qui ne l'étoient pas, & j'ai attribué le sentiment de la *nouveauté* à cet état de *virginité* des Fibres sensibles. (*) Je prie qu'on me passe un mot qui m'évite des périphrases ennuyeuses.

En vertu de l'*Union* des deux Substances, il ne sauroit rien se passer dans l'Ame, qui n'ait dans le Corps quelque chose qui lui corresponde. C'est cette chose que j'ai toujours cherchée, que je ne me flatte point d'avoir toujours rencontrée, & que le plus souvent je n'ai fait qu'entrevoir.

(*) *Essai Analytique*, Chap. IX.

VIII.

Action de l'Ame sur les Sens, indiquée par la nature & par les effets de l'Attention.

Mon Ame a une *Volonté*, & elle l'exerce. Elle a des désirs; elle est *active*. Cette Activité, quelle que soit sa nature, doit avoir un *Sujet* sur lequel elle se déploye : il ne m'a pas été possible de lui en trouver d'autre que les Fibres sensibles. J'ai donc pensé, que comme les Sens agissent sur l'Ame, l'Ame peut agir à son tour sur les Sens.

Je n'ai pas dit que l'Ame agit à la maniere du Corps; elle n'est pas Corps; mais, j'ai dit que l'effet de son action répondoit à celui d'un Corps. En un mot, j'ai admis que l'Ame ébranloit à son gré les Fibres sensibles, & je n'ai pas entrepris d'en chercher la maniere.

Divers Faits m'ont paru établir cette *Force-motrice* de l'Ame, & en particulier l'exercice de l'*Attention*. Lorsqu'elle est trop continuée, elle fait naître dans l'Ame ce sentiment incommode, que nous exprimons par le terme de *fatigue*.

A proprement parler, la fatigue peut-elle résider ailleurs que dans les Organes ? & n'est-ce pas l'Ame elle-même qui l'occasionne par un effet de sa volonté ? Si elle ne vouloit pas être attentive, elle n'éprouveroit aucune fatigue. Elle agit donc sur les Fibres qui sont le siege de cette fatigue.

Si la fatigue cesse lorsque l'Ame change d'Objet, c'est qu'elle agit alors sur d'autres Fibres ; car nous avons vu, qu'il est probable, que chaque Objet a dans le Cerveau des Fibres qui lui sont appropriées.

C'est à l'aide de ces Principes, que j'ai essayé, peut-être le premier, d'analyser la nature & les effets de l'Attention, & de prouver que cette précieuse Faculté est ce qui met le plus de différence entre un Homme & un autre Homme. (*)

On nous avoit donné d'excellentes Regles pour diriger & pour fixer l'Attention ;

(*) Chap. XI. & XIX. §. 529. 530. 533.

mais on ne s'étoit pas assez occupé du fondement physique de ces Regles. Jamais on ne réussira mieux à diriger l'Homme, que lorsqu'on partira du Physique de sa Constitution. C'est toujours par le Physique qu'il faut passer pour arriver à l'Ame.

IX.

Physique de l'Imagination & de la Mémoire.

Les Idées que les Objets excitent dans l'Ame, se retracent à l'Ame sans l'intervention des Objets. Cette reproduction des Idées est due à l'Imagination & à la Mémoire. J'ai cherché comment elle s'opere, ou ce qui est la même chose, en quoi consiste le *Physique* de l'Imagination & de la Mémoire. (†)

La méthode que j'ai suivie pour y parvenir, m'a paru très-simple & assez lumineuse ; c'est celle que j'ai suivie dans toutes mes Recherches psychologiques. J'ai d'abord porté mon attention sur ce

(†) Chap. XIV. §. 212. 213. 214. Chap. XX. §. 546. & suivans. Chap. XXII. §. 623, 624. & suivans.

qui

DE L'ESSAI ANALYTIQUE. 17

qui a précédé immédiatement. Avant que de chercher comment une idée est *reproduite*, j'ai cherché comment elle étoit *produite*.

J'ai vu clairement que l'Ame n'a jamais de Senfation *nouvelle*, que par l'entremife des Sens. C'eft à l'ébranlement de certaines Fibres, que cette Senfation a été originairement attachée. Sa *reproduction* ou fon rappel par l'Imagination, tiendra donc encore à l'ébranlement de ces mêmes Fibres.

Des accidens qui ne peuvent affecter que le Corps, affoibliffent & détruifent même l'Imagination & la Mémoire. Elles ont donc un fiege dans le Corps, & ce fiege feroit-il autre chofe que l'Organe qui tranfmet à l'Ame toutes les impreffions du dehors ?

J'ai donc penfé, que les Fibres fenfibles font conftruites de maniere, que l'action plus ou moins continuée des Objets y produit des *Déterminations* plus ou moins durables, qui conftituent le Phyfique du fouvenir.

Je n'ai pu dire ce que font ces Déterminations, parce que la ftructure des Fi-

Tome I. B

bres sensibles m'est inconnue : mais si chaque *Sens* a sa Méchanique, j'ai cru que chaque *espece* de Fibre sensible pourroit avoir la sienne.

X.

Continuation du même Sujet.
Remarques importantes sur les Fibres sensibles.

J'ai donc considéré chaque Fibre sensible, comme un très-petit Organe, qui a ses Fonctions propres, ou comme une très-petite Machine, que l'action des Objets monte sur le ton qui lui est approprié. J'ai jugé que le jeu ou l'effet de la Fibre doit résulter essentiellement de sa structure primordiale, & celle-ci de la nature & de l'arrangement des *Elémens*.

Je ne me suis point représenté ces Elémens comme des Corps *simples*; je les ai envisagés comme les Parties constituantes d'un petit Organe, comme les différentes Pieces d'une petite Machine, destinée à recevoir, à transmettre & à reproduire l'impression de l'Objet auquel elle a été appropriée.

J'ai donc supposé que chaque *Espece* de Fibre sensible a été originairement construite sur des *Rapports* déterminés à la maniere d'agir de son Objet.

Cette supposition ne m'a pas paru gratuite : si l'Œil n'agit pas comme l'Oreille, c'est que sa Structure est essentiellement différente ; c'est que la Lumiere n'agit pas comme le Son. Les Fibres appropriées aux différentes Perceptions visuelles, ont donc probablement une autre structure que celles des Fibres appropriées aux Perceptions de l'Ouie.

Il y a plus ; chaque Perception a son caractere, qui nous la fait distinguer de toute autre. Par exemple ; chaque Rayon coloré a son *Essence*, qui est immuable : un Rayon *rouge* n'agit pas précisément comme un Rayon *bleu*. Il y a donc encore, entre les Fibres de la Vue, des différences relatives à celles qui sont entre les Rayons.

Je n'ai pas admis simplement, que les Fibres de la Vue sont plus déliées que celles de l'Ouie ; que les vibrations des unes sont plus promptes que celles des autres, & qu'entre les Fibres de la Vue, celles qui font appropriées à l'action des Rayons *rouges*, font moins fines, que celles qui font appropriées à l'action des Rayons *bleus*. Cela ne m'a pas semblé suffire pour rendre raison des Phénomenes de la *Mémoire*.

J'ai bien entrevu, que des oscillations plus ou moins promptes, ou tout autre mouvement analogue, pourroit peut-être suffire à caractériser l'*Espece* de la Sensation; mais, je n'ai pas compris, qu'ils puffent servir en même-temps à retracer à l'Ame le *Souvenir* de la Sensation. Il m'a paru, que puisque ce Souvenir tient au Corps, il devoit dépendre de quelque changement qui survenoit à l'état *primitif* des Fibres sensibles, par l'action des Objets. (*).

J'ai donc admis, comme probable, que l'état des Fibres, sur lesquelles un Objet a agi, n'est pas précisément le même après cette action, qu'il étoit auparavant. J'ai conjecturé que les Fibres sensibles éprouvent ainsi des Modifications plus ou moins durables, qui constituent le *Physique* de la Réminiscence & de la Mémoire.

(*) Chap. VII. §. 57, 58, 59 & suivans.

Je n'ai pas entrepris de déterminer en quoi consiste ces *modifications* ; je ne connoissois aucun Fait qui pût m'éclairer sur ce point obscur. Mais ayant considéré les Fibres sensibles comme de très-petits Organes, il ne m'a pas été difficile de concevoir que les Parties constituantes de ces Organes pouvoient revêtir les unes à l'égard des autres de nouvelles positions, de nouveaux *Rapports*, auxquels étoit attaché le *Physique* du Souvenir.

Ceci tient à l'*Habitude*, dont on parle tant, qui a une si grande influence dans la Vie humaine, & dont je ne sache pas qu'on ait bien développé le Principe. J'ai tenté d'expliquer comment elle se forme, s'enracine, s'affoiblit, s'éteint. (*)

Je disois à cette occasion, pag. 74. §. 109. « Des Fibres destinées à *transmettre* & à *retracer* à l'Ame les impressions des Objets, ont une structure relative à cette double Fin. En vertu des Rapports que la Nature a établis entre les Fibres des *Sens* & l'activité des Objets, ce sont les Objets eux-mêmes qui *disposent* les Fibres à reproduire les

(*) Chap. IX. §. 96, 97 & suivans. Chap. XXII, §. 641, 642 & suivans.

» impreſſions qu'elles en ont reçues. Tel
» eſt l'art avec lequel ces Fibres ont été
» conſtruites, qu'en agiſſant ſur elles les
» Objets les *montent* ou leur impriment
» un certain ton. »

Je diſois encore, pag. 366. §. 612,
613. « Je ne décide point, ſi l'effet que
» l'action de l'Objet produit ſur la Fibre,
» ſe borne au changement qui ſurvient à la
» poſition reſpective des Elémens ; ou s'il
» affecte encore leur forme & leurs pro-
» portions. Afin donc de ne rien haſarder
» ſur un ſujet qui m'eſt inconnu, j'avertis
» que par les termes de *Diſpoſitions* ou
» de *Déterminations* imprimées aux Elé-
» mens de la Fibre, j'entends en général
» tous les changemens qui leur ſurvien-
» nent en conſéquence de l'action de
» l'Objet. Je ne détermine donc point
» quels ſont ces changemens ; & ſi je
» parle plus volontiers du changement de
» la poſition *reſpective*, c'eſt qu'il me pa-
» roît être celui que le mouvement ſup-
» poſe le plus eſſentiellement.

» Non-ſeulement la Fibre tranſmet à
» l'Ame l'impreſſion de l'Objet ; mais elle
» lui retrace encore le *Souvenir* de cette
» impreſſion. Ce ſouvenir ne diffère de

» la Senſation même que par le degré de
» l'intenſité. Il a donc la même origine :
» il dépend donc, comme la Senſation
» elle-même, d'un mouvement qui s'ex-
» cite dans la Fibre ; mais d'un mouve-
» ment plus foible.

» L'exécution de ce mouvement exige
» une certaine diſpoſition dans les Parties
» *intégrantes* de la Fibre. Les Elémens
» retiennent donc pendant un temps plus
» ou moins long les Déterminations qu'ils
» ont reçues de l'action de l'Objet. Il
» monte, pour ainſi dire, la Fibre à ſon
» ton ; & tandis qu'elle demeure ainſi
» montée, elle conſerve l'aptitude à re-
» tracer à l'Ame le *Souvenir* de la Sen-
» ſation de l'Objet, &c.

J'ajoutois enfin, pag. 368. §. 616. « Il
» faut donc conſidérer la Fibre, comme
» une très-petite Machine deſtinée à pro-
» duire un certain mouvement. La Ca-
» pacité de cette petite machine à exé-
» cuter ce mouvement, dépend originai-
» rement de ſa Conſtruction ; & cette
» Conſtruction la diſtingue de toutes les
» Machines de même genre. L'action de
» l'Objet réduit cette Capacité en Acte.
» C'eſt cette action qui monte la Machine.

» Dès qu'elle est montée, elle joue au
» moment que quelque impulsion sur-
» vient. (*)

Au reste, le Lecteur ne doit pas avoir beaucoup de peine à comprendre comment la Nature a pu varier assez la structure des Fibres sensibles, pour fournir à cette prodigieuse diversité de Perceptions que nous éprouvons. Combien l'Art humain, si grossier, si imparfait, si borné, varie-t-il ses Productions de même genre! Combien de formes différentes ne sait-il pas donner à une Chaîne! Quelle variété ne met-il point entre les Chaînons de différentes Chaînes! De combien de combinaisons les mêmes Élémens ne sont-ils pas susceptibles! & que sera-ce, quand on supposera que les Élémens ont été eux-mêmes diversifiés!

―――――
(*) Je prie qu'on consulte sur-tout les §. 684, 685, où j'ai tâché de rassembler sous un seul point de vue la plupart de mes Principes sur le *Physique* de notre Etre.

XI.

Continuation du même Sujet.

Méchanique de la Mémoire.

Physique des Préjugés du Caractere &c.

L'Ame n'a pas seulement le *Souvenir* des Perceptions qui l'ont affectée, elle peut encore se les rappeller dans l'*ordre* suivant lequel elles l'ont plusieurs fois affectée. C'est-là un des principaux Effets de la *Mémoire*.

Pour tâcher d'éclaircir un peu la Méchanique de cette admirable Faculté, je m'y suis pris comme le Physicien s'y prend pour remonter à la cause secrette de quelqu'effet que ce soit. J'ai rassemblé un certain nombre de Faits, j'en ai formé une suite graduée, je les ai comparés & analysés avec toute l'attention dont j'étois capable. J'ai étudié l'Art auquel nous avons recours, pour graver dans notre Cerveau, une suite ordonnée de Sons, de Mots, un Discours; (*) & j'ai vu

(*) Chap. XXII. §. 625, 626, 627 & suivans; §. 636, 637 & suivans.

assez clairement, que cet Art, si connu de ceux qui récitent en public, a pour derniere Fin d'ébranler les Fibres sensibles dans un ordre *relatif* à la suite des Mots auxquels elles sont *appropriées*.

J'ai montré que, puisque nos Idées de tout genre se rappellent les unes les autres, & que toutes tiennent originairement aux Sens, il faut que les Fibres sensibles de tout genre communiquent les unes aux autres *immédiatement* ou *médiatement*. Elles peuvent donc acquérir une disposition *habituelle* à s'ébranler les unes les autres dans un ordre déterminé & constant.

C'est toujours par la répétition des mêmes mouvemens, *dans le même sens*, que l'on parvient à leur faire contracter cette disposition.

L'*Attention*, qui ajoute un nouveau degré de force à l'ébranlement, aide encore à graver la suite des Mots dans la Mémoire. Cette suite sera donc représentée dans le Cerveau, par une Chaîne de Fibres & de Fibrilles, le long de laquelle le mouvement se propagera dans un ordre d'autant plus constant, que la Mémoire sera plus tenace.

La *ténacité* de la Mémoire dépendra en dernier reſſort, de la diſpoſition particuliere des Elémens à retenir les *Déterminations* qui leur auront été imprimées.

Il ſuit de là, qu'une Intelligence qui connoîtroit à fond la Méchanique du Cerveau, qui verroit dans le plus grand détail tout ce qui s'y paſſe, y liroit comme dans un Livre. Ce nombre prodigieux d'Organes, infiniment petits, appropriés au Sentiment & à la Penſée, ſeroit pour cette Intelligence, ce que ſont pour nous les Caracteres d'Imprimerie. Nous feuilletons les Livres, nous les étudions ; cette Intelligence ſe borneroit à contempler les Cerveaux.

Je n'ai rien dit de ces *traces*, de ces *ébauches* qu'on ſuppoſe ſi gratuitement dans le Cerveau, toutes les fois qu'on parle de l'Imagination & de la Mémoire : j'avoue, que n'ayant pu m'en former aucune Idée, j'ai jugé plus philoſophique d'admettre, que les mêmes Organes, qui ébranlés par les Objets, nous donnent tant de Perceptions diverſes, ſont faits de maniere, que leurs Parties conſtituantes reçoivent de l'action des Objets certaines Déterminations, d'où résulte une tendance à se mouvoir dans un sens plutôt que dans tout autre.

Je n'ai pas exclu le jeu des *Esprits-animaux*, dont l'existence est aujourd'hui mieux prouvée qu'elle ne l'étoit : mais, un *Fluide* ne peut être le *Siege* d'impressions *durables* ; il peut seulement concourir avec les *Solides*, & recevoir d'eux des impulsions, qui modifient son cours, dans un rapport déterminé à leur état actuel. (*)

J'ai terminé mes Recherches sur la Mémoire, par quelques Considérations sur les *Préjugés*, que j'ai regardés comme des modifications de l'*Habitude*. (†)

Si toutes nos Idées tiennent à des Fibres, qui leur sont appropriées, les *Préjugés* ont aussi leurs Fibres. Ils se nourrissent, croissent & se fortifient avec elles. De là, cette grande difficulté qu'on éprouve à les déraciner. En les attaquant, on s'étonne de la résistance : on ne songe pas que l'on combat contre la Nature. La résistance est bien plus grande encore

(*) Chap. XXII. §. 644. Chap. VI. §. 43.
(†) Chap. XXII. §. 652.

quand on entreprend de changer le *Caractere*, qui résulte de l'ensemble des Déterminations, qu'une infinité de Fibres ont contractées. (*)

XII.

Considérations sur la Liberté.

Il arrive souvent qu'à l'occasion d'une Idée, l'Ame en cherche une autre & la rappelle enfin. On croit communément que ce *rappel* est dû à la *Volonté*.

J'ai examiné cette opinion, & il me semble que j'ai assez bien prouvé que le rappel dont il s'agit, est le pur effet de la liaison des Fibres sensibles. Un exemple que j'ai analysé avec soin, met cela dans un grand jour. (†)

J'ai fait voir ailleurs, (**) à quoi se réduit ici l'efficace de la Volonté; car l'on m'entendroit très-mal, si l'on pensoit que je n'ai rien donné à cette Faculté. J'ai

(*) Chap. XXII. §. 652.
(†) Chap. XVIII. §. 432, 433 & suivans; §. 456, 457.
(**) Chap. XIX. §. 536.

développé..... mais cette Analyse deviendroit elle-même un Livre, si j'entrois dans un plus grand détail sur l'*Examen* que j'ai tenté de faire de nos Facultés.

Je passe donc sous silence tout ce que j'ai exposé sur le *Désir*, (1) sur la *Surprise*, (2) sur les *Plaisirs* attachés au *Beau*, (3) sur les *Passions*, (4) sur les *Songes*, (5) sur la *Personnalité*, (6) sur la *Liaison* des Idées avec leurs *Signes*, (7) & sur la quantité d'autres Sujets, dont plusieurs n'avoient pas été discutés avant moi, ou ne l'avoient été que superficiellement.

Je ne dirai qu'un mot de mes Idées sur la *Liberté*, (8) Matiere si délicate, qui a enfanté tant de Volumes & tant de querelles, & qui devient si simple,

(1) Chap. XIII. §. 172 & suivans.
(2) Chap. XVII. §. 324 & suivans.
(3) Ibid. ——— §. 342 & suivans.
(4) Chap. XVIII. §. 402 & suivans.
(5) Chap. XXIII. §. 663 & suivans.
(6) Chap. XXIV. §. 703 & suivans.
(7) Chap. XXV. §. 791 & suivans.
(8) Chap. XII. §. 147 & suivans; Chap. XIX. §. 471 & suivans.

DE L'ESSAI ANALYTIQUE. 31

si facile, si lumineuse ; dès qu'on l'envisage sous son vrai point de vue, & sans avoir égard à aucun système particulier.

Je n'ai vu dans la Liberté, que la Faculté *exécutrice* de la Volonté. Ce n'est donc pas, selon moi, la Liberté qui *choisit*, c'est la *Volonté*, & la Liberté *exécute* le choix.

Tout choix suppose un *Motif;* la Volonté a toujours un *Objet*, on ne veut point sans *raison* de vouloir, & la perfection de la Volonté, quelque Système qu'on embrasse, consistera éternellement dans la *rationabilité* des Motifs. Il n'est point de *Vertu* sans Motifs, & la Religion n'est faite que pour nous fournir les plus puissans Motifs à la Vertu.

S'il existoit une Liberté de *pure indifférence*, elle ne seroit pas au moins l'objet du Moraliste, puisqu'elle n'influeroit point sur la Vertu : mais si l'Ame pouvoit toujours se déterminer contre la vue distincte des Motifs les plus pressans ; si ce qui lui paroît le plus conforme à la saine Raison, ou à son intérêt actuel, n'influoit point sur ses Déterminations, il n'y auroit plus de sureté dans la Société, parce qu'il n'y auroit rien qui nous répondît des actions d'autrui.

Les Théologiens eſtimables, qui admettent une Liberté d'*indifférence*, ne la ſuppoſent pas dans ces Diſcours pathétiques, où ils tâchent d'inculquer aux Hommes les grands Principes de la Vertu & de la Sociabilité.

Toutes nos Facultés ont été ſubordonnées les unes aux autres, & toutes l'ont été en dernier reſſort à l'action des Objets ou aux diverſes circonſtances qui en déterminent l'exercice & le développement.

Qui pourroit méconnoître en particulier le pouvoir de l'*Education*? NEWTON, né au fond de la Californie, de Parens barbares, auroit-il découvert le Syſtême du Monde?

Et que ne peut point encore la ſeule *Génération* & le *Tempérament*, qui eſt un de ſes réſultats les plus immédiats? J'ai étudié cette ſubordination de nos Facultés, & en l'expoſant je n'ai pas craint qu'on me ſoupçonnât le moins du monde de favoriſer le *Fataliſme*.

XIII.

XIII.

Remarques sur le Fatalisme.

Je n'ai jamais dit, parce que je ne l'ai jamais pensé, que les Motifs déterminent l'Ame à agir, comme un Corps en détermine un autre à se mouvoir. Le Corps n'a point par lui-même d'action : l'Ame a en soi un Principe d'*Activité*, qu'elle ne tient que de CELUI qui l'a faite.

A parler exactement, les Motifs ne la *déterminent pas* ; mais elle se *détermine* sur la vue des Motifs ; & cette distinction métaphysique est importante. Si l'on confondoit ces deux choses, l'on confondroit tout, & l'on tomberoit bientôt dans un Fatalisme purement *physique*.

Mais seroit-on un vrai *Fataliste*, uniquement parce qu'on admettroit que l'Ame se détermine toujours pour ce qui lui paroît le *meilleur*, réel ou apparent ? Si cela étoit, il y auroit autant de vrais Fatalistes, qu'il y auroit de Philosophes qui admettroient que l'Auteur du Bonheur est le principe universel des actions des Hommes.

Aimer son Bonheur, c'est s'aimer soi-même; & s'aimer soi-même, c'est se déterminer en vue de son Bonheur. S'il est impossible qu'un Etre intelligent ou simplement sentant ne s'aime pas lui-même, il l'est, qu'il ne se détermine pas pour ce qui lui paroît le plus convenable à sa situation actuelle ou à ses besoins.

J'ai répété plusieurs fois, que l'*Amour-propre* bien entendu, l'Amour du *Bonheur*, l'Amour de la *Perfection* ne sont dans mes Idées qu'une seule & même chose. (*) Un Etre intelligent peut-il ne pas aimer la Perfection dans laquelle il place son Bonheur?

XIV.

Observations sur la nature de l'Ouvrage & sur la maniere de le lire.

Passage de cet Ouvrage qui demandoit à être expliqué.

C'est sur ces Principes, que j'ai prié mes Lecteurs de me juger, & je les en prie encore. Je leur ai demandé une

---

(*) Chap. XVIII. §. 420 & suivans.

autre grace, que je ne me suis pas flatté d'obtenir : c'est de ne décider de mes Principes que par leur ensemble. (*)

Mon Livre forme une Chaîne, & cette Chaîne est longue. Il ne seroit pas bien de vouloir juger de toute la Chaîne par quelques Chaînons pris au hasard. Comme on ne la saisiroit point, on ne m'entendroit point, ou l'on m'entendroit mal, & je serois condamné sur le seul énoncé de quelques Propositions, qu'on auroit séparées de celles qui les développent & les expliquent.

Il est, par exemple, un Paragraphe de mon Livre, qui a fait de la peine à quelques-uns de mes Lecteurs, & qui très-surement ne leur en auroit fait aucune, s'ils avoient considéré plus attentivement la liaison de ce Paragraphe avec ceux qui le précedent, & s'ils avoient eu soin d'en analyser les termes conformément à mes Principes. Voici ce Paragraphe. (†)

« Ainsi quand toutes les Ames seroient
» exactement *identiques*, il suffiroit que
» DIEU eût varié les Cerveaux, pour

(*) Préface, page x.
(†) Chap. XXV. §. 771.

» varier toutes les Ames. Si l'Ame d'un
» Huron eût pu hériter du Cerveau de
» MONTESQUIEU, MONTESQUIEU crée-
» roit encore.

Je vais donc développer un peu plus ce que j'avois dans l'Esprit quand j'écrivois ceci, & l'on verra s'il renferme rien dont on puisse justement s'allarmer.

XV.

Explication du Passage.

Considérations préliminaires sur la variété que l'Organisation peut mettre dans les Ames.

Résultats généraux des Déterminations que les Fibres du Cerveau peuvent contracter.

Application au passage dont il s'agit.

J'observe d'abord, que je n'affirme point dans ce passage, que toutes les Ames sont parfaitement *semblables*. J'avance seulement, qu'en les supposant telles, l'organisation suffiroit pour mettre entr'elles des *variétés*. Et quoi de plus évident ? Un *Etre-mixte* ne fent & n'apperçoit qu'à l'aide des *Sens*. Toutes fes Senfations, toutes fes Perceptions font toujours dans un rapport déterminé au *nombre* & à la *qualité* de fes Sens.

L'Ame humaine placée dans le Cerveau de l'Huître, y acquerroit-elle jamais des *Notions* de Morale & de Métaphyfique ? Sa nature refteroit pourtant la même ; mais elle ne pourroit y déployer fon *activité*, comme elle la déploie dans fon propre Cerveau. Elle feroit donc extrêmement dégradée par la feule diverfité de l'Organifation ; & s'il étoit poffible qu'une Ame, ainfi dégradée, confervât un fouvenir de ce qu'elle auroit été dans le Corps humain, ce feroit pour elle le plus affreux malheur, que d'être condamnée à habiter le Corps d'un Huître.

Je fuppofe qu'il n'y a pas de différences effentielles entre les Cerveaux humains, & cette fuppofition me paroît légitime. Le nombre & l'efpece des Sens, font les mêmes chez tous les Hommes ; mais tous les Hommes ne tirent pas le même parti de leurs Sens. Quelle différence à cet égard entre un MONTESQUIEU & un Huron !

Les *Sens* communiquent au Cerveau, & y produisent des impressions durables, sources de l'Imagination, de la Mémoire, du Raisonnement. Une maladie peut déranger toute l'économie du Cerveau, & anéantir l'Imagination, la Mémoire, le Raisonnement ; elle n'anéantit pas l'Ame, & néanmoins elle est réduite à l'état de l'Ame de la Brute.

Si le Cerveau se modele en quelque sorte sur les Objets ; s'il est des Fibres appropriées à chaque Espece de Perceptions, si ces Fibres retiennent les Déterminations que les Objets leur ont imprimées ; si telle est la Loi de l'Union de l'Ame & du Corps, qu'à certaines Fibres, & à un certain état de ces Fibres, répondent constamment dans l'Ame certains Sentimens, certaines Perceptions, il faudra convenir que l'Ame d'un Huron, logée dans le Cerveau d'un MONTESQUIEU, y éprouveroit les mêmes Sentimens, les mêmes Perceptions que l'Ame d'un MONTESQUIEU.

Elle y éprouveroit encore les mêmes suites, les mêmes combinaisons de Sentimens & de Perceptions ; car je me persuade, que j'ai assez bien établi que la liaison de nos Idées dépend originairement de celle des Fibres sensibles. Si la chose n'étoit point, comment arriveroit-il que des accidens *physiques*, qui ne peuvent affecter que ces Fibres, détruiroient la liaison de nos Idées ?

XVI.

Continuation du même Sujet.

De la Question s'il est une Mémoire purement spirituelle.

Autre application au passage dont il s'agit.

Ce seroit en vain qu'on se retrancheroit à soutenir avec divers Philosophes, qu'il est une Mémoire *spirituelle*, qui n'appartient qu'à l'Ame, comme il est une Mémoire *corporelle* qui n'appartient qu'au Corps : il n'en demeureroit pas moins incontestable, que la Mémoire corporelle ne peut être détruite sans que l'Ame cesse absolument de raisonner. Que devient donc alors cette Mémoire *spirituelle*, que l'on attribue à une Ame appellée à être unie éternellement à un Corps organisé ?

C iv

Un Auteur (*) célebre a essayé de prouver l'existence de cette Mémoire par la considération des *Esprits purs*, qui seroient totalement privés de Mémoire, s'il n'y avoit point de Mémoire propre aux Esprits. Mais cet Auteur d'ailleurs si judicieux, & qui connoissoit si bien l'influence du Corps sur l'Ame, n'a pas fait attention que la nature des *Esprits purs* peut différer beaucoup de celle des Esprits unis à la Matiere.

Je ne nie point que les *Esprits purs*, s'ils existent, soient doués de Mémoire; mais je fais profession d'ignorer ce que cette Faculté est en eux. Je ne parle que de l'*Ame humaine*, & je ne sais pas même ce qu'une Idée est dans cette Ame.

Tout ce que je sais, c'est que l'Ame humaine n'a d'Idée que par le ministere des *Sens*, & que ses Idées les plus *abstraites* ne sont encore que des Idées sensibles plus ou moins déguisées. Non-seulement les Notions les plus abstraites, les plus *spiritualisées* dérivent essentiellement des Idées purement *sensibles*; elles tien-

(*) s'GRAVESANDE, *Introduction à la Philosophie*, §. 191, 192, 213.

nent encore aux *Sens*, par les *Signes* naturels ou arbitraires qui les repréſentent.

Suppoſez donc que la même PUISSANCE, qui a uni les Ames humaines à des Touts Organiques, eût conſervé le Cerveau de MONTESQUIEU, & y eût logé l'Ame du Huron, ce Cerveau, ſi bien organiſé, ſi richement meublé, n'auroit-il pas été pour cette Ame une ſorte de Machine d'Optique, par laquelle elle auroit vu l'Univers, comme le voyoit l'Auteur ſublime de l'*Eſprit des Lois*?

Dans mes Principes, les *Mots* repréſentatifs des Idées, tiennent à certains Ordres de fibres ſenſibles; la *liaiſon* des mots entr'eux & à leurs Idées, dépend encore de la communication que les Fibres ſenſibles ont entr'elles.

Le Huron métamorphoſé tout à coup en Philoſophe profond, ne s'appercevroit point de la métamorphoſe. Il entendroit le François comme ſa Langue maternelle dont il ne ſe ſouviendroit plus : c'eſt que les Mots réveilleroient toujours les Idées des choſes, & les Idées des choſes celles des Mots; c'eſt que le ſouvenir de ſa

Langue maternelle tiendroit à son premier Cerveau, qu'il n'auroit plus.

Il se rappelleroit toute la suite d'une Vie, qui seroit celle de MONTESQUIEU, & qu'il croiroit la sienne. Devenu savant, comme par inspiration, il ne pourroit manquer de suivre les recherches du grand-Homme dont il tiendroit la place : comme lui, il éclaireroit le Monde, combattroit la folle Superstition, la Tyrannie barbare, les Préjugés de l'Orgueil, du Fanatisme, de l'indépendance, & MONTESQUIEU vivroit encore.

C'étoit ce que j'avois voulu rendre dans le passage en question, par le terme d'*hériter*, auquel on n'a pas fait peut-être assez d'attention, & que j'avois employé pour exprimer toutes les Déterminations *naturelles* & *acquises* du Cerveau, que j'avois pris pour exemple. (*)

(*) C'est à l'aide de ces Principes, qu'on expliquera un endroit un peu difficile de la *Contemplation de la Nature*, Part. XI. Chap. XXVII, où j'essaye de rendre raison des Faits étonnans que nous présente l'Histoire des *Castors*. La supposition *psychologique* de Fibres *innées*, renfermées originairement dans le Cerveau de l'Animal, répond précisément à celle de l'Ame du Huron logée dans le Cerveau de MONTESQUIEU.

XVII.

Continuation du même Sujet.

Réflexions sur l'influence des circonstances physiques.

On m'objectera sans doute, & on me l'a objecté, que toutes les Ames humaines ne sont pas de la même trempe, & que l'Ame de MONTESQUIEU étoit d'une trempe fort supérieure à celle de l'Ame d'un Huron. J'accorderai volontiers la possibilité de la chose; mais de cela seul qu'une chose est possible, s'ensuit-il qu'elle soit en effet ? Quelle preuve nous donne-t-on de cette supériorité d'une Ame sur une autre Ame ? Comment parviendroit-on à l'établir ?

Ce seroit très-vainement qu'on insisteroit sur ces beaux Ouvrages que nous admirons, & que la Postérité admirera après nous : ces Ouvrages immortels ont-ils été composés par un *Esprit-pur* ? Un Corps organisé n'est-il point intervenu dans leur composition ? A-t-on évalué le degré de son influence ? A-t-on calculé les effets des circonstances physiques, les résultats divers de la Génération, du Tempérament, du Climat, &c. A-t-on apprécié sur-tout, le pouvoir *physique* de l'Education, & les diverses impressions qu'elle fait prendre au Cerveau, & qu'il conserve? Je dis plus; a-t-on démontré qu'il existe dans l'Ame quelque Sentiment, quelque Idée, qui ne doive point son origine aux *Sens*?

Enfin, peut-on prouver que l'Ame d'un Huron, placée *précisément* dans les mêmes circonstances *physiques* que celles de Montesquieu, n'auroit pas été capable des mêmes choses? Si l'on ne peut prouver tout cela, si même on ne peut le rendre probable, il faut avouer de bonne foi qu'on n'argumente ici que de la simple possibilité.

Or seroit-il bien conforme aux Regles d'une saine Logique d'argumenter du possible à l'actuel? Ne serois-je pas beaucoup plus autorisé à soutenir que certaines variétés dans l'Organisation, jointes au concours des Circonstances étrangeres, sont ce qui différencie les *Etres-mixtes*?

XVIII.

Continuation du même Sujet.

Considérations sur les Esprits-purs & sur la véritable nature de l'Homme.

Réflexions sur les vains efforts du Matérialisme.

Je l'ai dit dans la Préface de mon Essai ; (*) pourquoi craindrois-je de le répéter ici ? Je ne sais par quelle idée de perfection l'on a transporté à l'Ame le plus de choses qu'on a pu. Oubliera-t-on toujours que l'Homme est un *Etre-mixte ?* Tentera-t-on toujours de l'élever au rang des *Esprits-purs ?* Est-il même bien sûr que les *Esprits-purs* soient supérieurs aux *Etres-mixtes*, & qu'ils doivent cette supériorité uniquement à leur nature d'*Esprits-purs ?*

Est-il bien prouvé, que l'union des Esprits à la Matiere les dégrade toujours, & que s'ils en étoient dégagés, leurs Facultés s'accroîtroient & se perfectionneroient ?

(*) Page xxiv.

Cette Opinion a prévalu affez généralement, & on en fait ufage pour nous confoler des miferes de l'humanité. Le Corps nous eft repréfenté comme une Prifon, & l'Ame comme le Prifonnier qui foupire après fon élargiffement. Cette comparaifon familiere, & bien d'autres de même genre, qu'on retourne de cent façons, font toutes très-applicables au Corps groffier, à ce Corps que nous voyons, que nous palpons, & qui eft foumis à l'empire de la Mort.

Mais il en eft un autre qui ne lui eft point foumis, dont le Germe incorruptible exifte peut-être déjà, qui fe développera un jour, & que l'Ame habitera éternellement, conformément à la déclaration la plus expreffe & la plus réitérée de la RÉVÉLATION. Ce n'eft donc que le Corps corruptible qui eft pour l'Ame une Prifon, & point du tout le Corps *incorruptible* & *glorieux* que la RÉVÉLATION lui oppofe.

A-t-on quelque preuve que notre Ame auroit été plus heureufe, fi DIEU ne l'avoit point deftinée à être unie à ce Corps glorieux? Sait-on à n'en pouvoir douter; que la nature des Ames humaines auroit comporté de n'être point unies à des Corps organifés ? Affurément le Plan du CRÉATEUR ne le comportoit pas, & ce Plan étoit celui de la plus profonde SAGESSE.

On célebre dans des difcours plus éloquens que philofophiques, l'excellence de nos Ames ; ce feroit l'excellence de l'Homme qu'il faudroit fur-tout célébrer.

« L'*Homme* n'eft pas une *certaine Ame*, difois-je, §. 22. il n'eft pas un *certain Corps*; il eft le *réfultat* de l'*Union* d'une *certaine Ame* à un *certain Corps*. » Lors donc que fur la confidération de Faits qui m'ont paru bien conftatés, j'ai attribué au Corps des chofes qu'on attribue communément à l'Ame, je n'ai point du tout dégradé l'Homme, & je l'ai laiffé tel qu'il a plu au CRÉATEUR de le faire.

Il ne faut pas qu'un zele peu éclairé nous faffe confondre avec les Dogmes facrés de la RELIGION, ce qui n'eft point Dogme. C'eft moins l'Immortalité de l'Ame, que l'Immortalité de l'Homme, que l'ÉVANGILE a mife en évidence.

J'ai ofé l'avancer dans la fimplicité d'un cœur, qui cherchoit fincérement le vrai : (*) « Quand l'Homme tout entier ne fe-» roit que Matiere, il n'en feroit pas » moins parfait, ni moins appellé à l'Immortalité. » C'eft que la VOLONTÉ toujours efficace, peut conferver une portion de Matiere, même très-compofée, comme ELLE conferve une Ame indivifible.

Le Matérialifte voluptueux & infenfé, que la crainte de l'Immortalité pourfuit, fe réfugie derriere un retranchement de chaume, que le Chrétien, peu inftruit, prend bonnement pour un retranchement de briques. Accordez au Matérialifte ce Principe qu'il chérit & qui le trompe ; convenez pour un moment que l'Ame eft *matérielle*; qu'aura-t-il gagné par cet aveu? ne lui reftera-t-il pas toujours à démontrer, qu'il n'exifte point un ETRE SAGE, qui veut effentiellement le bonheur du Jufte opprimé, la correction du Méchant qui opprime, & la plus grande perfection poffible de toutes les Créatures ?

Qu'on approfondiffe tant qu'on voudra

(*) Préface, page XXIV.

les preuves *psychologiques* de l'*Immortalité* de l'Ame, je me perfuade qu'on en reviendra toujours à la preuve *morale*, comme à la plus fatisfaifante. Mais heureufement nous ne fommes pas réduits ici aux preuves *de convenance* : la RÉVÉLATION nous fournit fur ce Point fi important des preuves de *Fait*, capables par elles-mêmes de triompher des doutes de l'Homme raifonnable, dont le Cœur droit, honnête & humble ne nourrit point de ces Paffions fecrettes, qui portent à défirer que l'EVANGILE foit faux, ou qui en font méconnoître l'Origine, l'Excellence & la Fin. (*)

XIX.

Raifons pourquoi l'Auteur n'eft pas Matérialifte.

Si parce que j'ai mis dans mon *Effai* beaucoup de Phyfique & affez peu de Métaphyfique, j'étois foupçonné moi-même de *Matérialifme*, je ferois un Matérialifte qui auroit donné peut-être les meilleures preuves de l'*Immatérialité* de l'Ame. J'ai confacré une grande partie de

(*) Voyez le §. 716. Chap. XXIV.

la Préface à l'établiſſement de ces preuves, & j'y ſuis revenu en pluſieurs endroits du Livre.

Non ; je ne ſuis point *Matérialiſte* ; je ne crois point à la *matérialité* de l'Ame ; mais je veux bien qu'on ſache, que ſi j'étois Matérialiſte, je ne me ferois aucune peine de l'avouer.

Ce n'eſt donc point parce que cette Opinion paſſe pour dangereuſe, que je ne l'ai pas adoptée ; c'eſt uniquement parce qu'elle ne m'a pas paru fondée. Une Vérité dangereuſe n'en ſeroit pas moins une Vérité ; ce qui eſt, eſt ; & nos Conceptions, qui ne peuvent changer l'état des choſes, doivent lui être conformes. L'entendement ne crée rien ; il contemple ce qui eſt créé, (*) & il contemple l'Aconit comme la Gentiane, le Serpent comme la Colombe.

Si quelqu'un démontroit jamais, que l'Ame eſt *matérielle*, loin de s'en allarmer, il faudroit admirer la PUISSANCE qui auroit donné à la *Matiere* la capacité de *penſer*.

(*) Chap. XIX. §. 518, 519 & ſuivans.

Quand je me suis étudié moi-même, je n'ai pu me rendre raison de la *simplicité* de mon *Moi* dans la supposition que l'Ame est matérielle. J'ai cru voir distinctement que ce *Moi* toujours *un*, toujours *simple*, toujours *indivisible*, ne pouvoit être une pure modification de la substance *étendue*, ni un résultat immédiat de quelque mouvement que ce soit. (*) J'ai donc admis l'existence d'une Ame *immatérielle*, pour satisfaire à des Phénomenes, que je ne pouvois expliquer sans elle.

X X.

Méthode & réserve de l'Auteur.

Projet d'une Histoire de l'Attention.

Utilité de cette Histoire.

Voila quelle a été ma maniere de philosopher en Psychologie. Si j'en avois connu une meilleure, je l'aurois adoptée avec empressement, & celui qui me la feroit connoître auroit un droit bien acquis à ma reconnoissance & à celle du Public.

(*) Préface, page XIII & suivantes. Chap. I. §. 2, Chap. XXIV. §. 716. & encore Chap. XIX. §. 509.

J'ai toujours cherché dans les Faits la raison des Faits. Je n'ai pas dit, *j'ai trouvé*; mais j'ai dit, *il me paroît, je conjecture, l'on peut inférer*, &c. Un ton plus décisif auroit été bien peu assorti à la nature de mon Sujet, & à la foiblesse de mes talens & de mes lumieres. J'ai pensé que la Nature devoit expliquer la Nature, & que ce n'étoit jamais au Philosophe à parler pour elle.

Il nous manque un Livre, qui seroit le plus utile de tous ceux qui peuvent sortir de l'Esprit humain : ce seroit une *Histoire de l'Attention*. Si ce Livre étoit bien fait & bien pensé, il feroit tomber toutes les Logiques : c'est qu'il seroit une Logique réduite en action.

J'ai exprimé assez clairement l'Idée que je me fais de cet Ouvrage, dans le passage suivant de mon *Essai Analytique*. (*) « Nous l'avons vu : l'Esprit tire ses *No-*
» *tions* des Idées *sensibles*. Les Notions se-
» ront donc d'autant plus *distinctes*, que
» l'Esprit aura rendu les *Perceptions* plus
» *vives* par l'*Attention*, & qu'il possédera
» mieux la Propriété des termes *représen-*
» *tatifs* des Perceptions.

(*) Chap. XVI. §. 279.

« *L'esprit d'Observation*, cet Esprit uni-
» *versel* des Sciences & des Arts, n'est que
» l'*Attention* appliquée avec *regle* à diffé-
» rens Objets. Un Philosophe qui nous tra-
» ceroit les *Regles* de l'*Art d'observer*,
» nous enseigneroit les *Moyens* de *diriger*
» & de *fixer* l'*Attention*. Il nous montre-
» roit les heureux *Effets* de cette *Force*
» dans les belles Découvertes qu'elle a
» produit en différens Genres. Si ce Phi-
» losophe avoit lui-même découvert plu-
» sieurs Vérités, s'il nous faisoit l'Histoire
» de la marche de son Esprit dans la Dé-
» couverte de ces Vérités, cette Histoire
» seroit celle de son *Attention*. En atten-
» dant qu'un tel Livre paroisse, les Ou-
» vrages des Observateurs les plus célé-
» bres, peuvent être regardés comme des
» Mémoires pour servir à l'Histoire de
» l'Attention. »

XXI.

Importance de l'Attention.

Ouvrages qui font tomber l'Attention en paralysie.

Caracteres d'un Ouvrage bien fait & bien pensé.

De toutes nos Facultés, l'*Attention* est effectivement celle que nous avons le plus d'intérêt à cultiver. Elle est, comme je le disois, (*) la *Mere du Génie* ; & si le hasard, qu'on regarde comme l'unique auteur de tant de Découvertes, n'avoit pas été secondé par l'Attention, ces Découvertes auroient péri en naissant, & n'auroient eu aucune suite.

Nous avons à regretter, que cette belle Faculté soit trop souvent laissée sans exercice, dans des Ouvrages qu'on nous dit n'être pas faits simplement pour amuser, & dont les Auteurs, qui seroient bien fâchés qu'on ne les mît pas au rang des Moralistes ou des Philosophes, affectent quelquefois d'assurer fort qu'ils ne sont ni l'un ni l'autre.

(*) *Essai*, Chap. XIX. §. 530.

La plupart de ces Auteurs parlent beaucoup à l'imagination, & assez peu à l'Attention. Comme ils ont eux-mêmes beaucoup d'Imagination, & qu'elle est chez eux la Faculté dominante, il est tout narel qu'elle soit celle qu'ils exercent le plus fréquemment. Ils mettent donc souvent les Images à la place des Notions ; & parce que le plus grand nombre des Lecteurs a dans la Tête bien plus d'Images que d'Idées, ces Auteurs sont très-sûrs de plaire à tous les Lecteurs qui aiment mieux sentir ou voir, que réfléchir ou méditer.

C'est ainsi que l'Attention, ce puissant ressort, se relâche de plus en plus & que l'Esprit demeure enfin comme passif. En général, il est très-facile de réveiller des Images dans notre Cerveau. Il est des Mots qui peuvent seuls en réveiller une multitude, & l'heureux choix de ces Mots fait ordinairement le principal mérite & la réputation de l'Ecrivain. Les Fibres *sensibles* auxquelles les Images ont été attachées, sont les plus mobiles de toutes, & elles jouent au premier Mot.

Mais quand il s'agit de rassembler avec choix, d'enchaîner avec ordre, d'exposer avec netteté, de comparer avec exactitude, d'analyser avec soin, d'anatomiser avec art une multitude de Faits divers ou d'Idées abstraites ; quand il s'agit de démêler les résultats de tout cela, & les résultats des résultats ; c'est alors sur-tout, que cette sorte d'Imagination dont je parle, est plus nuisible qu'avantageuse. Il faut qu'elle se retire pour laisser faire l'Entendement, & qu'elle ne se montre jamais que pour soulager l'Attention.

La clarté, la précision & la concaténation des Idées sont ce qui contribue le plus à la bonne façon d'un Livre. Les bons Livres, les Livres bien faits font les bons Lecteurs ; & si le nombre de ces derniers est si petit, c'est que le nombre des bons Auteurs l'est encore davantage.

Les Livres les mieux faits ne sont pas toujours ceux qui frappent le plus le commun des Lecteurs : tout y est si bien à sa place, si bien dit, si bien lié, si bien comme il doit être, que cela semble s'être fait de soi-même & sans art. On jouit de l'Ouvrage, sans songer aux difficultés de sa composition : & comment y songeroit-on ? la marche est par tout si naturelle, si facile, qu'on n'imagine pas qu'elle eût pu être autrement. Il n'y a que ceux qui écrivent dans le même goût qui fachent apprécier le travail de l'Ecrivain. Un bon Lecteur le fait aussi. Mais l'Ecrivain estimable qui se consacre à la Société, s'occupe moins de l'appréciation qu'on fera de son travail, que du désir de le rendre utile au Public. (*)

A Thonex, près de Geneve,
le 22 Juin 1764.

(*) On trouvera dans ces *Opuscules* un Ecrit, que j'ai intitulé *Essai d'application des Principes psychologiques, &c.* où j'ai mis dans le plus grand jour mes Principes les plus fondamentaux sur l'Économie de notre Etre, en les appliquant à un Cas particulier, que j'ai essayé d'analyser. Je me flatte que ce petit Ecrit & *l'Analyse abrégée* de mon Livre suffiront pour la pleine intelligence de mes Idées.

TABLEAU

DES

CONSIDÉRATIONS

SUR LES

CORPS ORGANISÉS,

OU

Exposition succinte des Principes de l'Auteur sur la Génération & sur le Développement;

PRÉCÉDÉE

De quelques Remarques sur l'Art de conjecturer en Physique, &c.

TABLEAU
DES
CONSIDÉRATIONS
SUR LES
CORPS ORGANISÉS.

INTRODUCTION.

JE place à la suite de l'*Analyse abrégée* de mon *Essai*, le *Tableau* de mes *Considérations sur les Corps Organisés*. (*) Ces deux Pieces sont assez faites pour aller ensemble : elles ont été travaillées dans le même esprit, & renferment des Principes dont la lumiere se

---

(*) *Considérations sur les Corps Organisés, où l'on traite de leur Origine, de leur Développement, de leur Reproduction &c. & où l'on a rassemblé en abrégé tout ce que l'Histoire Naturelle offre de plus certain & de plus intéressant sur ce Sujet.* Amsterdam, chez Marc-Michel Rey 1762, 2 vol. in-8°. Le même Libraire vient d'en publier une seconde Edition, où l'on a corrigé les fautes d'impression qui s'étoient glissées dans la premiere.

réfléchit fur les mêmes Objets & les rend plus diftincts. La *Pfychologie* & la *Phyfiologie* s'éclairent mutuellement ; c'eft qu'elles ont bien des côtés communs, puifque l'*Homme* eft le principal Objet de l'une & de l'autre. Or, fi tout eft lié étroitement dans l'Homme ; s'il eft un fyftême merveilleux de *Rapports*, il faut bien que les Sciences qui s'occupent de l'Homme s'enchaînent entr'elles.

C'eft, fans doute, par une conféquence naturelle de cette liaifon, que j'ai été appellé à méditer fucceffivement fur deux des plus grands myfteres de la Nature, le *Méchanifme* des Opérations de l'Ame, & l'*Origine* des Etres organifés.

J'ai tracé en raccourci dans l'*Analyfe abrégée* & dans ce *Tableau*, la route que j'ai fuivie pour tâcher de parvenir à quelque chofe de probable fur des Sujets fi obfcurs & fi épineux. J'ai caractérifé l'efprit de ma Méthode, & j'ai montré qu'elle eft précifément la même que celle de l'*Obfervateur*.

Les *Confidérations* forment une Chaîne de Faits & de Conféquences qui n'eft guere moins longue que celle de l'*Effai*. Il

INTRODUCTION.

faut un degré d'attention peu commun pour saisir fortement une pareille suite, pour embrasser la totalité des Principes & de leurs Résultats immédiats ou médiats. L'expérience ne m'a que trop appris que malgré l'extrême clarté que j'avois cherché à répandre dans mon Livre, malgré l'enchaînement naturel des Vérités, je n'ai pas toujours été bien entendu, même de la plupart de ces Ecrivains qui font profession d'être auprès du Public les Interpretes des Auteurs.

J'ai donc pensé que je devois être mon propre Interprete. Dans cette vue, j'ai rassemblé fort en abrégé la suite de mes Principes les plus généraux sur l'*Origine*, le *Développement* & la *Reproduction* des Êtres organisés. J'ai resserré le plus qu'il m'a été possible la Série des Faits & des Résultats.

J'ai tâché de concentrer les Vérités *particulieres* dans des Vérités *générales*, qui fussent comme des Points de vue assez élevés, d'où l'on pût contempler facilement l'ensemble de celles-là. C'est ce que j'ai exécuté dans ce *Tableau*, que je soumets de nouveau au jugement du Public éclairé. (*)

(*) Il avoit déjà paru dans la Préface de ma *Contem-*

S'il veut bien examiner les Faits dont je fuis parti, les Conféquences que j'en ai tirées, & comparer mon Hypothefe avec celles des plus célebres *Epigéniftes*, (†) je me flatte qu'il ne lui paroîtra pas que j'aye mal raifonné, & qu'il ne lui fera pas difficile de découvrir de quel côté eft la plus grande probabilité.

plation ; mais j'avois négligé de féparer les Sujets par des *Titres particuliers*. Ces Titres étoient pourtant nécessaires pour mettre plus de diftinction dans les Sujets & pour faire mieux fentir ma marche, & la liaifon de mes Principes & de leurs Conféquences. J'ai donc réparé ici cette omiffion, & j'efpere qu'on en parcourra ce *Tableau* avec plus de plaifir & de fruit.

(†) C'eft le nom qu'on peut donner aux Partifans de l'*Epigenefe* où de cette Opinion qui fuppofe que les Corps Organifés font formés par une appofition fucceffive de Molécules ou par une Méchanique secrette. Cette Opinion eft donc directement oppofée à celle qui fuppofe, que les Corps Organifés ont été *préformés* dès le commencement.

I.

I.

Remarques générales sur les Extraits que quelques Journalistes ont donnés de l'Ouvrage.

DES Journalistes estimables, dans le compte avantageux qu'ils ont bien voulu rendre de mon Livre sur les *Corps Organisés*, ont fort insisté sur les Conséquences que j'ai tirées des Faits relatifs à la Génération. Ils ont pris soin d'avertir leurs Lecteurs, que tout ce qui est au-delà des Faits dans ce Livre, n'est que *Conjectures*. J'aurois souhaité qu'ils leur eussent appris en même temps que je n'avois rien négligé pour qu'on ne s'y méprît point. J'attendois de leur équité naturelle une remarque aussi importante & si nécessaire à l'appréciation de ma Méthode (*)

(*) Je suis infiniment éloigné de faire un semblable reproche à tous les Journalistes qui se sont occupés de mes Recherches, & en particulier aux excellens Auteurs de la *Bibliotheque des Sciences & des Beaux-Arts*. Je dois, au contraire, leur témoigner ma juste reconnoissance de la complaisance avec laquelle ils se sont étendus sur mon travail, & de l'Art avec lequel ils ont su intéresser le Lecteur en faveur de mon Livre. Il regne dans les deux amples Extraits qu'ils en ont publiés T. XX, XXI, une Méthode, un enchainement, une exactitude & une clarté dignes d'être proposées pour modeles à tous les Journalistes.

Tome I. E

Quel Auteur, j'ose le demander, a distingué plus soigneusement que moi les Faits, de leurs Conséquences immédiates ou médiates ? Par-tout j'ai tâché d'interrogér la Nature comme elle veut l'être; & si je n'ai pas toujours été heureux dans son interprétation, j'ai au moins rendu fidélement ses réponses, & je ne leur ai jamais associé mes commentaires sans en avertir expressément. J'aurois été plus à blâmer que tout autre Écrivain, si j'en avois usé autrement; moi qui me suis élevé tant de fois contre l'abus des Conjectures & des Hypotheses.

Mais ces commentaires de la Nature, que ces savans Journalistes ont paru ne pas goûter, les ont-ils bien lus ? je ne dis pas médités; ce seroit trop exiger de leur attention & de leur patience. Je m'abstiens de prouver qu'ils ne m'ont que parcouru rapidement; & ils croiront bien, que si j'entrois dans cet examen, je ne serois embarrassé que sur le choix des preuves. La droiture de leurs intentions & la reconnoissance m'imposent là-dessus un silence que j'ai d'autant plus de plaisir à garder, que j'ai toujours eu plus d'aversion pour le *Polémique*.

II.

Continuation du même Sujet.

Vaines déclamations contre l'usage des Conjectures.

Maniere de penser de l'Auteur sur ses propres Opinions.

DE vrais Philosophes nous ont tracé dans leurs Ecrits immortels les Regles de l'Art d'observer & d'expérimenter. Ils nous ont donné à la fois l'exemple & le précepte. Ils nous ont montré avec quelle sage circonspection l'on doit user des Méthodes hypothétiques, & combien l'on doit s'attacher à l'étude des Faits. Ils ont dit sur tout cela des choses admirables qu'on ne peut trop méditer.

Des Ecrivains, qui ne sont point engagés par état à creuser les Matieres de Physique & d'Histoire Naturelle, se saisissent de ces Maximes philosophiques, les tournent & les retournent, les répetent avec complaisance, & n'en font pas toujours une application exacte. Ils savent en général, que les Philosophes s'égarent souvent dans la Région des Conjectures, & qu'il n'y a de certain que les Faits qui ont été bien vus & revus. Ils se déclarent donc indistinctement contre toutes sortes de Conjectures.

Le grand NEWTON s'est abstenu de chercher la Cause de la Pesanteur; un Physicien estimable essaye modestement de l'expliquer; il recourt à une Hypothese ingénieuse, qui satisfait heureusement aux Phénomenes, & qu'il ne donne néanmoins que pour ce qu'elle est : nos zélés Ecrivains lui font aussi-tôt son procès, le condamnent sans l'entendre, louent à perte d'haleine la réserve de NEWTON, qu'ils n'entendent pas mieux, & ils finissent par déclamer contre l'Esprit du Systême.

Le Mystere de la Génération passe bien pour aussi caché que la Cause de la Pesanteur; un Naturaliste tâche d'y répandre quelque jour; il débute par dire : *L'on ne présumera pas que j'aye prétendu découvrir ce Mystere : il est encore voilé aux yeux des plus grands Physiciens; j'ai seulement cherché à ramener cette belle partie de l'Histoire Naturelle à des Principes plus philosophiques que ceux qu'on*

DES CONSIDÉRATIONS. 69

a tâché de leur substituer dans ces derniers temps. (*)

Ce Naturaliste a en main des Faits nouveaux, très-constatés & très-décisifs : il les analyse, les anatomise, les compare entr'eux & aux Faits déjà connus, & se rend attentif aux Conséquences immédiates qui résultent de cet examen approfondi. Il expose avec netteté la suite de ces Conséquences ; il les enchaîne les unes aux autres, ou plutôt elles s'enchaînent elles-mêmes : toute cette suite est un peu longue, & exige un peu plus d'attention qu'un Roman : le Naturaliste finit par ces mots : *maintenant, je prie les vrais Physiciens de me dire, si j'ai jusqu'ici bien raisonné, si j'ai choqué les Faits, si j'ai contredit mes Principes ?* (†)

Voilà les Questions que les Ecrivains dont je parle devroient discuter, avant que de décider de mes Conjectures. Mais dans cette vue, il seroit nécessaire de prendre la peine de méditer un peu mon Livre. Je n'ai donné ces Conjectures que

---

(*) *Considérations sur les Corps Organisés* : Préface, page premiere, paragraphe premier.
(†) *Considérations sur les Corps Organisés* : Tom. II. pag. 319.

pour ce qu'elles valent, & ce n'étoit point la modeſtie, mais c'étoit le ſentiment profond du Vrai, qui m'inſpiroit, lorſque j'ai dit : *Ce que je ne ſaurois trop répéter, c'eſt que je ſerai toujours prêt à abandonner mes opinions pour des opinions plus probables. Mon amour pour le Vrai eſt ſincere, & je n'aurai jamais de peine à avouer publiquement mes erreurs. J'ai toujours penſé qu'un j'ai tort, valoit mieux que cent repliques ingénieuſes.* (*) Lorſqu'on traite des Matieres auſſi difficiles, l'on ne ſonge guere à paroître modeſte ; c'eſt qu'on eſt forcé de l'être.

Au reſte, ceux de qui j'ai l'avantage d'être connus, ſavent combien peu je ſuis attaché à mes Opinions. Pourquoi les regarderois-je comme partie de mon Etre ? elles en ſont ſi indépendantes. J'ai trop ſouvent éprouvé qu'il eſt raiſonnable de changer d'Opinions, pour n'être pas prêt à en changer encore. J'ai toujours une place en réſerve dans mon Cerveau pour les Opinions contraires. Je me ſuis trompé plus d'une fois ; il eſt très-probable que je me ſerai trompé encore ſur divers points. Je ne parle que des *Opinions*, & point du tout des *Vérités* ; car il en eſt de

(*) Ibid. à la fin de la Préface.

plus d'un genre, & j'en ai découvert quelques-unes.

III.

Comment il faut juger de l'Ouvrage, & de ce que l'Esprit Humain peut ou ne peut pas en matiere de Physique.

J'AI donc plus de raison que jamais de prier ceux qui liront mes *Considérations sur les Corps Organisés*, de ne me juger que sur un examen attentif de mes Principes & de leurs Conséquences. J'ai quelque droit de l'exiger, & je me flatte d'avoir acquis ce droit par les efforts que je n'ai cessé de faire pour éclaircir ce sujet ténébreux, & par la peine que j'ai prise de concentrer dans deux assez petits Volumes tant de Faits & de Faits divers.

Il ne faut point qu'on puisse dire qu'un Auteur s'est trompé, sans en alléguer d'autre preuve, que la possibilité qu'il y a qu'on se trompe en examinant un Fait & en en tirant des Conséquences.

Il ne faut point qu'on puisse décider par une lecture d'un moment, d'une méditation de plusieurs années.

Il n'eſt pas bon qu'on puiſſe critiquer tout ce que l'on ne comprend pas, préciſément parce qu'on ne le comprend pas: mais il eſt très-raiſonnable de préſumer, que ce qu'on ne comprend pas, d'autres l'auront compris, ou que du moins l'Auteur s'eſt entendu lui-même.

Il n'eſt pas bon enfin de prononcer qu'une choſe eſt inexplicable, parce que les Anciens & les Modernes ne l'ont point expliquée: mais il eſt très-raiſonnable d'eſpérer que de nouveaux Faits, & des recherches plus appronfondies, conduiront à des ſolutions qu'on ne pouvoit imaginer.

Il ne faut jamais que l'ignorance univerſelle ſur le *comment* d'une choſe, ſoit un titre ſuffiſant pour improuver celui qui le cherche.

Avoit-on ſoupçonné qu'un morceau d'ambre qui attire une paille, conduiroit à la guériſon d'un Paralytique, & à la Théorie du Tonnerre? Avoit-on imaginé, que pour décider la fameuſe Queſtion, ſi le Germe appartient à la Femelle, il falloit obſerver le *Jaune* d'un Oeuf de Poule? Avoit-on entrevu que des bulles de Savon nous vaudroient une nouvelle Optique, & que des Fruits qui tombent d'un Arbre, nous dévoileroient le Syftême des Cieux ? Avoit-on deviné, qu'un peu de Sable & de Sel fixe, nous découvriroit ce qui fe paffe dans Jupiter, ou dans un Animalcule plufieurs milliers de fois plus petit qu'un Ciron ?

Quand je réfléchis un peu profondément fur tout cela, je ne décide que de l'impoffibilité des contradictoires, & je m'attens à chaque inftant à la découverte d'un nouveau Monde. A-t-on calculé ce que l'Efprit Humain peut ou ne peut pas dans chaque genre, & l'influence des temps, des lieux, des circonftances, du hafard même ? Combien de fois l'erreur n'a-t-elle pas été elle-même la route du vrai !

I V.

Art de conjecturer en Phyfique.

Son Efprit ; fes Ufages.

BANNIR entiérement de la Phyfique l'Art de conjecturer, ce feroit nous réduire aux pures Obfervations ; & à quoi nous ferviroient les Obfervations, fi nous n'en tirions pas la moindre Conféquence ? Nous amasserions sans cesse des matériaux pour ne bâtir jamais. Nous confondrions sans cesse le *moyen* avec la *fin*. Tout demeureroit isolé dans notre Esprit, tandis que tout est lié dans l'Univers.

Je n'ignore point qu'on ne doit pas se presser de bâtir des Systêmes ; qui en est plus convaincu que moi, qui l'a plus répété ? Mais je n'ignore point aussi, qu'il est des Faits, dont les Conséquences sont si palpables, si immédiates, qu'il est très-permis en bonne Logique de les tirer, & de les regarder comme des Principes, à la lumiere desquels on peut tenter de faire quelques pas en avant.

Nos Connoissances ne s'étendent & ne se perfectionnent que par les comparaisons que nous établissons entre nos Idées *sensibles*. Nous comparons entr'eux plusieurs Faits de même genre ; nous voyons ce qui résulte de cette comparaison, & si tous convergent vers le même point, nous en inférons qu'il est probable que ce point est une Vérité. Nous y concentrons notre attention, & nous en voyons partir de nouveaux Rayons, qui éclairent divers côtés de l'Objet.

C'est ainsi que nous parvenons à tirer des Résultats plus ou moins généraux de nos propres Observations ou des Observations d'autrui. C'est ainsi que nous arrivons quelquefois à la découverte des *Causes*, par un examen réfléchi, & par une décomposition graduelle des *Effets*.

V.

Continuation du même Sujet.

Rapports qui lient toutes les Parties de la Nature.

Comment l'Art d'observer découvre ces Rapports.

Pour peu qu'on étudie la Nature, l'on s'apperçoit bientôt que toutes ses Parties sont étroitement liées par divers Rapports. C'est la recherche de ces Liaisons, de ces Rapports, qui doit occuper le Physicien.

Comme il sait que la Cause qu'il ignore & qu'il cherche, tient par quelque Rapport secret à ce qu'il connoît, il remonte le plus qu'il lui est possible le long de la Chaîne des Faits; il s'y cramponne, il en suit patiemment tous les détours, il en parcourt tous les plis & les replis; & si par cette marche laborieuse, il n'arrive pas au but, si même il n'en approche pas de bien près, au moins ne court-il pas le risque de s'égarer dans la nuit des Conjectures.

Plus le nombre des Rapports connus s'accroîtra, & plus nos Connoissances Physiques acquerront de certitude, de précision & d'étendue. Je nomme ici *Rapports* ces *Qualités*, ces *Déterminations* en vertu desquelles différens Etres conspirent au même *But général*.

Si nous connoissions les Rapports de tout genre, qui lient la Plante à la Terre, à l'Eau, à l'Air, au Feu, & à tous les Corps qui agissent sur elle ou qui sont soumis à son action; si nous connoissions encore les Rapports qui lient entr'eux ces divers Etres, notre Théorie de la Végétation seroit complette, & nous verrions aussi distinctement comment la Plante *végete*, que nous voyons comment l'Aiguille d'une Montre se meut. Nous ne jugerions pas par raisonnement; nous jugerions par une sorte d'intuition, & l'art de conjecturer ne trouveroit plus son application dans cet Objet.

Nous n'en sommes pas là en Physique : la Science des Rapports naturels est encore si imparfaite, qu'il n'est pas une seule production de la Nature, parmi les plus chétives en apparence, qui ne nous présente des côtés obscurs, & n'épuise bientôt la sagacité du plus habile Physicien. Une Molécule de Terre, un Grain de Sel, un Lychen, un Vermisseau, deviennent pour lui de vrais Dédales, où il se perdroit s'il abandonnoit un moment le Fil précieux de l'Expérience.

V I.

Comment le Physicien parvient à la connoissance des Causes.

CHERCHER le *comment* d'une chose, c'est donc proprement chercher les Rapports secrets qui lient cette chose à d'autres. Ce n'est pas simplement imaginer ; bien moins encore deviner. C'est rapprocher les Faits de même genre & de genres analogues, les décomposer jusques dans leurs moindres parties, examiner ce qu'ils ont de commun & ce qu'ils ont de propre, ce qu'ils ont de constant & ce qu'ils ont de variable, donner toute son attention aux Résultats les plus décisifs, décompofer ces Réfultats eux-mêmes, percer dans les Réfultats de ces Réfultats, & s'élever ainfi par une fuite de Conféquences génératrices à quelque Principe général, qui foit comme le centre de toutes les Vérités particulieres, ou comme la Clef de la Voûte.

Si parmi les Faits qu'on a fous les yeux, il en eft un qui paroiffe plus important ou plus fécond en Conféquences que tout autre, c'eft fur ce Fait, & fur fes Conféquences les plus immédiates, qu'on doit fur-tout porter fon attention.

Je dis les Conféquences *les plus immédiates* ; parce qu'à mefure qu'elles le deviennent moins, la Chaîne perd de fa force, les Chaînons tendent à fe féparer, des Matieres hétérogenes fe gliffent entre deux Chaînons, & la Chaîne rompt au moment qu'on veut s'en fervir. Appliquons ceci à un exemple.

VII.

Application aux Recherches de l'Auteur sur la Génération & sur le Développement.

Préexistence du Germe à la Fécondation.

Premiere Conséquence.

Supposons qu'un Naturaliste exact se soit assuré par des Observations bien faites, & répétées plusieurs fois, que le Germe *préexiste* dans la Femelle à la *Fécondation*. (*)

Supposons qu'il ait démontré rigoureusement, que des Parties qu'on ne croyoit point exister, parce qu'on ne les appercevoit point, existoient réellement, & s'acquittoient déjà de leurs Fonctions essentielles.

Quelles Conséquences ce Philosophe pourra-t-il déduire légitimement de ces Vérités? Quelle sera la marche qu'il de-

(*) *Considérations sur les Corps Organisés*, Tome I. Chap. IX. Consultez en particulier les Articles 142, 143, 144, &c. 154, 156.

vra tenir pour parvenir à éclaircir le myſtere de la *Génération?*

La premiere Conſéquence de notre Philoſophe ſera ſans doute celle-ci : que dès que le Germe préexiſte à la *Fécondation*, il n'eſt pas produit par la Fécondation, ou ce qui revient au même, qu'il n'eſt pas *engendré*.

Mais il eſt très-ſûr que le Germe d'un Oiſeau ne ſe développera jamais dans l'Oeuf, ſans l'intervention du Mâle. Je parle des Oiſeaux qui nous ſont les plus connus.

Il y a donc quelque choſe dans le Germe, qui empêche qu'il ne puiſſe ſe développer par lui-même, (*) & il y a quelque

(*) Je dois faire remarquer que lorſque je parle ici de *Développement*, j'entends un Développement *complet* ou ce Développement qui amene l'Animal à l'état de *perfection* qui eſt propre à ſon Eſpece. Je ne veux donc point laiſſer penſer, que le Germe ne croiſſe point du tout avant la *Fécondation* : Il eſt très-prouvé qu'il croît & même beaucoup avant que d'être fécondé ; car les *Oeufs* croiſſent dans les Poules *vierges* ; leurs *Ovaires* contiennent des Oeufs de toute grandeur : or le *Jaune* de l'Oeuf eſt une Partie eſſentielle du Poulet ; donc le Germe croît avant la *Fécondation* ; mais il ne ſauroit ſe développer *en entier* qu'à l'aide de la Liqueur que le Mâle fournit. Je prie qu'on reliſe ſur ce Sujet l'Article 341 de mes *Conſidérations*. On y verra plus nettement ce que je ne pourrois faire comprendre ici, qu'en entrant dans un détail que le Plan de ce *Tableau* ne comporteroit pas.

choſe

chose dans la Liqueur *fécondante* qui le met en état de se développer. Voilà des Conséquences très-immédiates, & auxquelles il n'est pas possible de se refuser.

VIII.

Le Développement, la Nutrition & la Circulation dans le Germe.

Autres Conséquences.

Le Germe se développe donc par la Fécondation : mais qu'est-ce que se *développer ?* C'est croître en tout sens ; acquérir à la fois plus de masse & de volume.

Le Germe reçoit donc des Matieres étrangeres, qui s'incorporent à sa substance ; il est *nourri* ; car comment acquerroit-il à la fois plus de masse & de volume, s'il ne lui survenoit rien d'étranger ? Cette nouvelle Conséquence est aussi légitime que les premieres.

Mais la *Nutrition*, dans un Oiseau, suppose la *Circulation* ; & celle-ci, l'action du Cœur. Le Cœur de l'Embryon bat donc après la Fécondation ; il pousse dans toutes les Parties le Liquide destiné à les nourrir & à les faire développer. On découvre à l'Œil ses battemens dès la fin du premier jour de l'*Incubation*, & il y a des preuves qu'ils ont commencé plus tôt.

Le Cœur de l'Embryon n'avoit donc pas avant la Fécondation le degré de force nécessaire au Développement : il faut donc qu'il lui ait été communiqué par la Fécondation.

Jusqu'ici notre Philosophe me paroît avoir bien raisonné. Il doit chercher à présent des Faits, qui l'éclairent sur la Cause méchanique du mouvement du Cœur. Voici ceux qui fixent le plus son attention.

IX.

L'IRRITABILITÉ.

Liqueur fécondante, stimulant du Germe.

Toute Fibre *musculaire* se contracte à l'attouchement de quelque Corps, soit solide, soit liquide, & se rétablit incontinent. On a nommé cela l'*Irritabilité*.

Notre Philosophe ne recherche point la nature de cette Force secrette; il l'admet comme le Newtonien admet l'*Attraction*; je veux dire, comme un Fait certain, dont il peut toujours ignorer la Cause, sans en raisonner moins juste sur les Conséquences.

Le Cœur est un véritable *Muscle* & un des Muscles les plus *irritables*. Il continue quelque temps à se mouvoir, après avoir été séparé de la Poitrine. Mais ces mouvemens qu'on diroit *spontanés*, cessent au moment qu'il n'y a plus de Sang dans la Cavité. Ils reparoissent aussi-tôt qu'on y fait entrer du nouveau Sang, de l'Eau, ou simplement de l'Air. Les Liqueurs un peu âcres les excitent davantage.

Il paroît donc assez prouvé, que la Cause des mouvemens du Cœur est dans son *Irritabilité*. Bien d'autres Faits très-singuliers & très-constatés confirment ceux-ci, & concourent à établir la même Vérité.

Si donc le Germe ne se développe point sans le secours de la *Fécondation*, n'est-ce pas parce que le Cœur n'a pas

F ij

aſſez de force pour ſurmonter par ſon impulſion la réſiſtance des *Solides ?* Cette Conſéquence n'eſt-elle pas dans l'ordre des Conſéquences légitimes ? La Liqueur fécondante ſeroit donc une ſorte de *Stimulant.*

X.

Le Mulet ; ſes Conſéquences.
Les Œufs des Vivipares.

UN autre Fait vient s'offrir à l'examen de notre Philoſophe. L'Organe de la Voix de l'Ane eſt un Inſtrument très compoſé : il contient des Pieces d'une ſtructure très-remarquable. Celui de la Voix du Cheval eſt différent & bien plus ſimple. Le *Mulet*, qui provient de l'union de l'Ane avec la Jument, a l'Organe de la Voix conſtruit à peu près comme celui de ſon pere.

Si le Germe appartient à la Femelle, c'étoit un Cheval & non un Mulet ou un Ane qui étoit deſſiné en miniature dans l'Ovaire de la Jument. Il ne ſerviroit de rien de chicaner ſur l'exiſtence des Œufs dans les Femelles *vivipares :* on a vu un *Fœtus* très-bien deſſiné dans l'Ovaire ; & il est des Animaux *vivipares*, qui dans certains temps produisent leurs Œufs au grand jour.

La Liqueur *fécondante* agit donc sur l'intérieur du Germe, puisqu'elle modifie singuliérement quelques-unes des ses Parties *intérieures*. Elle modifie aussi les Parties *extérieures* ; les Oreilles, la Croupe & la Queue du Mulet en sont des preuves évidentes.

Mais si le Germe préexiste à la *Fécondation*, s'il n'est pas *engendré* ; si des Parties qui ne paroissoient point du tout exister, existoient réellement, n'est-il pas fort probable que l'Organe de la Voix du Mulet n'est pas *engendré* non plus ? Notre Philosophe choquera-t-il les Regles d'une saine Logique en tirant une Conséquence si naturelle ?

L'Organe de la Voix du Germe est donc *modifié* par la *Fécondation*, & il l'est dans un Rapport marqué au Pere. Plusieurs des Parties extérieures le sont aussi dans le même Rapport.

XI.

La Liqueur fécondante, Fluide alimentaire, ses préparations, son élaboration, &c.

Comment elle peut nourrir, modifier & faire développer différentes Parties du Germe.

Mais conçoit-on comment la Liqueur fécondante modifieroit les Parties *intérieures* du Germe, sans pénétrer dans le Germe ? Il faut donc admettre qu'elle y pénetre, quoique nous en ignorions profondément la *maniere*. Il faut admettre encore qu'elle s'incorpore au moins aux Parties qu'elle modifie; car ses Parties sont nourries, croissent & se développent dans un Rapport plus ou moins direct au Mâle, & le Mâle n'a fourni qu'une *Liqueur*.

Cette Liqueur a donc elle-même des *Rapports* secrets avec différentes Parties du Mâle, puisqu'elle en trace l'empreinte dans les Parties correspondantes du Germe qu'elle féconde. Elle n'est pas *moulée* dans différentes Parties du Mâle, dans son Larynx, dans ses Oreilles &c. Quelle idée se faire d'un *Moule* de Larynx, d'un *Moule* d'Oreille ?

Ici notre Philosophe renonce à tirer des Conséquences *immédiates*, & en avertit. Il retourne à quelques-uns de ses premiers Principes, & en examine de nouveau les Résultats.

La Liqueur fécondante pénetre le Germe ; elle en *modifie* certaines Parties ; elle agit donc sur ces Parties ; elle les fait croître, & souvent avec excès. Elle les *nourrit* donc ; elle s'incorpore donc à leur substance, puisque l'*accroissement* est l'effet naturel & immédiat de la *Nutrition*. Elle n'est donc pas un simple *Stimulant*; elle est encore une liqueur *alimentaire*.

Divers Faits conduisent à la même Conséquence. Il est fort connu que c'est elle qui fait croître la Crête du Coq, le Bois du Cerf, la Barbe &c. Cette Qualité *nourriciere* ne se manifeste-t-elle pas encore par la *Muë* de la Voix, & par les tristes effets de l'épuisement ?

Toute Liqueur *nourriciere* doit avoir un certain Rapport avec l'état actuel des

Parties à nourrir ; si ces Parties sont d'une délicatesse extrême, cette Liqueur devra être très-subtile, très-élaborée. Si elle y produit de grands changemens, on en pourra conclure légitimement qu'elle est douée d'une activité singuliere. Et comme chaque Partie a son tissu propre, qui résulte sans doute de la nature de ses *Elémens* & de leur *combinaison*, la Liqueur *nourriciere* doit contenir des Molécules *analogues* à ces Elémens ; car rien ne paroît devoir favoriser davantage l'union des particules élémentaires que leur *affinité*. Une goutte d'Eau s'unit à une goutte d'Eau ; & une goutte d'Eau & une goutte d'Huile se repoussent mutuellement.

La Liqueur *fécondante* est donc très-subtile, très-composée, très-active. Elle est vraisemblablement portée au Cœur du Germe, puisqu'elle augmente son *Irritabilité*, & conséquemment sa Force impulsive. Elle est donc vraisemblablement chassée dans son Larynx, puisqu'elle en *modifie* les Pieces. Ces Pieces renferment donc à leur tour des Déterminations qui les rendent *modifiables*.

Nous ignorons en quoi consistent ces *Déterminations* ; mais nous savons que la

Liqueur fécondante agiroit en vain sur ces Pieces, si elles n'avoient aucun Rapport avec la maniere d'agir de cette Liqueur. Les Qualités particulieres des Liqueurs animales paroissent dépendre en dernier ressort, de la structure des Organes qui les filtrent, les préparent, les élaborent.

Une Liqueur destinée à nourrir toutes les Parties, doit probablement renfermer des Principes analogues aux Elémens de toutes les Parties. La Liqueur de l'Ane renferme donc probablement quelque chose de relatif à son Larynx, à ses Oreilles, &c.

Les Organes qui travaillent cette Liqueur sont donc construits dans un certain Rapport aux différentes Parties du Corps. La prodigieuse composition de ces Organes, & la composition non moins étonnante que l'Anatomie microscopique, aidée des *Injections*, découvre dans la structure analogue des Visceres, fortifient une Conjecture qui semble naître naturellement de l'examen & de la comparaison des Faits.

Une Expérience très-connue répand encore ici quelque jour, quand on la médite profondément ; c'est celle de la *Greffe* de l'Ergot du Coq sur sa Crête. Cet Ergot devient au bout de quelque temps une véritable Corne de plusieurs pouces de longueur. Cette Corne singuliere s'articule avec la Tête, par des Pieces d'une structure recherchée, qui avant l'opération ne paroissoient point du tout exister ni dans la Tête ni dans l'Ergot.

On ne pensera pas néanmoins que la simple Opération d'insérer l'Ergot dans la Crête ait créé de nouveaux Organes. Si l'Ergot avoit été laissé dans sa place naturelle, il seroit toujours resté Ergot. Inséré dans la Crête, il y a reçu une nourriture un peu différente, qui a fait croître avec excès & modifié plus ou moins certaines Parties soit de l'Ergot, soit de la Tête, soit de tous les deux ensemble. Que ne peut donc pas la Nutrition ?

XII.

CONCLUSION.

Réflexions sur la nature de l'Ouvrage.

VOILA un léger crayon de la Méthode que j'ai suivie pour tâcher d'éclaircir le myſtere de la *Génération*; voilà ces *Conjectures* que des Eſprits préoccupés ou peu attentifs pourroient ſe hâter trop de reléguer avec tant d'autres ſyſtêmes au Pays des chimeres; mais que j'y reléguerai moi-même, dès qu'on m'aura montré que j'ai mal raiſonné.

Je ne rappellerai point de tels Eſprits à la lecture de mes *Conſidérations ſur les Corps Organiſés*, & en particulier à celles des Articles 142, 143, 144, 145, 146, 147, 148, 333, 336, 338, 340, 356: cela ſeroit certes bien inutile. Il doit me ſuffire que ce Livre ait obtenu les ſuffrages reſpectables de pluſieurs Académies, & ceux de divers Savans les plus diſtingués dans cette partie de la Phyſique.

Je ne céderai point à la tentation de me parer ici des noms célebres des Phyficiens qui ont bien voulu applaudir à mon travail : je fais que l'amitié dont ils m'honorent peut avoir influé fur leur jugement; mais je fais auffi que leur candeur ne leur auroit pas permis de me diffimuler les vices qu'ils auroient découverts dans ma maniere de philofopher.

Si l'on m'objectoit que je n'ai pas rendu raifon en détail de la *reffemblance* des Enfans au Pere & à la Mere ; je répondrois que cette reffemblance n'eft jamais auffi marquée, auffi conftante que celle du *Mulet* à l'Ane & à la Jument.

Si j'ai fourni quelques Principes un peu probables pour expliquer la formation du *Mulet*, ces Principes pourront aider à expliquer toutes les *reffemblances* de même genre. Ils repoferont toujours fur l'importante Obfervation de la *préexiftence* du Germe à la *Fécondation*.

Je conviens donc, que fi l'on démontroit jamais la fauffeté de cette Obfervation, l'Edifice que j'ai tenté d'élever fur cette bafe, feroit auffi ruineux que ceux que j'ai entrepris de détruire.

Tel eft le fort naturel qui menace les Ouvrages *analytiques* : fi l'on parvient à détruire le Principe fondamental, à détacher de la Chaîne le maître Chaînon, l'Ouvrage entier ne sera presque plus qu'une série de Propositions plus ou moins erronées, & il ne pourra plus être envisagé que comme un pur Roman.

XIII.

Conséquence générale en faveur de la Préexistence des Touts Organiques.

Analogies des Etres Organisés.

QUAND une fois on s'est convaincu, que des *Touts organisés* qui ne paroissoient point préexister à leur apparition, étoient déjà *préformés*, on est averti de se tenir en garde contre les premieres apparences, & l'on ne se presse point de prendre pour une Génération *proprement dite*, le simple développement des Parties *préexistantes*.

Ainsi lorsque nous voyons un petit Bouton arrondi se montrer au bout du Tronçon d'un *Ver-de-terre* qu'on a coupé par morceaux, se développer peu à peu, & revêtir exactement la forme d'un Ver, enté en quelque forte fur le Tronçon; lorsque nous découvrons diftinctement que cette nouvelle production a très en petit tous les Organes que le Ver nous préfente en grand (*) ne fommes-nous pas fondés à conjecturer, que cette Production *préexiftoit* en entier dans le Ver-de-terre, & qu'il en eft effentiellement de fon *Origine* comme de celle du *Poulet?*

Il eft vrai que l'AUTEUR de la Nature a infiniment varié fes Productions, & que cette variété prodigieufe infirme plus ou moins la Méthode *analogique*. Nous remarquons pourtant que le *Ver-de-terre*, fi éloigné du *Poulet*, par fa ftructure, fe propage, comme lui, par des *Œufs*.

Nous remarquons auffi que la *Plante*, beaucoup plus éloignée encore du *Poulet*, par fon organifation, que ne l'eft le *Ver-de-terre*, fe propage néanmoins par des *Graines*, qui font des efpeces d'*Œufs*, où toutes les Parties de la Plante font deffinées en miniature.

Ceci rappelle encore à notre Efprit ces belles Obfervations microfcopiques, qui

_____
(*) *Confid. fur les Corps Organ.* Art. 244.

produisent à nos yeux surpris des *Fleurs* & des *Graines*, bien long-temps avant le terme naturel de leur apparition, & lors même que nous ne soupçonnions pas le moins du monde leur existence actuelle.

Il y a donc une certaine *Analogie* entre les Productions de la Nature, malgré leur immense variété. Depuis l'*Homme* jusqu'au *Ver-de-terre*, depuis le Ver-de-terre jusqu'à la *Mousse*, toutes les Productions que nous connoissons se multiplient par des *Petits vivans* ou par des *Œufs*. Les Animaux *vivipares* ont même des *Œufs*; mais les Petits en éclosent dans le ventre de la Mere.

XIV.

Improbabilité des Hypotheses fondées sur l'Epigenese.

Ce que c'est que l'Animal.

Nombre, diversité, Rapports & Jeu de ses Parties.

Admirable structure des Animaux qu'on juge les moins parfaits.

Conséquence.

Si les Corps Organisés ne sont pas *préformés*, il faut qu'ils se *forment* journellement, en vertu des Lois d'une Méchanique particuliere. Or je prie qu'on me dise quelle *Méchanique* présidera à la formation d'un *Cerveau*, d'un *Cœur*, d'un *Poumon* & de tant d'autres *Organes* ?

Je ne rends pas encore la difficulté assez saillante ; elle ne consiste pas seulement à faire former *méchaniquement* tel ou tel Organe, composé lui-même de tant de pieces différentes ; elle consiste principalement à rendre raison par les seules

seules Lois de la *Méchanique*, de cette foule de *Rapports* variés, qui lient si étroitement toutes les Parties organiques, & en vertu desquelles elles conspirent toutes à un même but général ; je veux dire, à former cette *Unité* qu'on nomme un *Animal*, ce Tout organisé qui vit, croît, sent, se meut, se conserve, se reproduit.

Prenez garde que le *Cerveau* suppose le *Cœur*, & que le Cœur suppose à son tour le Cerveau. Le Cerveau & le Cœur supposent les *Nerfs*, les *Arteres* & les *Veines*. Mais l'Animal se nourrit ; les Organes de la *Circulation* supposent encore ceux de la *Nutrition*. Mais l'Animal se meut ; les Organes du *Mouvement* supposent encore ceux du *Sentiment*. Mais l'Animal se propage ; les Organes de la *Génération* supposent encore ceux de la *Nutrition*, de la *Circulation*, du *Sentiment*, du *Mouvement*. Il faut éviter ici de s'en tenir à des généralités ; il faut entrer dans le détail, & dans le plus grand détail.

Quand on ne considere l'Animal que d'une vue générale, on n'est point assez frappé de la difficulté, je devrois plutôt dire de l'impossibilité de toutes les solutions *méchaniques*.

Tome I. G

Je n'exige pas qu'on parte du Corps Humain, ce Chef-d'œuvre de la Nature : on peut ne partir que du Corps d'un vil Insecte. Je ne demande qu'une grace aux Amateurs des explications *méchaniques*; c'est de jeter un coup d'œil sur les Prodiges que le Burin du célebre Lyonet a enfanté en ce genre : (*) ils ne verront point sans un profond étonnement ces quatre mille *Muscles* employés à la construction d'une Chenille, leur co-ordination admirable, celle des *Trachées* non moins admirables encore ; & j'aime à me persuader, qu'ils sentiront alors, qu'un Tout si prodigieusement composé, & pourtant si harmonique, si essentiellement *un*, n'a pu être formé comme une Montre, de Pieces de rapport ou de l'engrainement d'une infinité de Molécules diverses, réunies par *apposition* successive. Ils conviendront, j'espere, qu'un pareil Tout porte l'empreinte indélébile d'un Ouvrage fait d'un seul coup.

(*) *Traité Anatomique de la Chenille qui ronge le Bois de Saule,* &c. A la Haye 1762, in-4°. Je n'ai vu cet étonnant Ouvrage, qu'après l'envoi de mon Manuscrit au Libraire. Si je l'avois reçu plutôt, j'aurois essayé d'en donner une légere idée à mes Lecteurs dans la Partie VIII. de ma *Contemplation*. L'infatigable & habile Auteur peut s'assurer d'avoir atteint son but qui étoit de briller sans Rivaux, & de nous étonner : il fait mieux encore ; il nous éleve à la Source de tant de merveilles.

A quoi bon en effet mettre son Esprit à la torture pour chercher des solutions *méchaniques* qui ne satisfont point à la Question, tandis qu'il est des Faits très-décisifs qui semblent nous conduire comme par la main, à la *préexistence* des Germes? Je ne prétends point prononcer sur les voies que le CRÉATEUR a pu choisir pour amener à l'existence divers Touts organiques; je me borne à dire, que dans l'ordre actuel de nos Connoissances physiques, nous ne découvrons aucun moyen raisonnable d'expliquer *méchaniquement* la formation d'un Animal, ni même celle du moindre Organe.

J'ai donc pensé, qu'il étoit plus conforme à la saine Philosophie, parce qu'il étoit plus conforme aux Faits, d'admettre au moins comme très-probable, que les Corps Organisés *préexistoient* dès le commencement.

XV.

Application du Principe de la Préexistence des Germes aux divers genres de Reproduction Animale.

Remarque importante sur la signification du mot de Germe.

J'AI donc essayé d'appliquer aux *Reproductions* animales de tout genre, le Principe si lumineux & si fécond de la *Préordination* des Etres. J'ai montré la grande analogie que je découvrois entre les Reproductions *animales* & les Reproductions plus connues des *Végétaux*. (*)

J'ai supposé, qu'au lieu que dans les grands Animaux, & dans beaucoup de Coquillages & d'Insectes, les *Ovaires* occupent une Région particuliere, ils étoient répandus dans tout le Corps d'un *Ver-de-terre*, de certains *Vers d'eau douce*, du *Polype*, &c.

(*) *Considérations sur les Corps Organisés*, Tom. I. Chap. X. Chap. XII. en particulier les Articles 221, 223, 224, 225, 236, 237, 238, 239, 240. Tom. II. Chap. I. Art. 245, 253, 254. Chap. II. Articles 274, 275, &c.

J'ai donc considéré le Corps de ces Animaux singuliers, comme une sorte d'Ovaire *universel*. J'ai supposé, que l'Opération de les couper par morceaux, détournoit au profit de quelques germes, les Sucs nourriciers qui auroient été employés à la nourriture du Corps entier.

J'ai expliqué ainsi le Développement de ces Germes, & par ce Développement la *Régénération* de chaque Tronçon. J'ai cru pouvoir assigner la même cause à la Multiplication *par Rejetons*, & j'en ai indiqué les raisons. (*)

J'ai fait voir, que les *Greffes animales*, tout étranges qu'elles nous paroissent s'expliquent fort heureusement par les curieuses Observations qu'on a faites sur les *Greffes végétales*, & en particulier sur les nouvelles Fibres qui se développent dans le *Sujet* & dans la *Greffe*. (†).

J'ai encore éclairci ce point intéressant par une belle Observation sur la Régénération entiere de la Cuisse d'un grand Animal. (**)

(*) *Considérations sur les Corps Org.* Tom. II. Chap. II. Art. 274, 276.
(†) Ibid. Art. 268, 269.
(**) Ibid. Art. 270.

J'ai dit, qu'on ne devoit pas s'imaginer, que toutes les Parties d'un Corps Organisé sont en petit dans le *Germe*, précisément comme elles paroissent en grand dans le Tout *développé*.

J'ai démontré d'après les nouvelles découvertes sur le *Poulet*, que toutes les Parties, soit extérieures soit intérieures, ont dans le *Germe* des formes, des proportions, une consistance & un arrangement, qui different extrêmement de ceux qu'elles obtiendront par la suite, & qui feront l'effet naturel de l'*impulsion* des Liqueurs & de l'*Evolution*. (*)

J'ajoute ici que j'entends en général par le mot de *Germe*, toute *Préordination*, toute *Préformation* de Parties, capable par elle-même de déterminer l'existence d'une *Plante* ou d'un *Animal*.

Je n'affirmerai pas que les Boutons qui produisent les *Rejetons* d'un Polype *à Bras*, étoient eux-mêmes des Polypes en miniature, cachés sous la Peau de la Mere; mais j'affirmerai qu'il y a dans la *Peau* de la Mere, certaines Particules,

___

(*) Ibid. Art. 146, 351, 352.

qui ont été *préorganisées* de maniere, qu'un petit Polype résulte de leur *Développement.* (*)

XVI.

Préexistence des Ames dans les Germes.

Réflexions sur l'Ame des Bêtes.

Application à la multiplication des Animaux de Bouture, & en particulier à celle du Polype.

On sait combien on avoit déraisonné sur la *nature* de l'*Ame*, à l'occasion de la découverte du *Polype*. Les Matérialistes s'en étoient saisis avec avidité pour étayer leur dogme favori. Les Sceptiques avoient redoublé leurs vaines déclamations sur l'incertitude de nos Connoissances. Les vrais Philosophes demeureroient dans le silence, sans oser tenter la solution du Problême.

(*) On trouvera dans la Partie IX. de cette *Palingénésie philosophique* que j'ai inférée dans ces *Opuscules*, mes dernieres méditations sur les *Préformations organiques*, à l'occasion de nouvelles Découvertes sur les *Reproductions animales*.

G iv

Il m'a paru que cette Solution devoit tenir à la grande Question de la *Préexistence des Germes*. J'ai donc pensé, que s'il est probable, que les Corps Organisés préexistent dès le commencement, il l'est aussi que le *Principe* qui doit les animer, a *préexisté* en même temps.

Je n'ai point du tout décidé sur l'*existence* de l'Ame des Bêtes, mais j'ai établi la *probabilité* de cette Opinion sur l'*Analogie*. (*)

J'ai cru que le Polype donnoit des marques non équivoques de *Sentiment*, & qu'un Etre organisé qui dévore des Proies, qui les pêche, pour ainsi dire, *à la Ligne*, & qui les digere, n'étoit pas une Plante.

Je n'ai pas imaginé que le *Cerveau*, ou ce qui en tient lieu dans le Polype, pût *sentir*. Je me suis flatté d'avoir mieux démontré qu'on ne l'avoit fait avant moi, que la Matiere ne peut pas *sentir*. (†) J'ai donc supposé une *Ame* dans le Polype, parce qu'il m'a paru *sentir*.

(*) *Consid. sur les Corps Org.* Art. 283
(†) *Essai Analyt. sur les Facultés de l'Ame*. A Copenhague 1760, in-4°. dans la Préface & dans les paragraphes 2, 716.

Un Automate peut néanmoins donner toutes les marques extérieures du Sentiment ; j'en conviens : mais combien d'Opérations des Brutes, qu'on ne sauroit expliquer *méchaniquement* que d'une maniere très-forcée ! D'ailleurs quantité de Brutes ont des *Sens* semblables aux nôtres, & qui leur ont été accordés pour la même Fin. Admettrons-nous que l'Homme, qui a les mêmes Sens que ces Brutes, pourroit n'être qu'un pur *Automate ?*

Mais s'il est probable que ces Brutes ont une Ame, il est assez apparent que toutes les Brutes en ont une aussi. Si l'on admet que toutes les Brutes ont une Ame, l'on admet nécessairement que cette Ame est immatérielle, & par conséquent *indivisible.*

L'Ame du Polype sera donc aussi *indivisible.* On ne partagera donc pas cette Ame, en partageant le Polype : mais l'on donnera lieu ainsi à certains Germes de se développer, & l'Ame que j'ai supposé résider *originairement* dans ces Germes, commencera à éprouver des Sensations, relatives à la conservation de l'Individu. Il se formera autant de nouvelles *Personnes*, autant de nouveaux *Moi*, qu'il se développera de nouveaux Touts individuels.

Voilà ce que j'ai tenté d'expliquer en détail dans le Chapitre III. du Tome second de mes *Confidérations fur les Corps Organifés*, & que le Lecteur judicieux voudra bien comparer aux divers raifonnemens, & aux conjectures plus ou moins vagues qu'on avoit débitées fur ce fujet de Métaphyfique.

Il ne faut pas me demander froidement, comme a fait un Journalifte, fi le Polype a un *Cerveau*, s'il a des *Nerfs*; ces Queftions & toutes celles qui leur reffemblent, fuppoferont toujours que celui qui les fait, n'a pas pris la peine de me lire en entier, ou que s'il m'a lu, il ne m'a point entendu.

Je n'ai jamais penfé que le Polype eût un *Cerveau* & des *Nerfs* pareils à ceux des grands Animaux. Mais j'ai penfé que le Polype avoit les *Organes du Sentiment* dans le Rapport à fa nature de *Polype* ou à fa maniere propre de *fentir*, & je ne me fuis pas avifé de chercher *comment* il fent. C'étoit avoir fait affez, que d'avoir montré que les Phénomenes de fa Reproduction ne choquent pas le moins du monde la Doctrine de l'*Immatérialité* de l'Ame.

XVII.

L'Emboîtement. La Dissémination.

Je n'ai pas décidé entre l'Hypothèse de l'*Emboîtement* & celle de la *Dissémination* des Germes. J'ai seulement donné à entendre que j'inclinois vers l'*Emboîtement*, & j'ai indiqué les raisons qui m'ont paru favoriser cette Hypothèse. (*)

Je n'ai jamais cru, que des calculs sans fin, qui n'effrayent que l'Imagination, fussent des argumens terrassans pour la Raison. La Nature travaille aussi en petit qu'elle veut, & les derniers termes de la *division* de la Matiere nous sont inconnus. Je n'ai pas dit qu'elle fût actuellement divisée *à l'infini*; mais j'ai pu dire qu'elle l'étoit à l'*indéfini*.

(*) *Confid.* Art. 274, 342.

XVIII.

Raisons qui portent l'Auteur à rejeter les Générations équivoques.

Je n'ai point adopté de *Générations équivoques*; premiérement, parce que je n'en connois point; secondement, parce que de telles *Générations* m'ont paru contraires à tout ce que je connois de plus *certain* sur la Génération des Plantes & des Animaux.

J'ai exposé fidélement & fort au long dans mon Livre sur les *Corps Organisés*, les curieuses Expériences par lesquelles des Physiciens célebres ont tenté de nos jours de ressusciter l'Opinion de l'Ecole. (*) Je me flatte d'avoir assez fait sentir combien toutes ces Expériences sont défectueuses ou équivoques, & combien la prévention en faveur d'une certaine Théorie a pu influer sur l'observation & sur ses résultats.

Je ne me suis pas borné à combattre ces Hercules de l'Ecole avec les Armes

---

(*) *Consid.* Tom. I. Chap. VII. Tom. II. Chap. VI.

du Raisonnement : je leur ai opposé des Faits, qui ont été vus & revus par les meilleurs yeux, & qui contredisent formellement les *Conséquences* étranges qu'ils ont tirées de leurs Observations. (*)

Si l'on m'objectoit encore la Génération des Vers du Foie des Moutons, celle de certains Vers qu'on croit avoir apperçus dans les Veines, dans les Muscles, dans les Guaines des Tendons ; je demanderois, si la seule présence de ces Vers dans des réduits aussi cachés, autoriseroit un vrai Philosophe, à les regarder comme les produits immédiats d'une Génération *équivoque* ? Avant qu'on connût la véritable origine des Vers qui habitent les *Sinus frontaux* des Moutons, n'avoit-on pas jugé de leur origine, précisément comme les Partisans de l'Ecole voudroient nous faire juger de celle des Vers du Foie ? Et puis, est-il bien sûr, que tout ce que l'on a pris pour de véritables Vers dans les Veines, dans les Muscles, dans les Tendons &c. en étoient réellement ? Des apparences trompeuses n'en ont-elles jamais imposé aux Observateurs préoccupés ou peu instruits ?

(*) Ibid. Art. 135 & 331.

Mais ne chicanons point sur l'existence de tous ces Vers; que peut-on déduire légitimement de leur apparition dans ces Replis du Corps humain? Rien autre chose, sinon que nous ignorons comment ils se trouvent là. L'ignorance absolue sur la maniere d'une chose, rendra-t-elle jamais une Opinion probable? Par combien de moyens divers les semences invisibles de ces Insectes ne peuvent-elles pas s'introduire dans l'intérieur du Corps? Combien de Faits analogues appuyent cette Idée! Combien d'Origines secrettes, qui ont été enfin dévoilées!

Si les Vers dont nous parlons, n'ont pas une *Origine* aussi réguliere que celle de tant d'autres Insectes, s'ils ne la doivent ni à des *Œufs*, ni à des *Petits vivans*, ni à aucune autre cause de *même* genre; il faudra dire alors, qu'ils sont formés du concours de certaines Molécules, qui se réunissent *par appofition*, & parviennent ainsi à composer un Tout organique, qui vit, se meut & se propage.

Mais quelque simple qu'on suppose l'Organisation de ces Vers, quelqu'imparfaits qu'on veuille qu'ils soient en comparaison des autres Animaux, ils n'en seront pas moins *Animaux* ; & qui dit un *Animal*, dit un Tout organisé, formé de l'assemblage régulier de bien des Parties différentes, toutes très-organisées, & qui tendent toutes à une fin générale. Comment le concours de certaines Molécules réunies *par appofition*, établira-t-il entre les Parties ces *Rapports* nombreux & variés d'où résulte l'Animal ?

Si nous pouvions avoir sur une espece de ces Vers un Traité pareil à celui de la *Chenille du Saule*, si le Scalpel & le crayon d'un LYONET pouvoient nous en donner l'Anatomie, je me persuade aisément, que ces Animaux qu'on nous représente comme si simples, si imparfaits, en un mot, comme si peu Animaux, nous paroîtroient des Etres très-composés, & dont nous ne suffirions point à admirer la riche Organisation.

Je n'ai pas prescrit des bornes à la Nature ; je sais combien celles de mon Esprit sont étroites : je n'ai jamais prétendu déterminer *toutes* les manieres dont elle peut former un *Animal* : il en est sûrement dont je n'ai & ne puis avoir aucune idée, & qu'on découvrira un jour : j'ai dit simplement, que pour admettre une *nouvelle formation* de l'Animal, différente de tout ce que nous connoissons de certain en ce genre, il falloit des preuves au moins aussi démonstratives que celles que j'ai données de la multiplication des *Pucerons* sans le concours des Sexes. (*) J'ai donc avancé que l'Opinion des *Générations équivoques* est absolument dénuée de semblables preuves; & où est le Physicien sage qui pourroit en disconvenir ?

XIX.

Des Monstres.

La Formation des *Monstres* est un Point de Physique très-difficile à manier, & qui partage encore les plus grands Physiologistes. J'ai fait sur ce sujet bien des réflexions, j'ai rassemblé bien des Faits, & j'ai essayé d'en analyser quelques-uns. (†)

Mon but étoit de développer davantage

(*) *Observations sur les Pucerons*, in-8°. Paris chez Durand 1745. *Consid. sur les Corps Organ.* Tom. II. pag. 116. Art. 302, 303, 304.
(†) *Considérations sur les Corps Organisés.* Tom. II. Chap. VIII.

mes

DES CONSIDÉRATIONS. 113

mes Idées sur la *Génération*, en les appliquant à la *Formation* des différens Monstres. Si je n'ai pas eu recours à l'Hypothese des Germes *originairement monstrueux*, c'est uniquement parce que cette Hypothese, d'ailleurs si commode, ne m'a pas paru suffisamment établie par les divers Exemples qu'on produit en sa faveur, & qu'il est un grand nombre d'autres Exemples où les *Causes accidentelles* sont très-apparentes. Je me suis néanmoins borné à faire sentir l'influence que ces Causes peuvent avoir dans les Productions *monstrueuses*, que les Partisans de l'Opinion contraire ne jugent pas soumises à leur action. (*)

(*) On trouvera dans ces *Opuscules*, Part. IX, X, XI, de la *Palingénésie*, de nouvelles Découvertes très-intéressantes sur les *Reproductions animales*, sur l'*Accroissement* & sur la *Préexistence* du Germe, & de nouvelles Considérations sur tout cela : elles serviront de *Supplément* à mes deux derniers Ouvrages.

ESSAI D'APPLICATION

DES

PRINCIPES PSYCHOLOGIQUES

DE L'AUTEUR,

A LA MANIERE DONT LES Idées sont rappellées par les Mots, & à l'association des Idées en général.

ESSAI D'APPLICATION
DES
PRINCIPES PSYCHOLOGIQUES
DE L'AUTEUR.

INTRODUCTION.

JE me borne ici à un seul exemple : il suffira pour faire juger de l'application qu'on pourroit faire de mes Principes à un grand nombre d'autres cas. Ce sera même par une application à un plus grand nombre de cas, que l'on jugera mieux de la vraisemblance de ces Principes. Une Hypothese est d'autant plus probable, qu'elle explique plus heureusement un plus grand nombre de Phénomenes. Ceux de mes Lecteurs qui se feront rendus mes Principes familiers, n'auront pas de peine à faire les applications dont je parle. Je suis fort intéressé dans cet exercice de leur Entendement, puisque c'est de leurs efforts que je dois attendre la perfection d'un Système que je n'ai pu qu'ébaucher.

DU RAPPEL DES IDÉES
PAR LES MOTS.

L'Ostracisme étoit un Bannissement de dix ans introduit par les Athéniens contre les Citoyens que leurs Richesses ou leur Crédit rendoient suspects. On écrivoit le nom du coupable sur des Coquilles, & c'est de là que l'Ostracisme tiroit sa dénomination : le mot Grec *ostracon* signifie *Coquille*. Le nombre des suffrages devoit excéder celui de 600.

J'ai lu autrefois ce trait d'Histoire, & je n'en ai retenu autre chose, sinon que l'Ostracisme étoit un Bannissement de dix ans, auquel on condamnoit les Citoyens trop accrédités.

Je relis par hasard ce trait d'Histoire, & j'ai un léger souvenir de l'avoir lu. Cependant si on m'avoit demandé l'origine du mot *Ostracisme*, je n'aurois pu l'indiquer. (*)

(*) Ceci m'est arrivé au pied de la lettre en lisant l'Article *Coquille* dans le savant *Dictionnaire d'Histoire*

Je veux approfondir un peu ce petit Fait, & lui appliquer mes principes *psychologiques* pour mieux juger leur probabilité.

J'AI admis que toutes nos Idées tirent leur Origine des *Sens*, & j'en ai dit la raison §. 17, 18. (*) J'ai prouvé que la *Mémoire* tient au *Corps* §. 57, & que le *Rappel* des Idées par la Mémoire tient aux *Déterminations* que les Objets impriment aux *Fibres* des Sens, & qu'elles conservent, §. 58, 59, & suivans. J'ai montré enfin, que chaque Idée doit avoir dans le Cerveau des Fibres qui lui soient appropriées & au jeu desquelles le *Rappel* de l'Idée ait été attachée, §. 78, 79, & suivans.

Il me suffit d'avoir rappellé ces Principes généraux ; je viens à leur application au cas que je me propose d'analyser ici.

Naturelle, de M. de BOMARE, Tome II. page 98, & c'est ce qui m'a fait naître l'idée d'analyser sur le champ ce petit Fait psychologique. Ceux de mes Lecteurs qui se trouveront dans des cas analogues, feront bien de les analyser aussi. Ce sera le meilleur moyen de juger de la probabilité & de la fécondité de mes Principes.

(*) *Essai Analytique sur les Facultés de l'Ame*, 1760.

J'avois retenu le mot *Oſtracisme* ; je me rappellois fort bien que c'étoit un *Banniſſement de dix ans*. Je me rappellois encore qu'il ne portoit que contre les Citoyens trop accrédités.

Le Faiſceau de Fibres *approprié* au mot Oſtracisme avoit donc conſervé les *Déterminations* que la lecture du Mot lui avoit imprimées.

Mais ſi ce mot ne réveilloit rien dans l'Eſprit, il ſeroit vuide de ſens. Afin donc que j'aye l'Idée que l'Inſtitution lui a attachée, il faut néceſſairement qu'il réveille chez moi l'Idée de *Banniſſement*.

Cette Idée de *Banniſſement* ne ſuffiroit pas même pour me donner le ſens complet du Mot, parce qu'elle ſeroit trop vague ; car l'*Oſtracisme* n'eſt pas le ſynonyme de *Banniſſement* : tout Banniſſement n'eſt pas un Oſtracisme.

L'*Oſtracisme* réveille donc chez moi l'Idée d'une eſpece *particuliere* de Banniſſement ; & ſi ma Mémoire n'eſt pas tout-à-fait infidelle, elle déterminera l'Idée à un Banniſſement *de dix ans*.

Le Faisceau de Fibres auquel est approprié le Mot *Ostracisme*, ébranlera donc les Faisceaux auxquels sont appropriés les Mots *Bannissement de dix ans*

Mais ces Mots *Bannissement de dix ans* seroient eux-mêmes vuides de sens, s'ils ne réveilloient pas confusément dans l'Esprit l'Idée d'une sorte de Peine, & celle d'un certain espace de *temps*.

Les Faisceaux appropriés aux Mots Bannissement de dix ans, ébranlent donc à leur tour plus ou moins foiblement d'autres Faisceaux auxquels tiennent les Mots ou les *Signes* représentatifs de *Peine* & de *Temps*.

Les Faisceaux appropriés à ces derniers Mots pourront ébranler de même d'autres Faisceaux auxquels tiendront quelques *Images* ou quelques Idées *analogues* à ce que ces Mots sont destinés à *représenter*.

Je me rappelle donc très-distinctement, que l'*Ostracisme* est un *Bannissement de dix ans*. Je me rappelle encore que ce Bannissement ne portoit dans son Institution que contre les *Citoyens trop accrédités*.

Les Faisceaux appropriés aux Mots *Bannissement de dix ans* tiennent donc encore à d'autres Faisceaux auxquels sont attachés les Mots *Citoyen* & *accrédité*. Ceux-ci réveillent quelques-uns de leurs *analogues*, &c.

Mais, pourquoi le Mot *Ostracisme* ne me rappelloit-il pas les Mots *Coquille*, *Athéniens*, *Suffrages* ?

Il est très-clair que les Fibres appropriés à ces différens Mots n'avoient point perdu les *Déterminations* que la lecture de ces Mots leur avoit imprimées, & que la répétition assez fréquente des mêmes sons avoit dû naturellement fortifier. Il n'est pas moins clair que ces Mots avoient contracté dans mon Cerveau une multitude de liaisons diverses, suivant l'emploi que j'avois eu occasion d'en faire soit en conversant, soit en écrivant.

J'ai montré en plusieurs endroits de mon Livre, que les liaisons qui se forment entre nos Idées de tout genre en supposent de pareilles entre les Fibres sensibles de tout genre. Nos Idées de tout genre tiennent à des *Signes* qui les *représentent*. Ces

Signes font pour l'ordinaire des *Mots*. Ces Mots font rappellés par la *Mémoire*. Il eſt bien démontré que la Mémoire a un *Siege* purement *phyſique*. Des Accidens purement *phyſiques* la détruiſent. On perd totalement le ſouvenir des Mots; on oublie ſa Langue maternelle. La *conſervation* des Mots ou des Signes de nos Idées par la *Mémoire*, tient donc à des Cauſes *phyſiques*. Ces Cauſes peuvent-elles être autre choſe que *l'organiſation & l'arrangement* des Fibres du Cerveau?

Si notre Ame n'a l'Idée d'un Objet que par l'action de cet Objet ſur les Fibres ſenſibles qui lui ſont appropriées, il eſt bien naturel que le *Rappel* de cette Idée par la Mémoire ou ſa *Reproduction*, dépende de la même Cauſe qui en avoit occaſionné la Production.

Il faut donc que nos Fibres *ſenſibles* de tout genre ſoient organiſées & arrangées de maniere dans le *Siege de l'Ame*, qu'elles retiennent pendant un temps plus ou moins long les *Déterminations* qu'elles ont reçues de l'action plus ou moins réitérée de leurs Objets, & qu'elles puiſſent contracter entr'elles des liaiſons en vertu deſquelles elles puiſſent s'ébranler réciproquement.

Pour que des Fibres sensibles de même genre ou de genres différens puissent s'ébranler *réciproquement*, il faut de toute nécessité qu'elles communiquent les unes aux autres *immédiatement* ou *médiatement*.

L'ébranlement dont il s'agit est une *impulsion* communiquée : afin que cette impulsion se propage d'une Fibre à d'autres Fibres, il est bien évident qu'il faut ou que la Fibre *mue* tienne immédiatement aux Fibres *à mouvoir*, ou qu'elle y tienne par quelque chose d'intermédiaire qui reçoive l'impulsion & la transmette.

Je me suis beaucoup étendu dans les Chapitres XXII & XXV, sur cette *communication* des Fibres sensibles & sur ses effets. J'ai donné le nom de *Chaînons* à ces Parties, quelles qu'elles soient, par lesquelles je conçois que les Fibres sensibles de différentes espèces ou de différens genres tiennent les unes aux autres, & agissent les unes sur les autres.

J'ai supposé que ces Chaînons étant destinés à transmettre le mouvement & un certain mouvement d'un Faisceau à un autre Faisceau ou simplement d'une Fibre à une autre Fibre, avoient reçu

DES PRINCIPES PSYCHOLOGIQ. 125
une ſtructure relative à cette importante Fin. Je n'ai pas entrepris de deviner cette ſtructure, l'entrepriſe eût été vaine ; je me ſuis borné à en conſidérer les effets, & à m'aſſurer de leur certitude.

J'ai cru cette certitude, parce qu'elle m'a paru rigoureuſement prouvée. Non-ſeulement une Senſation nous rappelle une Senſation de même eſpece ; un Son, par exemple, nous rappelle un autre Son, une Couleur nous rappelle une autre Couleur ; mais nous éprouvons encore qu'un Son nous rappelle une Couleur. Le Son tient à des Fibres de l'*Ouie*, la Couleur tient à des Fibres de la *Vue* : les Fibres de l'Ouie & celles de la Vue communiquent donc entr'elles.

Le même raiſonnement s'applique aux autres *Sens :* les Fibres de tous les Sens communiquent donc les unes aux autres.

Si la *Mémoire* d'un Mot tient aux *Déterminations* que les Fibres appropriées à ce Mot ont contractées, le Rappel d'un Mot par un autre Mot, doit tenir eſſentiellement aux *Déterminations* que les *Chaînons* qui lient les deux Faiſceaux auront contractées & conſervées.

J'ai exposé dans le Chapitre IX. mes Principes sur cette *Habitude* que les Fibres contractent sur la maniere dont elle s'enracine ou s'affoiblit. J'y suis revenu dans le Chapitre XXII.

Les liaisons que le Mot *Ostracisme* avoient contractées dans mon Cerveau avec le Mot *Coquille*; celui-ci avec le Mot *Athéniens*; ce dernier avec le Mot *Suffrages*; ces liaisons, dis-je, s'étoient presque entiérement effacées, & je ne pouvois me rappeller l'Origine de l'*Ostracisme*.

Le Faisceau approprié au Mot *Ostracisme*, ne pouvoit donc ébranler le Faisceau approprié au Mot *Coquille*, ou s'il l'ébranloit, ce n'étoit point assez fortement pour faire sur mon Ame une impression sensible, & qui lui soumît, en quelque sorte, le trait d'Histoire dont il s'agit.

Le *Chaînon* ou les *Chaînons* qui lient les deux Faisceaux avoient donc perdu les *Déterminations* en vertu desquelles les deux Faisceaux s'ébranloient autrefois réciproquement. Il en alloit de même du Faisceau approprié au Mot *Coquille* relativement à ceux auxquels tenoient les Mots *Athéniens*, *suffrages*, &c.

※

Je ne me flatte pas d'avoir résolu ce petit Problême psychologique ; je serai satisfait si j'ai fourni quelque moyen de le résoudre. Je lui ai appliqué des Principes qui m'ont paru plus probables que ceux qu'on avoit adoptés jusqu'à moi ; cette application aidera à juger du degré de cette probabilité.

Mais de combien de liaisons diverses le même Mot n'est-il pas susceptible ! A combien de Mots très-différens le Mot de *Coquille* ne peut-il point répondre suivant la nature du discours ou le but que l'on se propose en l'employant ! Il faut donc que le Faisceau approprié à ce Mot soit susceptible de cette multitude de liaisons diverses, qu'il tienne par la culture de l'Esprit à une foule d'autres Faisceaux, & que le mouvement puisse se propager de ce Faisceau à tel ou tel Faisceau avec la précision & la célérité qu'exige la Pensée ou la suite du Discours.

Quelle merveilleuse composition ceci ne suppose-t-il point dans cet Organe admirable qui eſt l'Inſtrument immédiat des Opérations de notre Ame ! (*) Quel ſeroit notre raviſſement ſi la Méchanique de ce Chef-d'œuvre du TOUT-PUISSANT nous étoit dévoilée ! Nous contemplerions dans cet Organe un petit Monde ; & s'il appartenoit à un Leibnitz, ce petit Monde ſeroit l'abrégé de l'Univers.

(*) Le célebre HOOKE ayant ſuppoſé qu'une *Idée* peut ſe former dans 20 *tierces* de temps, trouva qu'un Homme amaſſeroit dans 100 ans, 9,467,280,000 *Idées* ou *Veſtiges* : & que ſi l'on réduiſoit cette ſomme au tiers à cauſe du ſommeil, il reſteroit 3,155,760,000 *Idées* : & enfin qu'en ſuppoſant deux livres de *Moëlle* dans le Cerveau, il y auroit dans un *Grain* de cette *Moëlle* 205452 *Veſtiges*. *Phyſiologie* de M. HALLER, Tom. V. Liv. XVII. §. VI. Combien la choſe paroitra-t-elle plus admirable encore, quand on conſidérera que les *Veſtiges* dont parle HOOKE, ne réſident que dans une très-petite partie du *Cerveau*, & non dans une maſſe de ce Viſcere auſſi conſidérable que celle qu'il ſuppoſoit ! On raiſonneroit, ſans doute, plus juſte, en appliquant à un ſeul *Grain* de cette maſſe, ce qu'il appliquoit à toute la maſſe. Ce n'eſt pas à notre Imagination à juger de pareils Objets.

SUITE

SUITE DU RAPPEL

DES IDÉES PAR LES MOTS.

Quelle que soit la Partie du Cerveau qui est le Siege de l'Ame ou l'Instrument immédiat de ses Opérations, on ne peut s'empêcher d'admettre qu'il est quelque part dans le Cerveau un Organe qui réunit les impressions de tous les Sens, & par lequel l'Ame agit ou paroît agir sur différentes Parties de son Corps.

Nous voyons clairement que l'action des Objets ne se *termine* pas aux Sens *extérieurs*. L'action du *Son* ne se termine pas au *Tambour*, celle de la *Lumiere*, à la *Rétine*. Il est des *Nerfs* qui propagent ces différentes impressions jusqu'au Cerveau. Ceux qui après avoir perdu le Poignet, sentent encore leurs Doigts, nous montrent assez que le *Siege* du Sentiment n'étoit pas où il paroissoit être. L'Ame ne sent donc pas ses Doigts dans les Doigts même : elle n'est pas dans les Doigts ; elle n'est pas non plus dans les Sens *extérieurs*.

Nous sommes fort peu éclairés sur la Structure intime du Cerveau. L'Anatomie se perd dans ce Dédale ténébreux. Elle voit les Nerfs de tous les *Sens* y converger ; mais lorsqu'elle veut les suivre dans leur cours, ils lui échappent, & elle est réduite à conjecturer, ou à tâtonner.

Nous devons donc renoncer à déterminer précisément quelle est la Partie du Cerveau qui constitue le *Siege de l'Ame*. Un Anatomiste célebre (*) procédant par la voie d'*exclusion*, a prétendu que le Siege de l'Ame étoit dans le *Corps calleux*, parce que toutes les expériences qu'il a tentées lui ont paru prouver, que cette Partie est la seule qui ne puisse être blessée ou altérée, que les fonctions de l'Ame n'en souffrent plus ou moins.

Un autre Anatomiste (†) a contredit ce résultat, & a entrepris d'établir sur d'autres expériences, que le *Siege de l'Ame* seroit plutôt dans la *Moëlle allongée*.

(*) M. de la PEYRONIE; *Mémoires de l'Académie Royale des Sciences*, 1741.
(†) M. LORRY; *Savans Etrangers*, Tom. III. p. 344. & suivantes.

Il produit en sa faveur des Faits qui semblent fort décisifs. Je n'en citerai qu'un seul : on connoît des Animaux qui n'ont point de *Corps calleux* ; le Pigeon, par exemple, n'en a point, (*) à ce qu'assure cet Anatomiste, & nous ne refuserons pas une Ame au Pigeon.

Quoi qu'il en soit de cette Question sur le *Siege de l'Ame*, il est bien évident que tout le Cerveau n'est pas plus le Siege du *Sentiment*, que tout l'Œil n'est le Siege de la *Vision*.

Mais s'il ne nous est pas permis de pénétrer dans le secret de la Méchanique du Cerveau, nous pouvons du moins étudier les effets qui résultent de cette Méchanique, & juger ainsi de la Cause par ses Effets.

Nous savons que nous n'avons de Idées qu'à l'aide des *Sens* ; ceci est une vérité

(*) Le *Corps calleux* du Pigeon ne seroit-il point trop déguisé pour être reconnu. N'y occuperoit-il point une place où on ne le cherche pas, parce qu'on ne s'attend pas à l'y trouver ? Ce ne sont ici que des doutes que je propose ; mais auxquels l'autorité de M. de la Peyronie peut donner du poids.

que l'Expérience atteste. L'Expérience nous apprend encore que nos Idées de tout genre s'enchaînent les unes aux autres, & que cet enchaînement tient en dernier ressort aux liaisons que les Fibres des Sens ont entr'elles.

Il s'ensuit donc que les divers Sens dont nous sommes doués ont quelque part dans le Cerveau des *Communications* secrettes, en vertu desquelles ils peuvent agir les uns sur les autres.

La Partie où ces communications s'operent est celle qu'on doit regarder comme le *Siege de l'Ame*. Elle est le Sens *interne*.

Cette Partie est donc, en quelque sorte, l'*Abrégé* de tous les Sens, puisqu'elle les réunit tous.

Mais c'est encore par cette Partie que l'Ame agit sur son Corps, & par son Corps sur tant d'Etres divers. Or l'Ame n'agit que par le ministere des *Nerfs* : il faut donc que les Nerfs de toutes les Parties que l'Ame régit, aillent aboutir à cet Organe que nous regardons comme le Siege *immédiat* du *Sentiment* & de l'*Action*. C'est dans ce sens que j'ai dit, que cet Organe si prodigieusement composé, étoit une *Neurologie* en miniature.

On voit assez par tout ce que je viens d'exposer, qu'il importe fort peu à mes Principes de déterminer précisément quelle est la Partie du Cerveau qui constitue proprement le *Siege de l'Ame*. Il suffit d'admettre avec moi qu'il est dans le Cerveau un lieu où l'Ame reçoit les impressions de tous les *Sens* & où elle déploie son Activité. J'ai montré que cette supposition n'est pas gratuite, puisqu'elle découle immédiatement de Faits qu'on ne sauroit révoquer en doute.

Toutes nos Idées sont *représentées* par des *Signes*. Ces Signes sont *naturels* ou *artificiels*.

Les Signes *naturels* sont des Images, des sons inarticulés ou des cris, des gestes, &c.

Les Signes *artificiels* sont des Figures ou des Caracteres, des sons articulés ou des Mots, dont l'ensemble & les combinaisons forment la *Parole* ou le *Langage*.

Les Mots agissent donc sur le Cerveau par la *Vue* ou par l'*Ouie*, ou par toutes les deux ensemble.

Ainsi les Mots *Ostracisme*, *Coquille*, *Athéniens*, ont dans le Cerveau des Fibres qui leur correspondent, & si ces Mots n'ont été que *prononcés*, ces Fibres ne répondront qu'à l'Organe de l'*Ouie*. S'ils ont été *écrits* & *prononcés*, ils répondront à la fois à l'Organe de la *Vue* & à celui de l'*Ouie*.

Les Mots dont il s'agit pourront donc être *rappellés* également par des Fibres de la *Vue* ou par des Fibres de l'*Ouie*.

Et comme nous avons prouvé que les Fibres de tous les *Sens* sont liées les unes aux autres, il arrivera que la vue du Mot *Ostracisme* réveillera le Son de ce Mot, & que le Son du Mot réveillera de même l'Idée des *Lettres* qui le représentent.

Je nommerai Faisceaux *optiques* ceux qui tiennent aux Sens de la *Vue*, & Faisceaux *auditifs* ceux qui appartiennent aux Sens de l'*Ouie*.

Les Mots *Ostracisme*, *Coquille*, *Athéniens* tiennent donc à la fois dans mon Cerveau à des Faisceaux *optiques* & à des Faisceaux *auditifs*. Ils tiendront plus aux uns qu'aux autres, suivant que ces Mots auront affecté plus souvent ou plus fortement la *Vue* ou l'*Ouie*.

Nous sommes donc acheminés à admettre dans le *Siege de l'Ame* un double *Système représentatif* des *Signes* de nos Idées. Les Fibres à l'aide desquelles nous raisonnons, & que j'ai nommées *intellectuelles*, parce qu'elles servent aux opérations de l'Entendement, sont donc des dépendances de la *Vue* & de l'*Ouie*. Il est singulier que l'Expérience vienne encore prouver ceci. On peut avoir éprouvé, qu'une longue méditation fatigue l'Organe de la *Vue*. C'est au moins ce que j'ai éprouvé plus d'une fois ; & si l'Organe de l'*Ouie* n'éprouve pas la même fatigue, c'est, sans doute, qu'il est moins délicat. C'est ce Fait assez remarquable que j'avois indiqué dans le §. 851.

Ceux de mes Lecteurs qui pourroient avoir été choqués des expressions de *Fibres intellectuelles*, comprennent mieux à présent dans quel sens j'ai employé ces expressions. Il est bien évident que je n'attribue pas à l'*Entendement* ce qui ne convient qu'au *Cerveau*. J'ai peut-être mieux établi qu'aucun Auteur dans ma Préface & ailleurs, les grandes preuves de l'*Immatérialité* de notre Ame, & je m'étois expliqué assez clairement dans ce §. 851. Mais la plupart des Lecteurs lisent trop rapidement : mon Livre demandoit à être un peu étudié.

A Genthod, près de Geneve,
le 6 de Juillet 1766.

SUR L'ASSOCIATION DES IDÉES

EN GÉNÉRAL.

LES Principes que je viens d'appliquer à un Cas particulier du *Rappel des Idées par les Mots*, peuvent s'appliquer facilement à l'*Association des Idées* en général.

Un Objet *fort composé* agit à la fois ou successivement sur un grand nombre de Fibres *sensibles* de différens Ordres.

En vertu des *Déterminations* que cet Objet imprime à ces Fibres, elles acquierent une tendance à s'ébranler les unes les autres, d'une maniere relative à celle dont l'Objet agit sur elles.

Si donc une ou plusieurs de ces Fibres viennent à être ébranlées par quelque mouvement intestin du Cerveau, ou par quelqu'Objet plus ou moins analogue, toutes les autres Fibres correspondantes seront ébranlées, & retraceront à l'Ame cet *Enfemble* d'Idées, que l'Objet compofé y avoit excité par fon action fur les Fibres.

Ainfi, plus les Fibres ébranlées feront nombreufes & mobiles, plus elles auront de difpofition à retenir les *Déterminations imprimées*; plus l'ébranlement communiqué fera fort & répété, & plus les Idées qui fe retraceront dans l'Ame auront de clarté & de force.

Plus ces Idées auront de clarté & de force, & plus elles influeront fur l'exercice des Facultés intellectuelles & des Facultés corporelles.

Un Etre qui poffede plufieurs *Sens*, eft donc fufceptible d'un plus grand nombre d'impreffions *diverfes*.

Et fi le même Objet agit à la fois & puiffamment fur *tous* les Sens de cet Etre; s'il les ébranle dans le rapport qui conftitue le Plaifir; (*) l'Ame fera entraînée vers cet Objet; la *Volonté* s'appliquera fortement à l'Idée très-*complexe* & très-vive qu'il y excitera.

(*) *Effai Analytique*; §. 116, 117, 118, 120 & fuiv.

Non-seulement la Volonté sera déterminée par la préfence *actuelle* de l'Objet; elle le fera encore par le fimple *fouvenir* de cet Objet.

Ce fouvenir fera d'autant plus durable, d'autant plus vif, d'autant plus inclinant, que l'Objet aura agi plus fortement, plus long-temps ou plus fréquemment fur tous les *Sens*, ou fur plufieurs *Sens*. (*)

En conféquence des *liaifons* originelles qui font entre tous les Sens, & que les circonftances fortifient, un mouvement communiqué à un *Sens*, ou fimplement à quelques Fibres d'un Sens, fe propage à l'inftant aux autres Sens ou à plufieurs des autres Sens; & l'Idée très-*complexe* attachée à ces diverfes impreffions à peu près fimultanées, fe réveille dans l'Ame avec plus ou moins de vivacité; le *Défir* s'allume, & produit telle ou telle fuite d'actions.

Appliquez ces Principes généraux aux Objets de l'*Avarice*, de la *Gloire*, de l'*Ambition* & de toutes les grandes *Paffions*: appliquez-les fur-tout aux Objets de la

(*) Confultez le Chap. IX. de l'*Effai Analyt.*

Volupté (*) plus impulsifs & plus sollicitans encore chez la plupart des Hommes; & vous expliquerez *psychologiquement* les principaux *Phénomenes* de l'Humanité.

❧

C'est sur ces Principes si simples, si féconds, si lumineux que j'essayerois d'élever l'importante Théorie de l'*Association des Idées*. J'en ai jeté les fondemens dans les Chapitres XXV & XXVI de mon *Essai Analytique sur l'Ame*, auxquels je renvoie (†). D'autres méditations, & les ménagemens que ma santé exige, ne me permettent pas de me livrer actuellement à ce travail intéressant, qui fourniroit seul à un *Traité de Morale* en forme, & que j'ai souvent songé à composer.

C'étoit un semblable Traité que j'avois dans l'Esprit, lorsque je composois, il y a neuf ans, le §. 821 de mon *Essai Ana-*

(*) *Essai Analytique*, §. 412. Voyez encore les §. 413, 416.

(†) Je renvoie encore au Chapitre XXII, où je traite de la Méchanique de la *Mémoire*, & en particulier au §. 651. dans lequel j'esquisse mes Principes sur la *Reproduction des Idées associées*.

lytique, & que je m'exprimois ainsi. « Je
» ne finirois point, si je voulois indiquer
» tout ce qui résulte de l'Association des
» Idées. Un bon Traité de Morale de-
» vroit avoir pour Objet de développer
» l'influence des Idées *accessoires* ou asso-
» ciées en matiere de Mœurs & de Con-
» duite. C'est ici qu'il faut chercher le
» secret de perfectionner l'Education. Je
» pourrois bien m'occuper un jour d'un
» sujet si important & qui a tant de liai-
» son avec les Principes de cette Ana-
» lyse.

Telle est la nature de la *Volonté*, qu'elle ne peut se *déterminer* que sur des *Motifs*. Je crois l'avoir assez prouvé dans les Chapitres XI, XII, XIX de mon *Essai Analytique*. J'ai rappellé les principales preuves de cette grande Vérité dans l'Article XII de mon *Analyse Abrégée*.

La Science des Mœurs ou la *Morale* doit donc avoir pour but de fournir à la *Volonté* des *Motifs* assez puissans pour la diriger constamment vers le *Vrai Bien*.

Ces *Motifs* sont toujours des *Idées* que la Morale présente à l'Entendement, &

ces Idées ont toujours leur *Siege* dans certaines *Fibres* du Cerveau.

La Morale fait donc le meilleur choix de ſes Idées ; elle les diſpoſe dans le meilleur Ordre ; elle les aſſocie, les enchaîne, les *grouppe* dans le rapport le plus direct à ſon But.

Plus les impreſſions qu'elle produit ainſi ſur les *Fibres* appropriées à ces Idées, ſont fortes, durables, harmoniques, & plus le jeu de ces Fibres a d'influence ſur l'Ame.

Cette action des Fibres appropriées aux *vrais Biens* ſera donc d'autant plus *efficace*, qu'elle l'emportera davantage ſur celle des Fibres appropriées aux *Plaiſirs ſenſuels*.

Et parce que la *quantité* du mouvement dépend du nombre des Parties mues à la fois, & de la vîteſſe avec laquelle elles ſont mues ; plus il y aura de Fibres appropriées aux *vrais Biens* qui ſeront ébranlées à la fois, plus elles le ſeront avec force, & plus les Idées qu'elles retraceront à l'Ame influeront ſur les *Déterminations* de ſa Volonté.

C'est par la *liaison* que la Morale fait mettre entre tous les *Principes*, qu'ils se réveillent les uns les autres dans l'*Entendement*. Or qui dit un *Principe*, dit une *Notion générale*, qui enveloppe une multitude d'Idées *particulieres*.

La *Notion générale* est donc attachée dans le Cerveau à un *Faisceau principal*, qui correspond à une multitude de petits Faisceaux & de Fibres, qu'il ébranle à la fois ou presqu'à la fois. Ce sont autant de petites forces, qui conspirent à produire un effet général. Le résultat *moral* de cet Effet *physique*, est une certaine Détermination de la Volonté. (*)

L'*Objet* d'une *Passion* n'auroit pas une si grande force, s'il agissoit seul : mais il est enchaîné à une foule d'autres Objets, dont il réveille les Idées, & c'est du *Rappel* de ces Idées *associées* qu'il tire sa principale force.

L'*Or* est bien l'Objet immédiat de la Passion de l'*Avare*; mais l'Avare n'amasse pas de l'Or pour le simple plaisir d'en

(*) Consultez ici le Chap. XVIII. de *l'Essai Analyt.* & en particulier les §. 445, 446, 447, 448, 449, 450, 451.

amasser. Ce Métal lui représente les *valeurs*, dont il est le *Signe*. Il ne jouit pas actuellement de ces *valeurs*; mais il se propose toujours d'en jouir; & il en jouit en Idée. Il fait de son Or toutes sortes d'emplois imaginaires, & les mieux assortis à ses goûts & à sa vanité. Il n'oublie point sur-tout de se comparer tacitement à ceux qui ne possedent pas ses richesses. De là naît dans son Ame une certaine Idée d'indépendance & de supériorité, qui le flatte d'autant plus que tout son extérieur annonce moins.

L'*Or* tient donc dans le Cerveau de l'Avare à un *Faisceau principal*, & ce Faisceau est lié à une foule d'autres, qu'il ébranle sans cesse. A ces Faisceaux subordonnés ou *associés* sont attachées les Idées de *Maisons*, d'*Equipages*, d'*Emplois*, de *Dignités*, de *Crédit*, &c. &c. Et combien de Faisceaux ou de *Fascicules* tiennent encore au Faisceau approprié au Mot *Crédit!*

Si la Morale parvenoit à substituer à l'Idée dominante de l'*Or* celle de *Libéralité* ou de *Bénéficence*; si elle associoit fortement à cette Idée toutes celles des *Plaisirs* & des *Distinctions réelles* attachées à
la

DES PRINCIPES PSYCHOLOGIQ. 145

la *Bénéficence* ; si elle prolongeoit cette Chaîne d'Idées, & qu'elle y plaçât pour dernier Chaînon le Bonheur *à venir* ; si enfin, elle ébranloit si puissamment tous les Faisceaux & toutes les Fibres appropriées à ces Idées, que leur mouvement l'emportât en intensité sur le jeu des Fibres appropriées à la *Passion* ; si, dis-je, la Morale opéroit tout cela, elle transformeroit l'*Avare* en Homme *Libéral* ou *Bienfaisant*.

Cette *Faculté* qui retient & enchaîne les Idées ou les *Images* des Choses, qui les reproduit de son propre fond, les arrange, les combine, les modifie, porte le nom d'*Imagination*.

Il est assez évident que l'*Imagination* décide de tout dans la vie humaine. Le grand secret de la Morale consistera donc à se servir habilement de l'Imagination elle-même, pour diriger plus sûrement la Volonté vers le *Vrai Bien*. Tel est le principal but des *Promesses* & des *Menaces* qui étayent la plus sublime de toutes les Morales. Le CRÉATEUR du Genre Humain pouvoit SEUL en être le LÉGISLATEUR, parce qu'IL connoissoit SEUL le fond de SON Ouvrage.

Tome I.

La Morale *Philosophique* puisera donc son Art & ses Enseignemens dans la *nature* de l'Homme & ses *Relations*. Elle en déduira sa *Destination*, & envisagera toutes ses *Facultés*, comme des *Instrumens*, qu'elle doit mettre en valeur, perfectionner de plus en plus, & rendre aussi *convergens* qu'il est possible vers la grande & noble *Fin* de son Etre.

※

Chaque *Faculté* a ses *Lois*, qui la subordonnent aux autres Facultés, & déterminent sa maniere d'agir. J'ai fort développé cela dans mon *Essai*. La grande *Loi* de l'Imagination est celle-ci : lorsque deux ou plusieurs mouvemens ont été excités à la fois ou successivement dans l'*Organe* de la Pensée, si un de ces mouvemens est reproduit de nouveau, tous les autres le seront, & avec eux les *Idées* qui leur ont été attachées.

Toutes les *Sciences* & tous les *Arts* reposent sur cette *Loi* : que dis-je! tout le Systême de l'Homme en dépend.

La Science git dans l'*Enchaînement* des Vérités, & cet Enchaînement est-il autre chose que l'*Association* des mouvemens dans l'*Organe immédiat* de la Pensée ?

Les Plaisirs des *Beaux-Arts* dépendent tous des *comparaisons* que l'Ame forme entre les diverses Sensations ou les divers Sentimens que leurs objets font naître chez elle : ces comparaisons dépendent elles-mêmes de l'*Association* des Sentimens : plus il y a de Sentimens *associés*, plus ces Sentimens sont vifs, variés, harmoniques, & plus la somme des Plaisirs qu'ils excitent, s'accroît.

Si les *Regles Générales*, les *Sentences*, les *Maximes*, &c. plaisent tant à l'Esprit, c'est sur-tout parce qu'elles enveloppent un grand nombre d'Idées *particulieres*, que l'*Expérience* & la *Réflexion* ont *associées*, & que la *Regle* ou la *Maxime* réveille aussi-tôt, &c.

On est étonné quand on vient à analyser toutes les Idées que la Réflexion, la Coutume, l'Opinion, le Préjugé ont associées ensemble & attachées à un seul Mot. Les Mots de *Patrie*, de *Vertu*, de *Point-d'honneur*, en sont des exemples frappans, qu'il suffit d'indiquer. J'ai analysé le premier dans mon *Essai*, §. 264.

L'*Opinion* ne régente le Monde, que par les Idées *associées*. Les Orateurs & les Artistes savent bien ceci. (*)

※

Tout est lié dans la Nature ; tous les Etres tiennent les uns aux autres par divers *Rapports*. (†) A ces Rapports *naturels*, déjà si multipliés, si diversifiés, se joignent les Rapports d'*Institution*, que l'Esprit a formés, & qui ne sont ni moins nombreux ni moins diversifiés. La Science *Universelle* est le Système *général* de ces *Rapports*.

Ils n'ont rien d'*isolé* ou de *solitaire* dans la Nature : le *Cerveau*, destiné à peindre à l'Ame la Nature, a donc été *organisé* dans un Rapport direct à la Nature. (**) Il y a donc entre les Fibres *sensibles* du Cerveau des Rapports ou des *Liaisons*

(*) « L'Art du Peintre, du Poëte, de l'Orateur, a-t-il
» un autre objet que d'exciter en nous par des *Traits*,
» ou par des *Mots*, les Idées sensibles les plus propres à
» nous toucher & à nous émouvoir ? *Essai Analytique*,
» §. 264.

(†) *Essai Analytique*, §. 40.

(**) Consultez les §. 367, 368, 445, 446, de l'*Essai Analytique*. J'évite de me répéter, & je suppose toujours dans ces *Opuscules*, que mon Lecteur a sous les yeux ceux de mes Ecrits auxquels ils servent de *Supplément*.

analogues à celles qui unissent les divers Objets de la Nature. L'action des Objets sur le Cerveau détermine l'*Espece* des Mouvemens & l'*Ordre* suivant lequel ils tendent à se propager. Plus le nombre de ces Mouvemens *associés* est grand, plus ils sont variés, distincts; plus ils représentent fidélement la Nature, & plus il y a de *Connoissances* dans l'Individu.

Je cours rapidement sur la surface des Choses : un torrent m'entraîne : je découvre une Perspective immense : je voudrois la crayonner ; le temps & les forces me manquent : je suis réduit à en ébaucher grossiérement les premiers traits : le Lecteur intelligent finira cette ébauche, & il en verra naître la grande *Théorie de l'Association des Idées.*

SUR L'ASSOCIATION DES IDÉES

CHEZ LES ANIMAUX.

LE Cerveau des Animaux a été aussi *organisé* dans un Rapport à la Nature ; mais il n'a pas été appellé à représenter, comme celui de l'Homme, la Nature entiere. Il n'en représente que quelques Parties, & les Parties qu'il peint à l'Ame avec le plus de netteté & de vivacité, sont celles qui ont un Rapport direct à la *Conservation* & à la *Propagation* de l'Animal.

Il est évident que plus les *Sens* sont multipliés dans un Animal, & plus il a de Sensations, & de Sensations diverses. Il se forme donc dans son Cerveau un plus grand nombre d'*Associations d'Idées*.

Plus le nombre de ces *Associations* s'accroît, & plus l'*Instinct* de l'Animal se développe, s'étend, se perfectionne. La *Domesticité* & l'*Education* sont ce qui multiplie & fortifie le plus les *Associations* des

DES PRINCIPES PSYCHOLOGIQ. 151
Idées dans la Tête de l'Animal. C'est par elles que l'*Instinct* semble toucher à la Raison, & qu'il l'étonne.

Un Organe unique peut avoir été construit avec un tel Art, qu'il suffit seul à donner à l'Animal un grand nombre d'Idées, à les diversifier beaucoup, & à les *associer* fortement entr'elles. Il les *associera* même avec d'autant plus de force & d'avantage, que les Fibres qui en seront le *Siege* se trouveront unies plus étroitement dans un Organe unique.

La *Trompe* de l'Eléphant en est un bel exemple, & qui éclaircira admirablement bien ma pensée. C'est à ce seul Instrument que ce noble Animal doit sa supériorité sur tous les autres Animaux ; c'est par lui qu'il semble tenir le milieu entre l'Homme & la Brute. Quel pinceau pouvoit mieux que celui du Peintre de la Nature exprimer toutes les merveilles qu'opere cette sorte d'Organe universel !

« Cette *Trompe*, dit-il, (*) composée
» de Membranes, de Nerfs & de Muscles,

___
(*) M. de BUFFON, *Histoire Naturelle*, Tom. XI. pag. 51. & suiv. de l'Edit. in-4°.

» est en même temps un Membre capa-
» ble de mouvement, & un Organe de
» Sentiment. L'Eléphant peut la raccour-
» cir, l'allonger, la courber & la tour-
» ner en tout sens. L'extrémité est termi-
» née par un rebord en forme de Doigt:
» c'est par le moyen de cette espece de
» Doigt que l'Eléphant fait tout ce que
» nous faisons avec les Doigts. Il ramasse
» à terre les plus petites pieces de Mon-
» noie; il cueille les Herbes & les Fleurs
» en les choisissant une à une; il dénoue
» les cordes, ouvre & ferme les portes
» en tournant les clefs & poussant les ver-
» roux; il apprend à tracer des caracte-
» res réguliers avec un instrument aussi
» petit qu'une plume.

. . . . . . » Au milieu du rebord en
» maniere de Doigt est une concavité au
» fond de laquelle se trouvent les Con-
» duits communs de l'Odorat & de la Res-
» piration. L'Eléphant a donc le Nez dans
» la Main, & il est le maître de joindre la
» puissance de ses Poumons à l'action de
» ses Doigts, & d'attirer par une forte
» succion les liquides ou d'enlever des
» Corps solides très-pesans en appliquant
» à leur surface le rebord de sa Trompe &
» faisant un vuide au dedans par aspiration.

« La délicatesse du Toucher, la finesse
» de l'Odorat, la facilité du mouvement
» & la puissance de succion se trouvent
» donc à l'extrémité du Nez de l'Eléphant.
» De tous les Instrumens dont la Nature
» a si libéralement muni ses Productions
» chéries, la Trompe est peut-être le plus
» complet & le plus admirable ; c'est non-
» seulement un Instrument organique, mais
» un triple Sens, dont les fonctions réu-
» nies & combinées sont en même temps
» la cause & produisent les effets de cette
» intelligence & de ces facultés, qui dis-
» tinguent l'Eléphant & l'élevent au-des-
» sus de tous les Animaux. Il est moins
» sujet qu'aucun autre aux erreurs du
» Sens de la Vue, parce qu'il les rectifie
» promptement par le Sens du Toucher,
» & que se servant de sa Trompe com-
» me d'un long Bras pour toucher les
» corps au loin, il prend comme nous,
» des idées nettes de la distance par ce
» moyen, &c. »

L'éloquent Historien de l'Eléphant réunit ensuite sous un seul point de vue les divers services que ce grand Animal retire de sa Trompe. « Le Toucher, continue-
» t-il, est celui de tous les Sens qui est le
» plus relatif à la connoissance ; la déli-

» cateſſe du Toucher donne l'idée de la
» ſubſtance des Corps; la flexibilité dans
» les Parties de cet Organe donne l'idée
» de leur forme extérieure; la puiſſance
» de ſuccion, celle de leur peſanteur;
» l'Odorat, celles de leurs qualités; &
» la longueur du Bras ou de la Trompe,
» celle de leur diſtance: ainſi par un ſeul
» & même Membre, & pour ainſi dire,
» par un acte unique ou ſimultané l'Elé-
» phant ſent, apperçoit & juge pluſieurs
» choſes à la fois: or une Senſation mul-
» tiple équivaut en quelque ſorte à la ré-
» flexion: donc quoique cet Animal ſoit,
» ainſi que tous les autres, privé de la
» puiſſance de réfléchir; comme ſes Sen-
» ſations ſe trouvent combinées dans l'Or-
» gane même, qu'elles ſont contempo-
» raines, & pour ainſi dire, indiviſes les
» unes avec les autres, il n'eſt pas éton-
» nant qu'il ait de lui-même des eſpeces
» d'idées, & qu'il acquiere en peu de
temps celles qu'on veut lui tranſmettre.

VOILA donc la Méchanique par laquelle un grand nombre d'idées différentes peuvent s'aſſocier dans le Cerveau d'un Animal, à l'aide d'un ſeul Organe: tels font les principaux Effets de cette admirable Association. Notre Illustre Auteur insiste avec raison sur cette Vérité *psychologique; que l'Eléphant est privé, ainsi que tous les autres Animaux, de la puissance de réfléchir.* Cette *puissance* suppose l'usage des *Signes* par lesquels nous *généralisons* nos idées. L'Eléphant n'a point l'usage de pareils Signes. Je ne trouve pas que les Ecrivains de Métaphysique qui me sont connus, ayent pris la peine de bien analyser ceci. Il ne me semble pas qu'ils ayent bien saisi la vraie notion de la Réflexion. Qu'il me soit permis de rappeller ici ce que j'ai dit là-dessus dans les §. 260, 261 de mon *Essai Analytique.*

« La Réflexion est donc en général, » le résultat de l'*Attention* que l'Esprit » donne aux Idées *sensibles*, qu'il com- » pare & qu'il revêt de *Signes* ou de Ter- » mes qui les représentent, (225.)

» Ainsi lorsque l'Esprit se rend attentif » aux *Effets* qui résultent de l'*Activité* d'un » Objet, (123.) il déduit de ces Effets » par la *Réflexion*, la Notion des Pro- » priétés de l'Objet. Cette Notion est » une Idée *réfléchie*. L'Idée *sensible* ne

» préfente à l'Efprit qu'un certain mouve-
» ment, un changement de Forme, de
» Proportions, d'Arrangement dans cer-
» taines Parties, &c. l'Efprit tire de tout
» cela par une Abftraction *intellectuelle*
» (229.) l'Idée réfléchie des Propriétés,
» (226.)

On voit à préfent, que fi l'Eléphant pouvoit revêtir de *Signes* ou de *Termes* chacune des Idées que fa *Trompe* lui tranfmet ; s'il pouvoit repréfenter par de femblables *Signes* ce qu'il *abftrairoit* de chaque Idée *fenfible* ; s'il pouvoit comparer par le même moyen les Idées qu'il auroit ainfi *abftraites* ; on voit, dis-je, que la Sphere de fes Idées s'étendroit de plus en plus ; que leurs *Affociations* fe fortifieroient par les Signes même, en même temps qu'elles fe multiplieroient & fe diverfifieroient. Bien-tôt l'Eléphant difputeroit l'Empire à l'Homme, & l'*Inftinct* feroit transformé en *Raifon*.

* Cette transformation eft impoffible dans l'état préfent des Chofes : ici font les Barrieres infurmontables que l'AUTEUR de la Nature a placées entre l'*Inftinct* & la *Raifon* : mais peut-être ces Barrieres ne fubfifteront-elles pas toujours : peut-être

viendra-t-il un temps où elles feront enlevées, & où l'Eléphant atteindra à la Sphere de l'Homme. Cette Idée, qui peut paroître un peu hardie, mérite bien que je la développe, & c'est ce que je vais essayer de faire dans l'Ecrit suivant.

LA PALINGÉNÉSIE

PHILOSOPHIQUE,

OU IDÉES

SUR L'ÉTAT PASSÉ

ET SUR L'ÉTAT FUTUR

DES ÊTRES VIVANS.

AVER-

AVERTISSEMENT.

LORSQUE l'Idée intéreſſante d'une Reſtitution future des Animaux s'offrit à mon Eſprit, je crus que ſon expoſition occuperoit à peine une feuille de ces *Opuſcules*, & je n'imaginai pas le moins du monde qu'elle me conduiroit inſenſiblement à remanier preſque tous mes Principes ſur *DIEU*, ſur *l'Univers*, ſur l'*Econ*o*mie* de l'*Homme*, ſur celle des *Animaux*, ſur l'*Origine* des Êtres *organiſés*, ſur leur *Accroiſſement*, ſur leurs *Reproductions*, &c.

Cet Ecrit eſt donc devenu peu à peu une ſorte de *Supplément* à mes trois derniers Ouvrages (*).

(*) L'*Eſſai Analytique ſur l'Ame*, les *Conſidérations ſur les Corps organiſés* & la *Contemplation de la Nature*.

Tome I.   L

Si le Lecteur veut me suivre avec autant de facilité que de plaisir dans ces nouvelles Méditations, il consultera toujours les endroits de ces Ouvrages auxquels j'ai été obligé de le renvoyer assez fréquemment. Il voudra bien ne me juger qu'après m'avoir lu attentivement d'un bout à l'autre, & avoir médité un peu sur la nature de mes Principes, sur leur enchaînement, sur la liaison des Conséquences avec ces Principes, & sur l'Harmonie de l'Ensemble.

Si le Lecteur m'accorde cette grace, je puis espérer qu'il ne lui paroîtra pas que j'aye choqué les Regles d'une saine Logique, & abusé de la permission de conjecturer en *Psychologie* & en *Physique*.

Quoique cet Ecrit, un peu singulier, soit devenu beaucoup plus

AVERTISSEMENT. 163

volumineux que je ne le penſois, je dirai cependant, que j'y ai concentré mes Idées le plus qu'il m'a été poſſible : ſouvent même il eſt arrivé que je les ai ſimplement indiquées plutôt qu'analyſées. Il falloit bien d'ailleurs laiſſer quelque choſe à faire à l'Eſprit du Lecteur : peut-être néanmoins lui aurai-je laiſſé trop à faire : il me le pardonnera d'autant plus volontiers, que j'aurai préſumé plus favorablement de ſa pénétration. Il reconnoîtra aiſément, que ſi j'avois traité à la maniere de certains Écrivains, les Sujets ſi féconds & ſi divers qui ſe ſont préſentés à ma méditation, j'aurois enfanté pluſieurs gros Volumes, & noyé mes Penſées dans un déluge de mots & de choſes incidentes.

Je ne le diſſimulerai point : j'ai travaillé cette nouvelle Production autant qu'aucun de mes autres Ouvrages. Je me suis toujours attaché à approprier mon Style aux différens Sujets, & à lui donner le degré de clarté, de précision & d'intérêt dont j'étois capable. C'est à ceux qui possedent ces Matieres & qui se sont occupés de la *Composition*, à juger d'un travail que je soumets, sans réserve, à leurs lumieres & à leur discernement.

PALINGÉNÉSIE* PHILOSOPHIQUE,

OU

IDÉES SUR L'ÉTAT PASSÉ

ET SUR L'ÉTAT FUTUR

DES ÊTRES VIVANS.

AVANT-PROPOS.

L'EXISTENCE de l'Ame des Bêtes est un de ces Dogmes philosophiques qui ne reposent que sur l'*Analogie*. Les Rapports de similitude que nous découvrons entre les Organes des Ani-

---

(*) Mot Grec qui signifie *nouvelle naissance*, & qui pourroit être rendu par le mot François de *Renaissance*. Quelques Auteurs modernes, plus Alchymistes que Physiciens, ont soutenu qu'en échauffant un peu les *Cendres* d'une Plante ou d'un Animal selon certaines Regles, ces Cendres devoient s'élever en fumée, & représenter ainsi la Figure & la Couleur de la Plante, ou de l'Animal. C'est cette sorte de Résurrection ou de *nouvelle naissance* qui a reçu le nom de *Palingénésie*. On a cru ensuite qu'en

maux & les nôtres, & entre leurs actions & celles que nous produisons dans des circonstances pareilles, nous portent à penser qu'il est dans l'Animal un Principe d'action, de sentiment & de vie analogue à celui que nous reconnoissons au-dedans de nous.

Nous ne pouvons même nous défendre d'un certain sentiment qui nous entraîne comme malgré nous à admettre que les Bêtes ont une *Ame*. Le Philosophe lui-même ne résiste pas plus à ce sentiment que le Vulgaire, & je ne sais si l'Inventeur de l'*Automatisme* des Brutes ne s'y laissoit pas entraîner quelquefois.

J'ai assez dit & répété dans mes trois derniers Ouvrages, (*) que je ne regar-

faisant geler une lessive des Cendres d'une Plante, on y verroit l'*Image* de cette Plante tracée fidellement sur la Glace, & ç'a été une autre sorte de *Palingénésie*, qui n'a pas fait moins de bruit que la premiere. Voyez la belle *Dissertation sur la Glace*, de l'Illustre M. de MAIRAN, 1749. pag. 302 & 303. Il m'a paru que je pouvois adopter ici le Mot de *Palingénésie* pour exprimer une *Renaissance*, qui a des fondemens plus philosophiques, que celle des Auteurs dont parle M. de MAIRAN.

(*) *Essai Analytique sur les Facultés de l'Ame*: 1760. §. 715.
Considérations sur les Corps Organisés: 1762. Art. 283. Tableau des Considérations XVI.
Contemplation de la Nature: 1764. Part. IX. Chap. I. pag. 254. de la premiere Edition.

AVANT-PROPOS. 167

dois l'exiſtence de l'Ame des Bêtes que comme *probable* ; mais il faut convenir que cette probabilité va, au moins, juſqu'à la plus grande vraiſemblance. Je ne nierai point, qu'avec beaucoup de ſubtilité d'Eſprit on ne puiſſe expliquer *méchaniquement* toutes les opérations des Brutes. Je ne le tenterois pas néanmoins, parce qu'il me paroîtroit aſſez peu philoſophique de donner la torture à ſon Eſprit pour trouver des explications *méchaniques*, toutes plus ou moins forcées ; tandis qu'on rend raiſon de tout de la maniere la plus ſimple, la plus heureuſe, en accordant une *Ame* aux Brutes.

Des Théologiens & des Philoſophes eſtimables, en conſentant d'admettre que les Bêtes ont une Ame, n'ont pas voulu accorder que cette Ame ſurvécût à la deſtruction du Corps de l'Animal. Ils ont jugé que la RÉVÉLATION ſeroit trop intéreſſée dans cette ſorte de croyance philoſophique, & ils ont accumulé ſur ce ſujet des Objections qui ne me paroiſſent pas ſolides.

Pourquoi intéreſſer la RÉVÉLATION dans une choſe où il ſemble qu'elle nous a laiſſé une pleine liberté de penſer ? Je

le difois dans le §. 716. de mon *Essai Analytique*: « On a foutenu l'anéantif-
» fement de l'Ame des Bêtes, comme fi
» le Dogme de l'Immortalité de notre
» Ame étoit lié à l'anéantiffement de
» celle des Bêtes. Il feroit bien à défirer
» qu'on n'eût jamais mêlé la Religion
» à ce qui n'étoit point elle. »

J'efpere donc que les Amis finceres de la Religion & du Vrai voudront bien me pardonner, fi j'effaye aujourd'hui de montrer qu'il eft poffible qu'il y ait un *Etat Futur* réfervé aux Animaux. Cette tentative ne fauroit déplaire aux Ames fenfibles, & qui défirent qu'il y ait le plus d'heureux qu'il eft poffible. Combien les fouffrances des Bêtes ont-elles de quoi intéreffer cette fenfibilité raifonnable qui eft le caractere le plus marqué d'un cœur bien fait ! Combien l'Opinion que j'ofe chercher à juftifier s'accorde-t-elle avec les hautes idées qu'un Philofophe Chrétien fe forme de la BONTÉ SUPRÊME !

Le 15 de Mars 1768.

PREMIERE PARTIE.

IDÉES
SUR
L'ÉTAT FUTUR
DES
ANIMAUX.

HYPOTHESE DE L'AUTEUR;

FONDEMENT DE CETTE HYPOTHESE.

JE suppose qu'on se rappelle ce que j'ai exposé sur l'*Etat Futur* de l'Homme dans le Chapitre XXIV. de mon *Essai Analytique*, §. 726, 754, & dans le Chapitre XIII, de la Partie IV. de ma *Contemplation*. Peut-être sera-t-il mieux encore que mon Lecteur prenne la peine de relire les endroits que je viens de citer.

Plus on étudie l'Organisation des grands Animaux, & plus on est frappé des Traits nombreux de ressemblance qu'on découvre entre cette Organisation & celle de l'*Homme*. Il n'y a pour s'en convaincre qu'à ouvrir un Traité d'*Anatomie Comparée*.

Où seroit donc la raison pourquoi la ressemblance se termineroit précisément à ce que nous en connoissons ? Avant qu'on se fût exercé en Anatomie *Comparée*, combien étoit-on ignorant sur les Rapports de l'Organisation des Animaux avec celle de l'Homme ! Combien ces Rapports se sont-ils multipliés, développés, diversifiés lorsque le Scalpel, le Microscope & les Injections sont venus perfectionner toutes les Branches de l'Anatomie ! Combien peuvent-elles être perfectionnées encore ! Que sont nos Connoissances anatomiques auprès de celles que de nouvelles Inventions procureront à nos Descendans !

Qu'il me soit donc permis d'inférer de tout ceci, que les Animaux peuvent avoir avec l'Homme d'autres Traits de ressemblance dont nous ne nous doutons pas le moins du monde. Parmi ces Traits qui nous demeurent voilés, ne s'en rencontreroit-il point un qui feroit relatif à un *Etat Futur*.

Quelle difficulté y auroit-il à concevoir, que le véritable *Siege de l'Ame* des Bêtes eft à peu près de même nature que celui que la fuite de mes Méditations m'a porté à attribuer à notre Ame ? Je reviens à prier mon Lecteur de confulter là-deffus les paffages de mes deux Ouvrages, que j'ai déjà cités.

Si l'on veut bien admettre cette fuppofition unique, l'on aura le fondement *phyfique* d'un *Etat Futur* réfervé aux Animaux. Le petit Corps *organique* & *indeftructible*, *vrai* Siege de l'Ame, & logé dès le commencement dans le Corps groffier & *deftructible*, confervera l'*Animal* & la *Perfonnalité* de l'Animal.

Ce petit Corps *organique* peut contenir une multitude d'Organes, qui ne font point deftinés à fe développer dans l'état préfent de notre Globe, & qui pourront fe développer lorfqu'il aura fubi cette nouvelle Révolution à laquelle il paroît appellé. L'AUTEUR de la Nature travaille auffi en petit qu'IL veut, ou plutôt le Grand & le Petit ne font rien par rapport à LUI. Connoiſſons-nous les derniers termes de la diviſion de la Matiere? Les Matieres que nous jugeons les plus ſubtiles, le ſont-elles en effet? L'Animalcule, vingt-ſept millions de fois plus petit qu'un *Ciron*, ſeroit-il le dernier terme de la diviſion *organique*? Combien eſt-il plus raiſonnable de penſer qu'il n'eſt que le dernier terme de la portée actuelle de nos Microſcopes! Combien cet Inſtrument pourra-t-il être perfectionné dans la ſuite! L'Antiquité auroit-elle deviné cet Animalcule? Combien eſt-il d'Animalcules que nous n'avons garde nous-mêmes de deviner, & à l'égard deſquels celui-ci eſt un Éléphant! Cet Animalcule, qui nous paroît d'une ſi effroyable petiteſſe, a pourtant une multitude d'Organes: il a un Cerveau, un Cœur ou quelque choſe qui en tient lieu: il a des Nerfs, & des Eſprits coulent dans ces Nerfs: il a des Vaiſſeaux, & des Liqueurs circulent dans ces Vaiſſeaux: quelle eſt la proportion du Cerveau, du Cœur au reſte du Corps? quelle eſt la proportion de ce Cerveau, ſi effroyablement petit, à une de ſes Parties conſtituantes? Combien de fois un Globule des Eſprits eſt-il contenu dans une de ces

Parties ? Cet Animalcule jouit de la Vue : quelles font les dimenſions de l'Image que les Objets peignent au fond de ſon Œil ? quelle eſt la proportion d'un Trait de cette Image à l'Image entiere ? la Lumiere la trace, cette Image : quelle eſt donc la petiteſſe plus effroyable encore d'un Globule de Lumiere, dont pluſieurs millions entrent à la fois, & ſans ſe confondre, dans l'Œil de l'Animalcule !

※

Il eſt aſſez reconnu par les plus habiles Phyſiciens, que notre Globe a été autrefois très-différent de ce qu'il eſt aujourd'hui. Toute la Géographie *phyſique* dépoſe en faveur de cette Vérité : j'abandonnerois mon ſujet, ſi j'entrois là-deſſus dans quelque détail. Infirmeroit-on le Texte ſacré de la *Geneſe*, ſi l'on avançoit que la *Création* décrite par Moyse, eſt moins une *véritable* Création, que le récit aſſez peu circonſtancié des Degrés ſucceſſifs d'une grande Révolution que notre Globe ſubiſſoit alors, & qui étoit ſuivie de la Production de cette multitude d'Êtres divers qui le peuplent aujourd'hui ? Cette Idée ingénieuſe d'un Savant Anglois (*)

(*) Whiston. En liſant cette *Palingéneſie*, on reconnoîtra que je n'ai pas puiſé mes idées dans cet Auteur, &

ne suppose point du tout l'*Eternité* du Monde : la saine Philosophie établit, comme la RÉVÉLATION, l'Existence d'une PREMIERE CAUSE *Intelligente*, qui a tout préordonné avec la plus profonde sagesse. L'Idée que j'indique ici tend simplement à reculer à un terme indéfini la naissance de notre Globe. MOYSE a pu ne décrire dans l'Ouvrage des six jours, que les *Phénomenes* ou les Apparences, telles qu'elles se seroient offertes aux yeux d'un Spectateur placé alors sur la Terre.(*) Peut-être même que cette sorte de *gradation* dans le travail des six jours, ne contribuoit pas peu à accroître le plaisir des INTELLIGENCES qui contemploient cette Révolution de notre Planete : elle mettoit au moins un certain *Ordre* dans les Phénomenes, & l'Ordre plaît toujours à l'*Intelligence*.

Notre Globe pouvoit avoir subi bien d'autres Révolutions qui ne nous ont pas été révélées. Il tient à tout le *Systême astronomique*, & les liaisons qui unissent

---

qu'elles sont nées du développement d'un de mes Principes *Psychologiques*. Voyez les §. 726, 727, 728, &c. de mon *Essai Analytique*.

(*) Je prie le Lecteur de suspendre son jugement sur cette supposition, jusques à ce qu'il ait lu la Partie VI. de cet Ecrit.

ce Globe aux autres Corps célestes, & en particulier au Soleil & aux Cometes, peuvent avoir été la source de beaucoup de Révolutions, dont il ne reste aucune trace sensible pour nous, & dont les Habitans des Mondes voisins ont eu peut-être quelque connoissance. Ces mêmes liaisons prépareront, sans doute, de nouvelles Révolutions, cachées encore dans l'Abîme de l'Avenir.

Le grand Apôtre des Hébreux (*) nous annonce une Révolution Future, dont le *Feu* sera le principal Agent, & qui donnera à notre Monde une nouvelle face. Il sera en quelque sorte créé de nouveau, & cette nouvelle Création y introduira un nouvel Ordre de Choses, tout différent de celui que nous contemplons à présent.

❦

RIEN ne démontre mieux l'Existence de l'INTELLIGENCE SUPRÊME, que ces *Rapports* si nombreux, si variés, si indissolubles, qui lient si étroitement toutes les Parties de notre Monde, & qui en font, pour ainsi dire, une seule & grande Machine : mais cette Machine

(*) Seconde Epitre, chap. III. vers. 13, 14 & 15.

n'est elle-même aux yeux d'une Philosophie sublime, qu'une petite Roue dans l'immense Machine de l'Univers. J'ai tenté d'esquisser ces *Rapports* dans cette *Contemplation de la Nature*, que je publiai en 1764. Combien cette ébauche si foible, si mesquine rend-elle imparfaitement la beauté & la grandeur de l'Original !

En vertu de ces *Rapports* qui enchaînent toutes les Productions de notre Globe les unes aux autres & au Globe lui-même, il y a lieu de penser, que le *Système Organique*, auquel tous les autres Systêmes *particuliers* se rapportent comme à leur *Fin*, a été originairement calculé sur ces Rapports.

Ainsi, ce petit *Corps organique*, que je suppose être le *véritable Siege* de l'Ame des Bêtes, peut avoir été préordonné dès le commencement, dans un Rapport déterminé à la nouvelle Révolution que notre Globe doit subir.

※

Un Philosophe n'a pas de peine à comprendre, que DIEU a pu créer des Machines *organiques* que le Feu ne sauroit détruire ; & si ce Philosophe suppose que

ces

ces Machines sont construites avec les Elémens d'une Matiere *éthérée*, ou de quelqu'autre Matiere analogue, il aura plus de facilité encore à concevoir la conservation de semblables Machines.

Il est donc possible que l'*Animal* se conserve dans ce petit Corps *indestructible* auquel l'Ame demeure unie après la Mort. Les différentes liaisons qu'il soutenoit avec le Corps grossier, & en vertu desquelles il recevoit les impressions du dehors, produisoient dans les Fibres, qui sont le Siege de la *Mémoire*, des *Déterminations* durables, & ces Déterminations constituent le fondement physique de la *Personnalité* de l'Animal. C'est par elles que l'*Etat Futur* conservera plus ou moins de liaisons avec l'*Etat Passé*, & que l'Animal pourra sentir l'accroissement de son bonheur ou de sa perfection.

Je ne répéterai point ici ce que j'ai exposé très en détail sur la *Personnalité* de l'*Homme* & des *Animaux* dans mon *Essai Analytique*, Chap. IX, XXIV, XXV. Je ne reviendrai pas non plus à tout ce que j'ai exposé sur l'admirable *Méchanique* de la Mémoire, dans le Chap. XXII : je compte toujours de parler à des Lecteurs de cet Ouvrage, & à des Lecteurs intelligens qui s'en font approprié les Principes & les Conséquences. Je les leur ai retracé en racourci dans l'*Analyse abrégée* que j'ai placée à la tête de ces *Opuscules*, & dans mon petit Ecrit fur le *Rappel des Idées par les Mots*.

On n'a pas vu fans étonnement dans le Chapitre IX du Tome I. de mes *Considérations fur les Corps Organisés*, & dans les Chap. VIII, IX, X, de la Partie VII de ma *Contemplation de la Nature*, les étranges Révolutions que le *Poulet* fubit depuis le moment où il commence à devenir vifible, jufqu'au moment où il fe montre fous fa véritable Forme. Je ne retracerai pas ici ces Révolutions : il me fuffira de rappeller à mon Lecteur, que lorfque le Poulet commence à devenir vifible, il apparoît fous une Forme qui fe rapproche beaucoup de celle d'un très-petit Ver. Sa Tête eft groffe, & à cette Tête tient une maniere d'appendice extrêmement effilé. C'eft pourtant dans cet appendice, fi femblable à la queue d'un petit Ver, que font contenus le Tronc & les Extémités de l'Animal. Tout cela eft étendu en ligne droite & fans mouvement. Le Cœur ne paroît d'abord qu'un Point brun, où l'on apperçoit de petits mouvemens très-prompts, alternatifs & continuels. Le Cœur se montre ensuite sous la forme singuliere d'un demi-anneau, situé à l'extérieur du Corps. Il revêt......mais, j'allois faire sans m'en appercevoir l'Histoire du *Poulet*.

Si l'imperfection de notre vue & de nos Instrumens nous permettoit de remonter plus haut dans l'Origine du Poulet, nous le trouverions, sans doute, bien plus déguisé encore. Les différentes *Phases*, sous lesquelles il se montre à nous successivement, peuvent nous faire juger des diverses Révolutions que les Corps Organisés ont à subir pour parvenir à cette derniere Forme, par laquelle ils nous sont connus. Je dis en général les *Corps Organisés*; car les *Plantes* ont aussi leurs Révolutions ou leurs *Phases*, & nous en suivons à l'œil quelques-unes.

Tout ceci nous aide à concevoir les nouvelles Formes que les Animaux revêtiront dans cet *Etat Futur*, auquel je conjecture qu'ils sont appellés. Ce petit Corps *organique*, par lequel leur Ame tient actuellement au Corps grossier, renferme déjà, comme dans un infiniment petit, les

Elémens de toutes les Parties qui composeront ce Corps nouveau, sous lequel l'Animal se montrera dans son *Etat Futur*.

Les Causes qui opéreront cette Révolution de notre Globe, dont parle l'Apôtre, pourront opérer en même temps, le *Développement* plus ou moins accéléré de tous les Animaux concentrés dans ces *Points organiques*, que je pourrois nommer des *Germes de Restitution*.

❦

J'ai assez fait sentir dans mon *Essai Analytique*, combien l'*Organisation* influe sur les Opérations de l'Ame. On se bornera, si l'on veut, à ne consulter là-dessus que les Articles XV, XVI, XVII de l'*Analyse abrégée*. De tout ce que j'ai dit sur ce Sujet *psychologique*, l'on tirera cette conséquence philosophique ; que la *Perfection* de l'Animal dépend principalement du nombre & de la portée de ses *Sens*. Il est d'autant plus *Animal*, qu'il a un plus grand nombre de *Sens*, & des Sens plus exquis. C'est par les Sens, qu'il entre, comme l'Homme, en commerce avec la Nature : c'est par eux qu'il se conserve, se propage & jouit de la plénitude de l'Etre.

Plus le nombre des Sens est grand, & plus ils manifestent de Qualités *sensibles* à l'Animal. Plus les Sens sont exquis, & plus l'impression de ces Qualités est vive, complette, durable.

La Structure & le nombre des *Membres*, leur aptitude à se prêter aux impressions variées des Sens, l'appropriation de leur jeu à ces diverses impressions, la maniere dont ils s'appliquent aux différens Corps & les tournent au profit de l'Animal, sont une autre source féconde de la *Perfection organique*.

Quelle énorme distance sépare l'*Huître* du *Singe!* Celle-là semble réduite au Sens du *Toucher*, & ne fait qu'ouvrir & fermer son Ecaille. Celui-ci a tous les Sens de l'Homme, & parvient à l'imiter.

Si la SAGESSE ADORABLE qui a présidé à la formation de l'Univers a voulu la plus grande Perfection de tous les Etres *sentans*, (& comment douter de cette Volonté dans la BONTÉ SUPRÊME!) ELLE aura préformé dans ce petit Corps indestructible, vrai Siege de l'Ame des Bêtes, de nouveaux Sens, des *Sens* plus exquis, & des *Membres* appropriés à ces

Sens. ELLE aura approprié les uns & les autres à l'*Etat Futur* de notre Globe, & cet Etat, à l'*Etat Futur* des Animaux.

※

UN Philosophe niera-t-il que l'Animal ne soit un Etre *perfectible*, & perfectible dans un degré illimité ? Donnez à l'*Huître* le Sens de la vue dont elle paroît privée, & combien perfectionnerez-vous son Etre! Combien ne le perfectionneriez-vous pas davantage en donnant à cet Animal si dégradé un plus grand nombre de *Sens*, & des *Membres* relatifs ! Quelles raisons philosophiques nous imposeroient l'obligation de croire que la *Mort* est le terme de la durée de l'*Animal* ? Pourquoi un Etre si *perfectible* seroit-il anéanti pour toujours, tandis qu'il possede un Principe de *Perfectibilité* dont nous ne saurions assigner les bornes ? Indépendamment de ce petit Corps *indestructible* que je suppose, l'*Ame*, que nous ne pouvons nous empêcher d'accorder aux Bêtes, n'est-elle pas par son *immatérialité* hors de l'atteinte des Causes qui operent la destruction du Corps grossier ? Ne faudroit-il pas une Volonté *positive* du CRÉATEUR pour qu'elle cessât d'être ? Découvrons-nous des raisons solides pourquoi IL l'anéantiroit ?

Ne découvrons-nous pas plutôt dans son IMMENSE BONTÉ des motifs de la conserver ?

Mais, si cette Ame a besoin d'un Corps organisé pour continuer à exercer ses Fonctions, il me semble plus raisonnable de penser que ce corps existe déja en petit dans l'Animal, que de supposer que DIEU en créera un nouveau pour les besoins de cette Ame. Ceux qui ont un peu étudié mes *Considérations sur les Corps Organisés*, savent avec quel Art merveilleux toutes les Productions *organiques* de la Nature ont été préparées de loin par son DIVIN AUTEUR, & quelles sont les *Lois* par lesquelles SA SAGESSE amene tous les Etres vivans au degré de Perfection qui est propre au Monde qu'ils habitent actuellement.

Rappellerai-je ici à mon Lecteur l'enveloppement de la petite Plante dans sa Graine, l'emboîtement du Papillon dans la Chenille, & la concentration de toutes les Parties du Poulet dans un Point vivant ? Je dois supposer qu'il a tous ces Faits présens à l'Esprit. Si cela n'étoit point, je le prierois de relire les Chapitres IX & X du Tome I. de mes *Corps*

Organisés, ou les Parties VII & IX de ma *Contemplation*.

On comprend de reste, par tout ce que je viens de crayonner, qu'il ne faudroit pas s'imaginer que les Animaux auront dans leur *Etat Futur* la même Forme, la même Structure, les mêmes Parties, la même consistance, la même grandeur que nous leur voyons dans leur Etat actuel. Ils seront alors aussi différens de ce qu'ils sont aujourd'hui, que l'Etat de notre Globe différera de son Etat présent. S'il nous étoit permis de contempler dès à présent cette ravissante Scene de Métamorphoses, je me persuade facilement, que nous ne pourrions reconnoître aucune des Especes d'Animaux qui nous sont aujourd'hui les plus familieres : elles seroient trop travesties à nos yeux. Nous contemplerions un Monde tout nouveau, un Ensemble de Choses, dont nous ne saurions nous faire actuellement aucune Idée. Réussirions-nous à deviner les Habitans de la Lune, à nous peindre leurs figures, leurs mouvemens, &c. ? Et quand nos Télescopes seroient assez perfectionnés pour nous les découvrir, leur trouverions-nous ici-bas des *Analogues* ?

Si nous partons toujours de la supposition de ce petit Corps *éthéré* qui renferme infiniment en petit tous les Organes de l'Animal *futur*, nous conjecturerons que le *Corps* des Animaux, dans leur nouvel Etat, sera composé d'une Matiere, dont la *rareté* & l'*Organisation* le mettront à l'abri des altérations qui surviennent au Corps *grossier*, & qui tendent continuellement à le détruire de tant de manieres différentes.

Le nouveau Corps n'exigera pas, sans doute, les mêmes *réparations* que le Corps *actuel* exige. Il possédera une Méchanique bien supérieure à celle que nous admirons dans ce dernier.

Il n'y a pas d'apparence que les Animaux *propagent* dans leur *Etat Futur;* mais si l'Imagination se plaisoit à y admettre une sorte de *Propagation* à nous entiérement inconnue, je dirois que les *Sources* de cette Propagation existeroient déjà dans le petit Corps *éthéré*.

Cependant, si l'on y réfléchit un peu, on trouvera que des Etres-mixtes appellés à cette sorte d'*immortalité*, ne paroissent pas devoir se propager après y être parvenus. Il eſt au moins bien évident, que les différentes eſpeces de *Propagations* que nous connoiſſons, & qui ſont propres à l'état *actuel* de notre Monde, ont pour Fin principale de donner aux *Eſpeces* une immortalité dont les *Individus* ne peuvent jouir.

Avril 1768.

SECONDE PARTIE.

SUITE DES IDÉES SUR L'ÉTAT FUTUR DES ANIMAUX.

COMMENT L'ANIMAL PEUT S'ÉLEVER A UNE PLUS GRANDE PERFECTION.

Nous *comparons* entr'elles nos *Idées* de tout genre : nous les multiplions & les diversifions ainsi presque à l'infini. Nous revêtons nos idées de *Signes* ou de *Termes* qui les représentent : nous les représentons encore par des *Sons articulés*, dont l'assemblage & la combinaison constituent la *Parole* ou le *Langage*. Par ces admirables Opérations de notre Esprit, nous parvenons à *généraliser* toutes nos Idées, & à nous élever par degrés aux *Notions* les plus *abstraites* & les plus sublimes.

La *Parole* paroît être le Caractere qui distingue le plus l'*Homme* de la *Bête*. Le Vulgaire qui la prête si libéralement aux Animaux, la leur refuseroit, s'il étoit capable de réfléchir sur de pareils Sujets. Il croit bonnement que le Perroquet *parle*, parce qu'il profere des *Sons articulés* ; mais le Vulgaire ne sait pas, que *parler* n'est point simplement *proférer des Sons articulés* ; c'est sur-tout *lier* à ces Sons les *Idées* qu'ils sont destinés à *représenter*. Or, qui ne voit à présent que le Perroquet, auquel on peut enseigner si facilement à prononcer des Mots métaphysiques, ne sauroit *lier* à ces Mots les Idées *abstraites* dont ils sont les *Signes* ?

J'ai exposé en raccourci dans les Chapitres XIV, XV, XVI de mon *Essai Analytique* tout ce qui concerne ces belles Opérations de notre Esprit par lesquelles il parvient à *généraliser* ses Idées. J'ai montré assez en détail en quoi consiste la *Méchanique* des *Abstractions* de tout genre. J'ose me flatter, que ceux de mes Lecteurs qui posséderont à fond ces Chapitres, tiendront fortement les plus grands Principes de la *Psychologie* & de la *Logique*. Je me suis un peu étendu sur le *Langage des Bêtes* dans les Chapitres XXVII & XXVIII de la Partie XII de ma *Contemplation*.

C'est la *Mémoire* qui est chargée du dépôt des *Mots*. C'est elle encore qui *lie* les Idées aux Mots qui en sont les Signes. Cent & cent expériences démontrent que la Mémoire a été attachée au *Corps*. Nous observons qu'elle dépend beaucoup de l'âge, de la disposition actuelle des Organes, & de certains procédés purement *physiques*. Des accidens subits l'affoiblissent, & même la détruisent entiérement. Les Annales de la Médecine sont pleines de Faits qui ne constatent que trop ces Vérités assez humiliantes.

Nous ne saurions douter le moins du monde, que les Animaux ne soient doués de *Mémoire*. Que de preuves, & de preuves variées, plusieurs Espèces ne nous donnent-elles point d'une Mémoire dont nous admirons la fidélité & la ténacité !

C'est même sur cette Mémoire que repose principalement l'Education que nous parvenons à donner à ces Especes, & qui développe & perfectionne à un si haut point toutes leurs Qualités naturelles.

L'*Eléphant*, le *Chien*, le *Cheval* en sont des exemples frappans. Nous accoutumons ces Especes si dociles à lier certaines actions à certains Mots que nous leur faisons entendre : nous les dirigeons ainsi par le seul secours de la Voix, & nous leur commandons comme à des Domestiques fidelles à exécuter promptement nos volontés.

Mais cette Faculté d'*associer* (*) certains Mouvemens à certains Sons est resserrée chez ces Animaux dans des bornes fort étroites, & leur Dictionnaire est toujours fort court. Ils ont bien des Sensations de différens genres; leur Mémoire en conserve le souvenir : ils *comparent* jusqu'à un certain point ces Sensations, & de ces comparaisons plus ou moins multipliées naît un air d'Intelligence, qui trompe des yeux peu philosophiques. Mais ils ne parviennent point à *généraliser*, comme nous,

(*) Voyez ci-dessus ce que j'ai dit *sur l'Association des Idées chez les Animaux*, dans l'Ecrit intitulé *Essai d'Application des Principes psychologiques*, &c.

leurs Idées : ils ne s'élevent point aux *Notions abstraites* : ils n'ont point l'usage de la *Parole*.

« L'usage des Signes *artificiels*, disois-je dans le §. 268 de mon *Essai Analytique*, est fort resserré chez les *Animaux*. On les accoutume bien à *lier* une certaine action, un certain Objet, à un certain Son, à un certain Mot ; mais ils ne parviennent point à *généraliser* leurs Idées. S'ils y parvenoient, les Opérations de chaque Espece ne seroient pas si uniformes, & les *Castors* d'aujourd'hui ne bâtiroient pas comme ceux d'autrefois.

» Les *Animaux*, disois-je encore dans le §. 270, ont comme nous des Idées *simples* & des Idées *concretes*, (202. 205.) S'ils ne généralisent point, comme nous, leurs Idées, si les *Opérations* des Individus de chaque Espece sont *uniformes*, ce n'est pas précisément parce que les *Animaux* manquent de *Signes* : les *Signes* ne donnent pas la *Faculté* d'abstraire ; ils ne font que la perfectionner, (267.) Mais, la Faculté d'abstraire tient à l'*Attention*. (Ibid.) L'Attention est une *Modification* de l'Acti-

» vité de l'Ame, (136. 137.) & cette
» Activité est de sa nature *indéterminée*;
» il lui faut des *Motifs* pour qu'elle se
» déploye, (130. 131. 140. 141. 144.
» 151. 178.) Si l'AUTEUR de la Na-
» ture a voulu que la *Sensibilité* des Ani-
» maux fût *relative* à ce que demandoit
» la *conservation* de leur Etre ; leur *Atten-
» tivité*, (je prie que l'on me passe ce
» Mot) aura été renfermée dans les Li-
» mites de leurs Besoins, (117. 131.)
» Ils auront été rendus capables de former
» des Abstractions *sensibles*, (207. 208.
» 209.) & ils n'auront pu s'élever aux
» Notions , (230.) »

J'ai fait voir en plusieurs endroits de l'Ouvrage que je viens de citer, & dans l'*Analyse abrégée*, que l'*exercice* de toutes les Facultés de notre Ame dépend plus ou moins de l'*Organisation*. Notre *Cerveau* a donc été organisé dans un Rapport direct à ces merveilleuses Opérations de notre Esprit , par lesquelles il s'élève gra-duellement jusqu'aux Idées les plus *géné-ralisées* ou les plus *abstraites*.

La multiplicité & la diversité prodigieu-ses d'Idées qui naissent des différentes Opé-rations de notre Esprit , peuvent nous faire

juger

juger de l'art étonnant avec lequel l'*Organe immédiat* de nos Pensées a été construit, & du nombre presque infini de Pieces, & de Pieces très-variées qui entrent dans la composition de cette surprenante Machine, qui incorpore, pour ainsi dire, à l'Ame d'un Savant l'abrégé de la Nature.

※

Nous sommes donc acheminés à penser, que l'Organisation du Cerveau des Animaux, diffère essentiellement de celle du Cerveau de l'Homme. Nous ne risquerons guere de nous tromper en jugeant de la Perfection relative des deux Machines par leurs Opérations. Combien les Opérations du Cerveau de l'Homme sont-elles supérieures à celles du Cerveau de la Brute! Combien la *Raison* l'emporte-t-elle sur l'*Instinct*!

Retracerai-je ici ce Tableau de l'Humanité que j'ai essayé de crayonner dans la Partie IV de ma *Contemplation de la Nature?* Reviendrai-je encore à faire sentir combien l'amour du merveilleux avoit séduit ces Ecrivains qui ont attribué aux Animaux une *Intelligence* qui ne convient qu'à l'Homme, parce qu'il est le seul Etre sur la Terre, qui puisse s'élever aux abstractions *intellectuelles*. On voudra bien consulter sur une Matiere si philosophique, les §. 774, 775, 776, 777 de mon *Essai Analytique*, & les Chapitres I, XIX, XXII, XXV, XXVII de la Partie XI de ma *Contemplation*, & les Chapitres XII, XXXII, XXXIII du même Ouvrage.

Si l'on médite ces Chapitres autant qu'ils demandent à l'être, on reconnoîtra, je m'assure, qu'on ne s'étoit pas fait des Idées assez justes de cet *Instinct*, que l'on s'étoit trop plu à ennoblir. L'*Esprit philosophique*, qui semble si répandu aujourd'hui, est beaucoup plus rare qu'on ne pense : c'est qu'il ne consiste point dans des idées assez vagues, à demi-digérées, & revêtues d'un appareil métaphysique, qui ne sauroit en imposer à des Têtes vraiment métaphysiques. L'*Esprit philosophique* consiste principalement dans l'*Analyse* des Faits, dans le discernement de ces Faits, dans leurs comparaisons, dans l'Art d'en tirer des Conséquences, de les enchaîner les unes aux autres, & de s'élever ainsi à des Principes qui ne soient que des Résultats naturels des Faits les mieux observés.

Il paroît donc que le Cerveau de la Brute est une Machine incomparablement plus simple que le Cerveau de l'Homme. La construction des Machines *animales* a été calculée sur le nombre & la diversité des Effets qu'elles devoient produire, relativement à la place qui étoit assignée à chaque Espece dans le Systême de l'*Animalité*. Le Cerveau du *Singe*, beaucoup moins composé que celui de l'*Homme*, l'est incomparablement davantage que celui de l'*Huître*.

Un Génie un peu hardi, & qui sait manier ses Sujets avec autant d'art que d'agrément, a cru faire un pas très-philosophique, en découvrant que le *Cheval* ne differe de l'*Homme* que par la *Botte*. Il lui a paru, que si les pieds du Cheval, au lieu d'être terminés par une Corne inflexible, l'étoient per des Doigts souples, ce Quadrupede atteindroit bientôt à la Sphere de l'Homme. Je doute qu'un Philosophe, qui aura un peu approfondi la nature de l'Animal, applaudisse à la découverte de cet Auteur ingénieux, dont le mérite personnel ne doit point être confondu avec les Opinions. Il n'avoit pas confidéré, qu'un *Animal* quelconque eſt un *Syſtême particulier*, dont toutes les Parties ſont *en rapport* ou *harmoniques* entr'elles. Le *Cerveau* du Cheval répond à ſa *Botte*, comme le Cheval lui-même répond à la place qu'il tient dans le Syſtême *organique*. Si la *Botte* du Quadrupede venoit à ſe convertir en Doigts flexibles, il n'en demeureroit pas moins incapable de *généraliſer* ſes *Senſations* ; c'eſt que la *Botte* ſubſiſteroit dans le Cerveau : je veux dire, que le Cerveau manqueroit toujours de cette admirable Organiſation qui met l'Ame de l'Homme à portée de *généraliſer* toutes ſes Idées. Et ſi l'on vouloit que le Cerveau du Cheval ſubît un changement proportionnel à celui de ſes Pieds, je dirois que ce ne ſeroit plus un *Cheval*, mais un autre *Quadrupede* auquel il faudroit impoſer un nouveau nom.

Le changement prodigieux que tout ceci ſuppoſeroit dans l'Organiſation de l'Animal, s'opérera pourtant un jour, ſi mes Idées ſur l'*Etat Futur* des Animaux ſont vraies. Je ſuis bien éloigné de les donner pour telles ; mais je préſente aux yeux de mon Lecteur une Perſpective

étendue & variée, & que l'Esprit Philoso‑
phique ne dédaignera pas de contempler.
Il a déjà pénétré tout ce qui me reste à
dire; car les Principes que j'ai posés sont
féconds en Conséquences.

TROISIEME PARTIE.

SUITE DES IDÉES
SUR
L'ÉTAT FUTUR
DES
ANIMAUX.

AUTRES CONSIDÉRATIONS
SUR LA
PERFECTION FUTURE DE L'ANIMAL.
RÉPONSES
A QUELQUES QUESTIONS.

SI, comme je le disois, un Philosophe ne peut douter que l'*Animal* ne soit un Etre très-*perfectible*; s'il est dans le caractere de la SOUVERAINE BONTÉ de vouloir l'accroissement du

Bonheur de toutes ſes Créatures; ſi cet accroiſſement eſt inſéparable de celui de la Perfection *corporelle* & de la Perfection *spirituelle*: ſi enfin nous ne découvrons aucune raiſon ſolide pourquoi la *Mort* ſeroit le terme de la Vie de l'*Animal*; ne ſommes-nous pas fondés à en inférer, que l'Animal eſt appellé à une *Perfection*, dont les Principes *organiques* exiſtoient dès le commencement, & dont le Développement eſt réſervé à l'*Etat Futur* de notre Globe?

Il eſt aſſurément très-poſſible, que ce qui manque actuellement au Cerveau groſſier de l'Animal, pour qu'il parvienne à *généraliſer* ſes Idées, exiſte déjà dans ce petit Corps *éthéré*, qui eſt le véritable Siege de l'Ame. Ce petit Corps peut renfermer l'abrégé d'un *Syſtême organique* très-compoſé, analogue à celui auquel l'Homme doit ici-bas ſa ſuprême élévation ſur tous les Animaux.

Le *Développement* plus ou moins accéléré de ce Syſtême organique fera revêtir à l'Animal un nouvel Etre. Non-ſeulement ſes Sens *actuels* ſeront perfectionnés; mais il eſt poſſible qu'il acquiere encore de *nouveaux* Sens, & avec eux de *nouveaux* Principes de Vie & d'Action. Ses Perceptions & ses Opérations se multiplieront & se diversifieront dans un degré indéfini.

L'état où se trouvera alors notre Globe, & qui sera exactement relatif à cette grande Métamorphose de l'Animal, lui fournira une abondante source de Plaisirs divers, & de quoi perfectionner de plus en plus toutes ses Facultés.

※

Pourquoi cette *Perfectibilité* de l'Animal ne comporteroit-elle point qu'il s'élevât enfin jusqu'à la connoissance de l'AUTEUR de sa Vie? Combien la BONTÉ INEFFABLE du GRAND ÊTRE LE sollicite-t-ELLE à SE manifester à toutes les Créatures sentantes & intelligentes! Pourquoi..... mais il vaut mieux que je laisse aux Ames sensibles à finir un Tableau que la Bienveillance universelle se plaît à crayonner, parce qu'elle aime à faire le plus d'heureux qu'il est possible.

Les Liaisons que le Corps *indestructible* soutenoit avec le Corps *périssable*, assureront à l'Animal la conservation de son

Identité perſonnelle. Le *Souvenir* de ſon *Etat paſſé* liera cet Etat avec l'*Etat futur*: il comparera ces deux *Etats*, & de cette comparaiſon naîtra le Sentiment de l'accroiſſement de ſon Bonheur. Ce Sentiment ſera lui-même un accroiſſement de Bonheur; car c'eſt être plus heureux encore, que de *ſentir* qu'on l'eſt davantage.

Il eſt bien évident, que ſi l'Animal parvenoit à ſon *nouvel* Etat ſans conſerver aucun *ſouvenir* du *précédent*, ce ſeroit par rapport à lui-même un Etre tout *nouveau* qui jouiroit de cet Etat, & point du tout le *même* Etre ou la même *Perſonne*. Il ſeroit, pour ainſi dire, créé de nouveau.

L'ancienne & ingénieuſe Doctrine de la *Métempſycoſe* ou de la Tranſmigration des Ames n'étoit pas auſſi philoſophique qu'elle a paru l'être à quelques Sectateurs de l'Antiquité : c'eſt qu'une grande érudition n'eſt pas toujours accompagnée d'un grand fond de bonne Philoſophie. J'ai dit, qu'il étoit aſſez prouvé que la *Mémoire* a ſon *Siege* dans le Corps : une Ame qui tranſmigreroit d'un Corps dans un autre n'y conſerveroit donc aucun ſouvenir de ſon Etat *précédent*. Je me borne à renvoyer là-deſſus aux Articles XV,

XVI, XVII, XVIII de l'*Analyse abrégée.* J'ai montré en un grand nombre d'endroits de mes *Corps Organisés* & de ma *Contemplation*, qu'il est très-probable que tous les Corps *Organisés* préexistent très en petit dans des *Germes* ou Corpuscules *organiques*. (*) Il est donc bien vraisemblable que les *Ames* y préexistent aussi. Jugeroit-on plus philosophique d'infuser à point nommé une Ame dans un Germe, tandis que cette Ame auroit pu être unie à ce Germe dès le commencement, & par un Acte unique de cette VOLONTÉ ADORABLE, QUI *appelle les Choses qui ne sont point, comme si elles étoient?*

Il me paroît donc que la *Métempsycose* n'a pu être admise que par des Hommes qui ne s'étoient pas occupés du *psychologique* des *Etres-mixtes*. La Philosophie *rationnelle* n'étoit pas née lorsque PYTHAGORE transporta ce Dogme des Indes dans la Grece.

JE me suis beaucoup arrêté dans ma

(*) On peut se borner à ne consulter sur ce Sujet que les Articles VII, XIII, XIV, XV, XVI, XVIII, du *Tableau des Considérations*.

Contemplation à considérer cette merveilleuse *Gradation* qui regne entre tous les Etres vivans, depuis le *Lychen* & le *Polype*, jusqu'au *Cedre* & à l'*Homme*. Le Métaphysicien peut trouver dans la *Loi de continuité* la raison de cette *Progression* ; le Naturaliste se borne à l'établir sur les Faits. Chaque Espece à ses *Caracteres* propres, qui la distinguent de toute autre. L'Ensemble de ses Caracteres constitue l'*Essence nominale* de l'Espece. Le Naturaliste recherche ces Caracteres ; il les étudie, les décrit, & en compose ces savantes *Nomenclatures*, connues sous les noms de *Botanique* & de *Zoologie*. C'est en s'efforçant à ranger toutes les Productions *organiques* en *Classes*, en *Genres* & en *Especes*, que le Naturaliste s'apperçoit que les *Divisions* de la Nature ne sont point *tranchées* comme celles de l'Art; il observe qu'entre deux Classes ou deux Genres voisins, il est des Especes mitoyennes, qui semblent n'appartenir pas plus à l'un qu'à l'autre, & qui dérangent plus ou moins ses Distributions *méthodiques*.

La même Progression que nous découvrons aujourd'hui entre les différens Ordres d'Etres organisés, s'observera, sans doute, dans l'Etat Futur de notre Globe : mais elle fuivra d'autres Proportions, qui feront déterminées par le degré de *Perfectibilité* de chaque Efpece. L'*Homme*, tranfporté alors dans un autre féjour plus afforti à l'éminence de fes Facultés, laiffera au *Singe* ou à l'*Eléphant* (*) cette premiere Place qu'il occupoit parmi les Animaux de notre Planete. Dans cette Reftitution univerfelle des Animaux, il pourra donc fe trouver chez les *Singes* ou les *Eléphans* des Newtons & des Leibnitz ; chez les *Caftors*, des Perraults & des Vaubans, &c.

Les Efpeces les plus inférieures, comme les *Huîtres*, les *Polypes*, &c. feront aux Efpeces les plus élevées de cette nouvelle Hiérarchie, comme les *Oifeaux* & les *Quadrupedes* font à l'Homme dans la Hiérarchie actuelle.

Peut-être encore qu'il y aura un progrès continuel & plus ou moins lent de toutes les Efpeces vers une Perfection fupérieure ; enforte que tous les Degrés de l'Echelle feront continuellement variables

---

(*) Voyez ce que j'ai dit fur l'*Eléphant*, d'après M. de BUFFON dans l'Ecrit qui a pour titre, *Effai d'application des Principes pfychologiques*, &c.

dans un rapport déterminé & conſtant : je veux dire, que la *mutabilité* de chaque Degré aura toujours ſa raiſon dans le Degré qui aura précédé immédiatement.

※

MALGRÉ tous les efforts de nos *Epigénéſiſtes* modernes, je ne vois pas qu'ils ayent le moins du monde réuſſi à expliquer *méchaniquement* la premiere Formation des Etres vivans. Ceux qui ont lu avec quelqu'attention mes deux derniers Ouvrages, & en particulier les Chapitres VIII, IX, X, XI de la Partie VII de ma *Contemplation*, n'ont pas beſoin que je leur rappelle les différentes preuves que l'Hiſtoire Naturelle & la Phyſiologie nous fourniſſent de la *Préexiſtence* des Etres vivans.

Mais ſi tout a été *préformé* dès le commencement; ſi rien n'eſt *engendré*; ſi ce que nous nommons improprement une *Génération*, n'eſt que le Principe d'un *Développement*, qui rendra viſible & palpable, ce qui étoit auparavant inviſible & impalpable; il faut de deux choſes l'une, ou que les *Germes* ayent été originairement *emboîtés* les uns dans les autres, ou qu'ils ayent été originairement *disséminés* dans toutes les Parties de la Nature.

Je n'ai point décidé entre l'*Emboîtement* & la *Dissémination* (*) : j'ai seulement laissé entendre que j'inclinois vers l'Emboîtement. J'ai dit, qu'il me paroissoit une des plus belles victoires que l'Entendement pur ait remporté sur les Sens. J'ai montré, combien il est absurde d'opposer à cette Hypothese des Calculs qui n'effrayent que l'Imagination, & qu'une Raison éclairée réduit facilement à leur juste valeur.

Mais si tous les Etres *organisés* ont été préformés dès le commencement, que deviennent tant de milliards de Germes, qui ne parviennent point à se développer dans l'État présent de notre Monde ? Combien de milliards de Germes de Quadrupedes, d'Oiseaux, de Poissons, de Reptiles, &c. qui ne se développent point, qui pourtant sont organisés avec un Art infini, & à qui rien ne manque pour jouir de la plénitude de l'Etre, que d'être fécondés ou d'être conservés après l'avoir été ?

Mon Lecteur a déjà deviné ma réponse : chacun de ces Germes renferme un

(*) *Tableau des Considérations*, XVII.

autre Germe impériffable, qui ne fe développera que dans l'Etat Futur de notre Planete. Rien ne fe perd dans les immenfes Magafins de la Nature ; tout y a fon Emploi, fa Fin, & la meilleure Fin poffible.

On demandera encore, que devient ce Germe impériffable, lorfque l'Animal *meurt*, & que le Corps groffier tombe en poudre ? Je ne penfe pas qu'il foit fort difficile de répondre à cette Queftion. Des Germes indeftructibles peuvent être difperfés, fans inconvénient, dans tous les Corps particuliers qui nous environnent. Ils peuvent féjourner dans tel ou tel Corps jufqu'au moment de fa décompofition ; paffer enfuite fans la moindre altération dans un autre Corps; de celui-ci dans un troifieme, &c. Je conçois, avec la plus grande facilité, que le Germe d'un Eléphant peut fe loger d'abord dans une molécule de terre, paffer de là dans le Bouton d'un Fruit ; de celui-ci, dans la Cuiffe d'une Mitte, &c. Il ne faut pas que l'Imagination qui veut tout peindre & tout palper, entreprenne de juger des Chofes qui font uniquement du reffort de la Raifon, & qui ne peuvent être apperçues que par un Œil philofophique.

Le répéterai-je encore ? Combien est-il facile, que des Germes, tels que je les suppose, bravent les efforts de tous les Elémens & de tous les Siecles, (*) & arrivent enfin à cet Etat de Perfection auquel ils ont été prédestinés par cette SA-GESSE PROFONDE, QUI a enchaîné

(*) Quoique la grande délicatesse des *Germes* paroisse devoir s'opposer à leur *Conservation*, il est pourtant des Faits très-certains, qui prouvent qu'ils ont été ordonnés de maniere, qu'ils conservent pendant un temps, même très-long, la vertu *germinatrice*. Je parle des *Germes* qui tombent sous nos Sens, & que nous appercevons dans les *Graines* & dans les *Œufs*.

Il n'est guere d'Animal plus délicat qu'un Polype à *Pennache* : combien l'Animal renfermé encore dans son Œuf doit-il être plus délicat ! on verra pourtant dans l'Article 317 de mes *Corps Organisés*, qu'on peut conserver *au sec* plusieurs mois comme de la Graine de *Ver à Soie*, les Œufs de cette Espece de *Polype*, les semer ensuite dans l'Eau, & en voir éclorre de petits *Polypes*.

On lit dans l'*Encyclopédie* au mot *Végétation*, que des *Haricots* d'Amérique, tirés du Cabinet de l'Empereur avoient *germé* par les soins d'un Jardinier, quoique ces *Haricots* eussent deux cents ans.

M. le Marquis de S. SIMON, dans son curieux *Traité des Jacintes*, publié à Amsterdam, dans l'année 1768, pag. 104, rapporte une Expérience qui confirme pleinement la précédente, & que je transcris ici dans ses propres termes.

« J'ai fait germer en 1754 du Blé, renfermé dans des
» Magasins en Terre à Metz, du temps de Charles V,
» c'est-à-dire, près de deux cents ans avant qu'on vint
» à le découvrir ; & les Troupes ont consommé le Pain
» qu'on a fait de ce Grain, qui étoit excellent. Le Blé
» que j'ai semé, quoique petit & maigre, a produit des
» Epis d'assez bonne qualité. »

le

le Passé au Présent, le Présent à l'Avenir, l'Avenir à l'Eternité!

Il y aura cette différence entre les Animaux qui ne seront point nés sous l'Economie présente de notre Monde & ceux de même Espece qui y auront vécu; que les premiers naîtront pour ainsi dire, *table rase* sous l'Economie future. Comme leur Cerveau n'aura pu recevoir aucune impression des Objets extérieurs, il ne retracera à l'Ame aucun *souvenir*. Elle ne

---

Une *Etuve* dont la chaleur étoit de quatre-vingt-dix degrés du Thermometre de REAUMUR, c'est-à-dire, supérieure à celle de l'Eau bouillante, sembleroit bien propre à détruire la vertu *germinatrice*: M. DUHAMEL nous apprend pourtant dans son *Supplément* au Traité *de la Conservation des Grains*, pag. 48 & 49, qu'ayant semé vingt-quatre Grains de *Froment* pris au hasard dans une Etuve, dont la chaleur étoit de quatre-vingt-dix degrés, il leva vingt-un de ces Grains. Il ajoute qu'ayant répété la même Expérience; le succès ne se démentit point. Il est vrai que les Grains étuvés ne leverent qu'au bout d'environ vingt jours, tandis que des Grains du même *Froment*, mais qui n'avoient pas été étuvés, leverent au bout de huit jours.

Ces divers Faits, & bien d'autres de même genre, que je pourrois indiquer, nous aident à juger, qu'il n'est pas improbable, que les Germes *impérissables*, que je suppose dans cet Ecrit, ayent été ordonnés de maniere à résister aux efforts des Elémens & des Siecles. Si la *Matiere* dont le Germe du *Froment* est construite étoit moins hétérogene, moins pénétrable à l'Air, à l'Eau, &c. ou beaucoup plus déliée, il est bien clair que ce Germe se conserveroit des milliers d'années,

Tome I.   O

comparera donc pas son Etat *présent* à un Etat *passé* qui n'aura point exiflé pour elle. Elle n'aura donc point ce fentiment de l'accroiffement du Bonheur, qui naît de la comparaifon dont je parle. Mais cette *table rafe* fe convertira bientôt en un riche Tableau, qui repréfentera avec précifion une multitude d'Objets divers. A peine l'Animal fera-t-il parvenu à la Vie, que fes Sens s'ouvriront à une infinité d'impreffions dont la vivacité & la variété accroîtront fans ceffe fes Plaifirs, & mettront en valeur toutes fes Facultés.

QUATRIEME PARTIE.

APPLICATION
AUX
PLANTES.

J'AI rassemblé dans la Partie x de ma *Contemplation*, les Traits si nombreux, si diversifiés, si frappans qui rapprochent les *Plantes* des *Animaux*, & qui semblent ne faire des unes & des autres qu'une seule Classe d'*Etres Organisés*. Je me suis attaché à démontrer combien il est difficile d'assigner le *Caractere* qui distingue essentiellement le *Végétal* de l'*Animal*, & combien la Logique du Naturaliste doit être sévere dans une Recherche aussi délicate. Cela m'a conduit à un examen assez approfondi du *Caractere* qu'on a coutume de tirer de la *Faculté de sentir*. J'y ai fait passer en revue sous les yeux de mon Lecteur ces curieuses Expériences que

O ij

j'ai décrites en détail dans mon Livre *sur l'Usage des Feuilles dans les Plantes*, & qui paroissent indiquer que les Végétaux exercent des mouvemens *spontanés* relatifs à leurs besoins & aux circonstances.

Je n'ai pas entrepris de prouver, que les Plantes sont douées de *Sentiment*: j'aurois choqué moi-même cette Logique exacte que j'essayois d'appliquer à mon Sujet. J'ai assez insinué, (*) que tous ces mouvemens, si dignes de l'attention de l'Observateur, peuvent dépendre d'une Méchanique secrette & très-simple. Mon Imagination n'étoit pas faite pour tout *animaliser*, comme celle de l'ingénieux Auteur du Roman *de la Nature*. (**) J'ai donc terminé mon examen en ces termes.

« Le Lecteur judicieux comprend assez
» que je n'ai voulu que faire sentir, par
» une fiction, combien nos jugemens sur
» l'insensibilité des Plantes sont hasardés.
» Je n'ai pas prétendu prouver, que les

(*) J'ai montré très-clairement dans le Mémoire II. de mes *Recherches sur l'Usage des Feuilles*, ART. LIII, comment tous ces mouvemens si remarquables pourroient s'opérer par des Causes purement *méchaniques*.

(**) Le Livre intitulé *de la Nature*, publié en Hollande, en 3 vol. in-8°.

» Plantes sont *sensibles* ; mais j'ai voulu
» montrer qu'il n'est pas prouvé qu'elles
» ne le sont point. »

Si donc il n'est point prouvé que les *Plantes* ne sont pas *sensibles*, il est *possible* qu'elles le *soient* ; & s'il est possible qu'elles le soient, il l'est encore que leur *Sensibilité* se développe & se perfectionne davantage dans un autre Etat.

Je le disois dans l'Ouvrage que je viens de citer : « Nous voyons le Sentiment dé-
» croître par degrés de l'Homme à l'Or-
» tie ou à la Moule ; & nous nous per-
» suadons qu'il s'arrête-là, en regardant
» ces derniers Animaux comme les moins
» parfaits. Mais il y a peut-être encore
» bien des degrés entre le Sentiment de
» la Moule & celui de la Plante. Il y en
» a, peut-être, encore davantage entre
» la Plante la plus sensible & celle qui l'est
» le moins. Les Gradations que nous ob-
» servons par tout, devroient nous per-
» suader cette Philosophie : le nouveau
» degré de beauté qu'elle paroît ajouter
» au système du Monde, & le plaisir
» qu'il y a à multiplier les Etres sentans,
» devroient encore contribuer à nous le
» faire admettre. J'avouerois donc volon-

» tiers que cette Philosophie est fort de
» mon goût. J'aime à me persuader que
» ces Fleurs qui parent nos Campagnes
» & nos Jardins d'un éclat toujours nou-
» veau, ces Arbres fruitiers dont les fruits
» affectent si agréablement nos yeux &
» notre palais, ces Arbres majestueux
» qui composent ces vastes Forêts que
» les temps semblent avoir respectées,
» sont autant d'Etres sentans qui goûtent
» à leur maniere les douceurs de l'exis-
» tence. »

J'ajoutois immédiatement après: « Nous
» avons vu que l'on ne trouvoit dans la
» Plante aucun Organe propre au Sen-
» timent : mais si la NATURE a dû faire
» servir le même Instrument à plusieurs
» fins ; si ELLE a dû éviter de multiplier
» les Pieces, c'est assurément dans la
» construction de Machines extrêmement
» simples, tel que l'est le Corps d'une
» Plante. Des Vaisseaux que nous croyons
» destinés uniquement à conduire l'Air
» ou la Seve, peuvent être encore dans
» la Plante le *Siege* du Sentiment ou de
» quelqu'autre Faculté dont nous n'avons
» point d'idée. Les *Nerfs* de la Plante
» different, sans doute, autant de ceux de
» l'Animal, que la Structure de celle-là

» diffère de la Structure de celui-ci. »

Mon Lecteur sera mieux placé encore pour juger de ceci, s'il prend la peine de relire en entier les Chapitres xxx & xxxi de cette Partie x^e. de l'Ouvrage. Si après cette lecture, il demeure convaincu, comme je le suis, que l'*Insensibilité* des Plantes n'est point du tout démontrée, je lui demanderois, si dans la supposition qu'elles sont douées d'une certaine *Sensibilité*, je ne pourrois pas leur appliquer ce que je viens d'exposer sur la Restitution future des Animaux ? Dans la supposition dont il s'agit, choquerois-je la bonne Philosophie, en admettant que la *Plante* est aussi un Etre très *perfectible* ?

En effet, combien est-il facile, que la *Sensibilité* la plus resserrée, la plus imparfaite s'étende, se développe, se perfectionne par le simple accroissement de Perfections des Organes, & sur-tout par l'intervention de nouveaux Organes!

Si la Plante est *sensible*, elle a une *Ame*, qui est le Principe du Sentiment; car le Sentiment ne sauroit appartenir à la seule

Organisation. (*) La Plante sera donc un *Etre-mixte*. Découvrons-nous quelque raison solide pourquoi l'Ame de la Plante seroit dépourvue de toute espece d'*Activité*? Par tout où nous parvenons à démêler des traits de *Sensibilité*, nous parvenons aussi à y démêler des *mouvemens* correspondans. Il est naturel qu'un *Etre-mixte* susceptible de *Plaisir* & de *Douleur* puisse rechercher l'un & fuir l'autre. Mais si la *Sensibilité* est très-foible, ses Plaisirs & ses Douleurs seront aussi très-foibles, & les mouvemens qui correspondront à ces différentes impressions, leur seront proportionnels.

Je ne rechercherai point quel est le *Siège de l'Ame* dans la *Plante* : je ne connois aucun moyen de parvenir à cette découverte. Les Physiciens qui ont le plus étudié la structure des Plantes, savent assez combien leur *Anatomie* est encore imparfaite. Je le faisois remarquer au commencement du Chapitre XXVI de la Partie X de ma *Contemplation*. « Il n'est » pas aussi facile, disois-je dans cet en- » droit, de comparer les Plantes & les

---

(*) Je crois l'avoir prouvé dans la Préface de mon *Essai Analytique*, pag. XIII, XIV & suivantes de l'Edition in-4°.

« Animaux dans leurs *Formes intérieures*
« ou leur *Structure*, qu'il l'est de les com-
« parer dans leurs *Formes extérieures*. Nous
« pouvons juger de celle-ci sur un simple
« coup d'œil ; il faut toujours une cer-
« taine attention, & souvent le secours
« de divers Instrumens pour juger de cel-
« les-là. Nous pénétrons, ce semble, plus
« difficilement dans l'intérieur d'une Plan-
« te, que dans celui d'un Animal. Là,
« tout paroît plus confondu, plus unifor-
« me, plus fin, moins animé. Ici tout pa-
« roît se démêler mieux, soit parce que
« la forme, le tissu, la couleur & la situa-
« tion des différentes Parties y présentent
« plus de variétés, soit parce que le jeu
« des principaux Visceres y est toujours
« plus ou moins sensible. Le Microscope,
« le Scalpel, & les Injections qui nous
« conduisent si loin dans l'Anatomie des
« Animaux, refusent souvent de nous ser-
« vir, ou ne nous servent qu'imparfaite-
« ment dans celle des Plantes. Il est vrai
« aussi que cette partie de l'Economie
« organique a été moins étudiée que celle
« qui a les Animaux pour objet. La Struc-
« ture de ces derniers nous intéressoit da-
« vantage par ses Rapports avec celle de
« notre propre corps. »

Je me bornerai donc à dire, que si la *Plante* a une *Ame*, cette Ame a un *Siege* relatif à la nature *particuliere* de cet *Etre-mixte*.

Ce *Siege*, quel qu'il soit, peut renfermer un *Germe impérissable*, qui conservera l'*Etre* de la Plante & le fera survivre à la destruction de ce Corps visible & palpable, qui est l'Objet actuel des curieuses Recherches du Botaniste & du Physicien. Arrêterons-nous toujours nos regards sur ce qui frappe nos Sens? La Raison du Philosophe ne percera-t-elle point au-delà?

Si l'Etre de la *Plante*, a été attaché à un Germe *incorruptible*, ce Germe peut renfermer, comme celui de l'*Animal*, les *Elémens* de nouveaux Organes, qui perfectionneront, développeront & ennobliront les Facultés de cet Etre. Je ne puis dire à quel degré il s'élévera dans l'Echelle de l'*Animalité*: il me suffit d'appercevoir la possibilité de cette élévation, & par elle un accroissement de Beauté dans le Regne Organique.

※

En général, on a beaucoup de peine

à se persuader la possibilité que les Plantes soient des Etres *sentans*. Comme elles ne changent jamais de place, & que leurs Formes n'ont rien de commun avec celles des Animaux qui nous sont les plus connus, il n'y a pas moyen de croire qu'elles puissent participer un peu à l'*Animalité*. Le moyen, en effet, de soupçonner quelque rapport en ce genre entre une *Violette* & un *Papillon*, entre un *Poirier* & un *Cheval* !

Nous ne jugeons ordinairement des Etres que par des comparaisons assez grossieres. Nous les comparons de gros en gros dans leur Forme & dans leur Structure, & si cet examen superficiel ne nous offre aucun trait de similitude, nous ne nous avisons guere d'en soupçonner.

Cependant, combien existe-t-il d'Especes d'Animaux qui, pendant tout le cours de leur vie, ne changent pas plus de place que les Plantes ! Combien en est-il dont les mouvemens ne sont ni plus variés ni plus *spontanés* en apparence, que le sont ceux de quantité de Plantes, que j'ai décrits & fait admirer dans mon Livre sur l'*Usage des Feuilles* ! Enfin, combien est-il d'Especes d'Animaux dont la

Forme & la Structure ne reſſemblent pas le moins du monde à ce modele imaginaire que nous nous formons de ce qu'il nous plaît de nommer un *Animal!*

Si l'on a un peu médité ces *Conſidérations philoſophiques au ſujet des Polypes*, qui font la matiere des trois derniers Chapitres de la Partie VIII de ma *Contemplation*, l'on comprendra mieux tout ce que je ne fais qu'indiquer ici. Ces Chapitres renferment une eſpece de *Logique* à l'uſage du Naturaliſte, & qui me paroiſſoit lui manquer.

Je paſſe ſous ſilence les *Sexes*, tantôt réunis, tantôt ſéparés, & ces admirables *Reproductions* de différens genres, qui rapprochent ſi fort le *Végétal* de l'*Animal*. J'ai renvoyé mon Lecteur ſur tout cela & ſur bien d'autres Traits d'*Analogie* tout auſſi frappans, à mon *Parallele des Plantes & des Animaux. Contemplat.* Part. X.

Otons à un Animal peu connu tous les moyens de nous manifeſter qu'il eſt un *Animal* : privons-le de tous ſes Membres ; réduiſons-le aux ſeuls mouvemens qui ſe font dans ſon intérieur ; comment devineroit-on alors sa véritable nature ? Il est une foule d'Animaux qui se déguisent autant à nos yeux, & qui ne peuvent être reconnus que par les Observateurs les plus attentifs & les plus industrieux. Quel n'est point aussi le déguisement de certaines Plantes ! N'a-t-il pas fallu toute la sagacité des Botanistes pour s'assurer de la véritable nature des *Moisissures*, des *Lychens*, des *Champignons*, des *Truffes*, &c.

Les Plantes ne seroient-elles donc point dans le cas de ces Animaux beaucoup trop déguisés pour que nous puissions les reconnoître ? C'est une réflexion que je faisois dans le Chapitre xxx de la Partie x de ma *Contemplation*. « L'expression du
» Sentiment, disois-je, est relative aux
» Organes qui le manifestent. Les Plan-
» tes sont dans une entiere impuissance
» de nous faire connoître leur Sentiment ;
» ce Sentiment est extrêmement foible,
» peut-être, sans volonté & sans désir,
» puisque l'impuissance où elles sont de
» nous les manifester, provient de leur
» organisation, & qu'il y a lieu de pen-
» ser, que le degré de perfection *spiri-*
» *tuelle* répond au degré de perfection *cor-*
» *porelle.* »

Mais ce que nous avions regardé jusqu'ici comme *Animal* est un Tout *unique*. Un *Singe*, un *Eléphant*, un *Chien*, sont bien des *Composés* : ces Composés sont bien formés de l'assemblage d'une multitude de Pieces très-différentes entr'elles ; mais ces Pieces ne sont pas autant d'*Animaux* : elles concourent seulement par leur réunion & par leurs rapports divers à former ce Tout *individuel* que nous nommons un *Animal*. Ces Pieces séparées de leur Tout ne le représentent point en petit ; elles ne peuvent point *reproduire* ce Tout.

La *Plante* a été construite sur un tout autre Modele. Un *Arbre* n'est un Tout *unique* que dans un sens métaphysique. Il est réellement composé d'autant d'Arbres & d'Arbrisseaux, qu'il a de Branches & de Rameaux. Tous ces Arbres & tous ces Arbrisseaux sont, pour ainsi dire, greffés les uns aux autres, sont alimentés les uns par les autres, & tiennent ainsi à l'Arbre principal par une infinité de communications. Chaque Arbre secondaire, chaque Arbrisseau, chaque sous-Arbrisseau a ses Organes & sa Vie propres : il est lui-même un petit *individuel*, qui repréſente plus ou moins en raccourci le grand Tout dont il fait partie.

Ceci eſt plus exact qu'on ne l'imagineroit d'abord. Chaque Branche, chaque Rameau, chaque *Ramuncule*, & même chaque Feuille ſont ſi bien des Arbres en petit, que détachés du grand Arbre, & plantés en terre avec certaines précautions, ils peuvent y végéter par eux-mêmes, & y faire de nouvelles productions. C'eſt que les Organes eſſentiels à la Vie, ſont répandus dans tout le Corps de la Plante. Les mêmes Organes eſſentiels qu'on découvre dans le Tronc d'un Arbre, on les retrouve dans les Branches, dans les Rameaux, & même juſques dans les Feuilles.

Un Arbre eſt donc une Production organique beaucoup plus ſinguliere qu'on ne le penſe communément. Il eſt un aſſemblage d'une multitude de Productions organiques ſubordonnées, liées étroitement les unes aux autres, qui participent toutes à une Vie & à des Beſoins communs, & dont chacune a ſa Vie, ſes Beſoins & ſes Fonctions propres. Un Arbre eſt ainſi une ſorte de *Société organique*, dont tous les Individus travaillent au Bien commun de la Société, en même temps qu'ils procurent leur Bien particulier.

CELUI qui a fait l'Arbre auroit pu faire exister à part chaque Branche, chaque Rameau, chaque Feuille : IL en auroit fait ainsi autant d'Etres isolés & distincts. IL a préféré de les réunir dans le même assemblage, dans une même Société, de les assujettir les uns aux autres pour différentes Fins, & sans doute que les Besoins de l'Homme & ceux des Animaux entroient dans ces Fins.

Si donc l'Arbre est doué d'un certain degré de *Sentiment*, chacun des petits Arbres dont il est composé aura aussi son degré de *Sentiment*, comme il a sa Vie & ses Besoins propres.

Il y aura donc dans chacun de ces petits Arbres un *Siege* du Sentiment, & ce Siege renfermera un Germe indestructible, destiné à conserver l'Etre du Végétal, & à le restituer un jour sous une nouvelle Forme.

Il est possible que *l'Etat Futur* de notre Globe ne comporte point cette réunion
de

de plusieurs Touts Individuels dans un même Assemblage organique, & que chacun de ces Touts soit appellé alors à exister à part, & à exercer séparément des Fonctions d'un tout autre genre, & beaucoup plus relevées que celles qu'il exerce aujourd'hui.

Mais, comme la Faculté *loco-motive* entre pour beaucoup dans la Perfection des Etres Organisés & Sentans, si la Plante est douée de quelque *Sensibilité*, si elle est un Etre *perfectible* ; il y a lieu de penser, que dans son nouvel état elle pourra se transporter d'un lieu dans un autre au gré de ses desirs, & opérer à l'aide de ses nouveaux Organes des Choses dont nous ne pouvons nous former aucune Idée.

CINQUIEME PARTIE.

APPLICATION AUX ZOOPHYTES.

Tandis que la Troupe nombreuse des Nomenclateurs & des Faiseurs de *Regles générales* pensoit avoir bien caractérisé l'*Animal*, & l'avoir distingué exactement du *Végétal* ; les Eaux sont venues nous offrir une Production organique, qui réunit aux principales Propriétés du *Végétal*, divers Traits qui ne paroissent convenir qu'à l'*Animal*. On comprend que je parle de ce fameux *Polype à Bras*, dont la découverte a tant étonné les Physiciens, & plus embarrassé encore les Métaphysiciens.

A sa suite, ont bientôt paru beaucoup d'autres Especes d'Animaux, de Classes

& de Genres différens, les uns *aquatiques*, les autres *terrestres*, & dans lesquels on a retrouvé avec surprise les mêmes *Propriétés*.

Ce sont ces Propriétés qui ont fait donner à plusieurs de ces Animaux le nom général de *Zoophytes* : nom assez impropre, car ils ne sont point des *Animaux-Plantes* ; ils sont ou paroissent être de vrais Animaux, mais qui ont plus de rapports avec les Plantes que n'en ont les autres Animaux.

Je me copierois moi-même, & je sortirois de mon Sujet, si je retraçois ici en abrégé l'Histoire du *Polype*. Je m'en suis beaucoup occupé dans mes *Considérations sur les Corps Organisés* (*) & dans ma *Contemplation de la Nature*. (†) D'ailleurs, qui ignore aujourd'hui que le moindre fragment du Polype peut devenir en assez peu de temps un Polype parfait ? Qui ignore que le Polype met ses Petits au jour, à peu près comme un Arbre y met ses Branches ? Qui ignore

(*) Tom. I, Chap. IV, XI, XII. Tom. II, Chap. II, III, IV.
(†) Part. III, Chap. XIII. Part. VIII, Chap. XV. Part. IX, Chap. I.

enfin que cet Insecte singulier peut être *greffé* sur lui-même ou sur un Polype d'Espece différente, & tourné & retourné comme un Gant ?

On sait encore, que pendant que le *Polype-Mere* pousse un *rejeton*, celui-ci en pousse d'autres plus petits ; ces derniers en poussent d'autres encore, &c. Tous tiennent à la Mere comme à leur Tronc principal, & les uns aux autres comme Branches ou comme Rameaux. Tout cela forme un Arbre en miniature, la nourriture que prend un Rameau passe bientôt à tout l'Assemblage organique. La Mere & les Petits semblent donc ne faire qu'un seul Tout, & composer une espece singuliere de Société animale, dont tous les Membres participent à la même Vie & aux mêmes Besoins.

Mais il y a cette différence essentielle entre l'*Arbre végétal* & l'*Arbre animal*, que dans le premier, les Branches ne quittent jamais le Tronc, ni les Rameaux les Branches ; au lieu que dans le second, les Branches & les Rameaux se séparent d'eux-mêmes de leur *Sujet*, vont vivre à part, & donner ensuite naissance à de nouvelles Végétations pareilles à la premiere.

L'Art peut faire du Polype une *Hydre* à plusieurs Têtes & à plusieurs Queues, & s'il abat ces Têtes & ces Queues, elles donneront autant de Polypes parfaits. L'Imagination féconde d'OVIDE n'avoit pas été jusques-là.

Ce n'est qu'accidentellement qu'il arrive quelquefois au Polype de se partager de lui-même par morceaux ; mais il est une Famille nombreuse de très-petits Polypes, qui forment de jolis Bouquets, dont les Fleurs sont en Cloche, & qui se propagent en se partageant d'eux-mêmes. Chaque Cloche se ferme, prend la forme d'une Olive, & se partage suivant sa longueur en deux Olives plus petites, qui prennent ensuite la forme de Cloche. Toutes les Cloches tiennent par un Pédicule effilé à un Pédicule commun. Toutes se divisent & se subdivisent successivement de deux en deux, & multiplient ainsi les Fleurs du Bouquet. Les Cloches se séparent d'elles-mêmes du Bouquet, & chacune va en nageant se fixer ailleurs, & y produire un nouveau Bouquet.

D'autres Especes de très-petits *Polypes* se propagent de même en se partageant en deux; mais d'une maniere différente de celle des Polypes à *Bouquet*, dont je viens de parler.

※ ※

VOILA une ébauche bien groffiere des principaux Traits qui caractérifent quelques Efpeces de Polypes d'Eau douce. Ceux de mes Lecteurs qui n'auront pas une Idée affez nette de leur Hiftoire, pourront confulter le Chapitre XI du Tome I de mes *Corps Organifés*, & les Chapitres XI, XII, XIII, XV de ma *Contemplation*, Part. VIII.

S'il n'eft pas démontré que les *Plantes* font abfolument privées de *Sentiment*, il l'eft bien moins encore que les *Polypes* n'en foient point doués. Nous y découvrons des chofes qui paroiffent fe réunir pour conftater leur *Senfibilité*. Tous font très-voraces, & les mouvemens qu'ils fe donnent pour faifir ou engloutir leur proie, femblent ne pouvoir convenir qu'à de véritables Animaux.

Mais fi les Polypes font *fenfibles*, ils ont une *Ame*; & s'ils ont une Ame, quelle foule de difficultés naît de la fuppofition que cette Ame exifte! J'ai montré dans le Chapitre III du Tome II de mes *Corps Organifés*, & dans la Préface de ma *Contemplation*, pag. XXIX (*) &c. à quoi se réduisent principalement ces difficultés, & j'ai essayé le premier d'en donner des solutions conformes aux Principes d'une saine Philosophie.

En raisonnant donc sur la supposition si naturelle, que les Polypes sont au nombre des Etres *Sentans*, nous admettrons que l'Ame de chaque Polype a été logée dès le commencement dans le *Germe* dont le Corps du petit Animal tire son origine.

J'ai eu soin d'avertir qu'il ne falloit pas prendre ici le mot de *Germe* dans un sens trop resserré, & se représenter le *Germe* comme un Polype réduit extrêmement en petit, & qui n'a qu'à se développer pour se montrer tel qu'il doit être. J'ai pris le mot de *Germe* dans un sens beaucoup plus étendu, pour toute *Préformation organique* dont un *Polype* peut résulter comme de son *Principe immédiat*. *Contemplation*, Préf. pag. XXIX. (†)

(*) Voyez dans ces *Opufcules*, le petit Ecrit intitulé *Tableau des Confidérations*, Art. XVI.
(†) *Tableau des Confidérat.* XV.

P iv

J'ai averti encore, que l'*Analogie* ne nous éclairoit point sur la véritable nature des Polypes à *Bouquet*, & j'en ai dit la raison *ibid.* Part. VIII. Chap. XVI. Ces Polypes ont été construits sur des Modeles qui ne ressemblent à rien de ce que nous connoissons dans la Nature. On diroit qu'ils occupent les plus bas degrés de l'Echelle de l'*Animalité*. Nous ne nous y méprendrons pas néanmoins, & nous présumerons qu'il peut exister des Animaux bien moins *Animaux* encore, & placés beaucoup plus bas dans l'Echelle.

On découvre dans différentes sortes d'*Infusions*, à l'aide des Microscopes, des Corpuscules vivans, que leurs mouvemens & leurs diverses apparences ne permettent guere de ne pas regarder comme de vrais Animaux. Ce sont les *Patagons* de ce Monde d'Infiniment - petits, que leur effroyable petitesse dérobe trop à nos Sens & à nos Instrumens. C'est même beaucoup que nous soyons parvenus à appercevoir de loin les Promontoires de ce Nouveau Monde, & à entrevoir au bout de nos Lunettes quelques - uns des Peuples qui l'habitent. Parmi ces Atomes animés, il en est probablement que nous jugerions bien moins *Animaux* encore que les Polypes, si nous pouvions pénétrer dans le secret de leur Structure, & y contempler l'Art infini avec lequel l'AUTEUR de la Nature a sû dégrader de plus en plus l'*Animalité* sans la détruire. On voudra bien consulter ce que j'ai exposé sur ces *Dégradations* de l'Animalité, Chap. XVI, Part. VIII de la *Contemplation*.

✼

JE ne puis dire où réside le *Siege* de l'Ame dans le Polype à Bras ; bien moins encore dans les Polypes à *Bouquet*, & dans ceux qui leur sont analogues. Combien l'Organisation de ces petits Animaux, qui semblent n'être qu'une Gelée épaissie, differe-t-elle de celle des Animaux, que leur grandeur & leur consistance soumet au Scalpel de l'Anatomiste !

Mais si les Polypes ont une *Ame*, il faut que cette Ame reçoive les impressions qui se font sur les divers points du Corps auquel elle est unie. Comment pourroit-elle pourvoir autrement à la conservation de son Corps ? Seroit-il donc *absurde* de penser, qu'il est quelque part, dans le Corps du Polype, un Organe qui communique à toutes les Parties, & par lequel l'Ame peut agir fur toutes les Parties ?

Cet Organe, quelles que foient fa place & fa ftructure, peut en renfermer un autre que nous confidérerons comme le *véritable Siege* de l'Ame, que l'Ame n'abandonnera jamais, & qui fera l'Inftrument de cette *Régénération Future*, qui élevera le Polype à un degré de Perfection que ne comportoit point *l'Etat préfent* des Chofes.

En fimplifiant de plus en plus l'Organifation dans les Etres *animés*, le CRÉATEUR a refferré de plus en plus chez eux la Faculté *de fentir* ; car les limites phyfiques de cette Faculté font toujours dans l'Organifation. Si donc l'on fuppofe que le Polype a été réduit au feul *Sens* du *Toucher*, fon Ame ne pourra éprouver que les feules *Senfations* attachées à l'exercice de ce Sens. Et fi le Polype eft en même temps privé de la Faculté *locomotive*, fon *Toucher* s'appliquant par cela même à un nombre de Corps beaucoup plus petit, & à des Corps beaucoup moins diverfifiés, fes Senfations feront bien moins nombreufes & bien moins variées que celles des Polypes doués de la Faculté de *se mouvoir*.

Mais si le *Siege* de l'Ame du Polype renferme les Elémens de nouveaux *Organes* & de nouveaux *Sens*, cette Ame éprouvera, par leur Développement & par leur ministere de nouvelles Sensations, & des Sensations d'un nouvel Ordre, qui reculeront les limites de sa Faculté *de Sentir*, & ennobliront de plus en plus l'Etre du Polype.

Je l'ai dit ; c'est sur-tout par le nombre & la perfection des *Sens*, que l'Animal est le plus *Animal*. Il l'est d'autant plus qu'il *sent* davantage, & il sent d'autant plus, que ses Organes sont plus multipliés & diversifiés.

SIXIEME PARTIE.

IDÉES
SUR
L'ÉTAT PASSÉ
DES
ANIMAUX,
ET A CETTE OCCASION
SUR LA CRÉATION
ET SUR
L'HARMONIE DE L'UNIVERS.

J'AI touché au commencement de cet Ecrit, à une grande Révolution de notre Globe, qui pourroit avoir précédé celle que l'Auteur Sacré de la Genese a si noblement décrite. Je n'ai pas indiqué les raisons qui rendent cette Révolution probable, & qui doivent nous porter à reculer beaucoup la naiſſance de notre Monde. Ce détail intéreſſant m'auroit mené trop loin, & m'auroit trop détourné de mon Objet principal.

Ceux qui ſe ſont un peu occupés de la *Théorie de la Terre*, ſavent qu'on trouve par-tout ſur ſa ſurface & dans ſes entrailles des amas immenſes de ruines, qui paroiſſent être celles d'un ancien Monde, dont l'*état* différoit, ſans doute, par bien des caracteres de celui du Monde que nous habitons.

Mais il n'eſt pas néceſſaire d'avoir beaucoup médité ſur la Théorie de la Terre, pour ſe perſuader que MOYSE ne nous a point décrit la premiere Création de notre Globe, & que ſon Hiſtoire n'eſt que celle d'une nouvelle Révolution que la Planete avoit ſubi, & dont ce grand Homme expoſoit très en raccourci les Traits les plus frappans ou les principales *Apparences*.

Graces aux belles découvertes de l'Aſtronomie moderne, on ſait qu'il eſt des Planetes dont la grandeur ſurpaſſe pluſieurs centaines de fois celle de notre

Terre. On sait encore que cette petite Planete que nous habitons & qui nous paroît si grande, est un million de fois plus petite que le Soleil autour duquel elle circule. On sait enfin, que les Étoiles, qui ne nous paroissent que des Points lumineux, sont autant de *Soleils* semblables au nôtre, & qui éclairent d'autres Mondes que leur prodigieux éloignement dérobe à notre vue.

Qu'on réfléchisse un peu maintenant sur l'immensité de l'Univers, sur l'étonnante grandeur de ces Corps qui roulent si majestueusement dans l'Espace, sur leur nombre presqu'infini, sur les distances énormes de ces Soleils, qui ne nous les laissent appercevoir que comme des Points étincelans dont la voûte azurée est parsemée; & qu'on se demande ensuite à soi-même ce qu'est la Terre au milieu de cette Graine de Soleils & de Mondes ? ce qu'est un Grain de Mil dans un vaste grenier, & moins encore.

Si après s'être fortement pénétré de la grandeur de l'Univers & de la magnificence de la Création, l'on vient à lire avec réflexion le premier Chapitre de la *Genese*, on se convaincra de plus en plus de la Vérité de cette Opinion philosophique, que je soumets ici au jugement du Lecteur éclairé.

DIEU dit (*) *qu'il y ait des Luminaires dans l'Etendue, afin d'éclairer la Terre; & il fut ainsi. DIEU donc fit deux grands Luminaires; le plus grand pour dominer sur le jour; le moindre pour dominer sur la nuit. Ce fut le quatrieme jour.*

Quand on a quelques Notions du Systême des Cieux, on sent assez combien il est peu probable que la Terre ait été créée avant le Soleil, auquel elle est si manifestement subordonnée. Il seroit superflu de s'étendre sur ceci. Ce n'est donc probablement ici qu'une simple *apparence*. Dans ce Renouvellement de notre Globe, le Soleil n'*apparut* que le quatrieme jour.

DIEU (†) *fit aussi les Etoiles. Il les mit dans l'Etendue pour éclairer la Terre.* Il est bien évident que MOYSE comprend ici sous la dénomination générale d'*Etoiles*, les Etoiles *errantes* ou les *Planetes*.

(*) *Gen.* I. 14, 15, 16. 19.
(†) Ibid. 16, 17.

DIEU *fit donc le quatrieme jour* les Etoiles & les Planetes, & IL les fit *pour éclairer la Terre*. Quoi! la SAGESSE SUPRÊME auroit fait des milliards de Globes immenses de Feu, des milliards de *Soleils* pour éclairer.... que dirai-je? un grain de poussiere, un Atome.

Conçoit-on que si MOYSE eût connu ce qu'étoient les Etoiles & les Planetes, il eût dit ; *DIEU fit aussi les Etoiles*, & qu'il eût ajouté simplement, *pour éclairer la Terre?* Ce n'est donc encore ici qu'une *pure apparence*. L'Historien Sacré ne décrivoit point la Création des Cieux, mais il traçoit les diverses Périodes d'une Révolution renfermée dans les bornes étroites de notre petite Planete.

Ce seroit choquer autant le Sens commun que le respect dû à l'Ecriture, que de prétendre infirmer l'Autorité de MOYSE, précisément parce qu'il n'a pas parlé la Langue de COPERNIC. Il parloit une plus belle Langue encore : il annonçoit le premier au Genre Humain l'*Unité* & l'*Eternité* du GRAND ÊTRE. Il peignoit sa *Puissance* avec le Pinceau du CHÉRUBIN. DIEU dit : (*) *que la Lumiere soit* ;

(*) *Gen.* I. 3.

& *la Lumiere fut*, il s'élançoit d'un vol rapide vers la CAUSE PRÉMIERE, & enseignoit aux Hommes le Dogme si important & si philosophique, de la *Création de l'Univers*. Le plus ancien & le plus respectable de tous les Livres, est aussi le seul qui commence par ces expressions dont la simplicité répond si bien à la simplicité de cet *acte unique*, qui a produit l'Universalité des Etres : *Au* (*) *commencement DIEU créa les Cieux & la Terre.*

Une seule chose étoit essentielle au Plan de l'Historien de la Création ; c'étoit de rappeller l'Univers à son AUTEUR, l'*Effet* à sa CAUSE. Cet Historien l'a fait ; & l'Athée l'admireroit, si l'Athée étoit Philosophe. Cet Historien n'étoit pas appellé à dicter au Genre Humain des Cahiers d'Astronomie ; mais il étoit appellé à lui tracer en grand les premiers Principes de cette Théologie sublime, que l'Astronomie devoit enrichir un jour, & dont il étoit réservé à la Métaphysique de démontrer les grandes Vérités. Tout ce qu'il y a de beautés & d'élévation dans la Métaphysique moderne est concentré

(*) *Gen.* Chap. I. v. 1.

dans cette Penſée étonnante, JE SUIS CELUI QUI EST. (*)

Je puis donc ſans manquer au reſpect qui eſt dû à tant de titres au premier des Auteurs Sacrés, ſuppoſer que la *Création* de notre Globe a précédé d'un temps indéfini, ce *Renouvellement* dont la *Geneſe* nous préſente les divers aſpects. La SAGESSE QUI a préſidé à la formation de l'Univers, n'a révélé aux Hommes que ce que leur Raiſon n'auroit pu découvrir par elle-même, ou qu'elle auroit découvert trop tard pour leur Bonheur, & ELLE a abandonné aux progrès de l'Intelligence humaine tout ce qui étoit enveloppé dans la Sphere de ſon Activité.

※

La Philoſophie nous donne les plus hautes Idées de l'*Univers*. Elle nous le repréſente comme la Collection *Syſtématique* ou harmonique de tous les Êtres créés. Elle nous apprend qu'il n'eſt un *Syſtême*, que parce que toutes ſes Pieces s'engraînant, pour ainſi dire, les unes dans les autres, concourent à produire

Exod. III. 14.

ce Tout *unique*, qui dépose si fortement en faveur de l'UNITÉ & de l'INTELLIGENCE de la CAUSE PREMIERE.

Comme rien ne sauroit exister sans une *Raison suffisante*; c'est une conséquence nécessaire de ce grand Principe, que tout soit *lié* ou *harmonique* dans l'Univers. Ainsi rien n'y est solitaire ou séparé; car s'il existoit un Etre absolument *isolé*, il seroit impossible d'assigner la *Raison suffisante* de l'existence d'un tel Etre. Et il ne faudroit pas dire que DIEU a voulu le créer *isolé*; parce que la VOLONTÉ DIVINE ne peut ELLE-même se déterminer sans *Raison suffisante*, & qu'il n'y en auroit point pour créer un Etre, qui ne tiendroit absolument à rien, & pour le créer avec telles ou telles Déterminations particulieres.

L'Existence & les Déterminations particulieres de chaque Etre, sont toujours en rapport à l'Existence & aux Déterminations des Etres correspondans ou voisins. Le Présent a été déterminé par le Passé; le Subséquent, par l'Antécédent. Le Présent détermine l'Avenir. L'Harmonie *Universelle* est ainsi le *Résultat* de toutes les Harmonies *particulieres* des Etres coexiſtans & des Etres *ſucceſſifs*.

Une *Force* répandue dans toutes les Parties de la Création, anime ces grandes Maſſes ſphériques, dont l'aſſemblage compoſe ces divers Syſtêmes *Solaires*, que nous ne parvenons point à dénombrer, & dont nous ne découvrons que les *Foyers* ou les Soleils.

En vertu de cette Force, notre Soleil agit ſur les Planetes & ſur les Cometes du *Syſtéme* auquel il préſide. Les Planetes & les Cometes agiſſent en même temps ſur le Soleil & les unes ſur les autres. Notre Syſtême Solaire agit ſur les *Syſtêmes* voiſins : ceux-ci font ſentir leur action à des *Syſtêmes* plus éloignés ; & cette Force, qui les anime tous, pénetre ainſi de Syſtême en Syſtême, de Maſſe en Maſſe, juſqu'aux extrémités les plus reculées de la Création.

Non-ſeulement tous les Syſtêmes & tous les grands Corps d'un même Syſtême, ſont *harmoniques* entr'eux ; ils le ſont encore dans le rapport à la *Coordination* & aux Déterminations des divers Etres qui peuplent chaque Monde Planétaire.

Tous ces Etres gradués ou nuancés à l'infini, ne composent qu'une même *Echelle*, dont les Degrés expriment ceux de la Perfection *corporelle* & de la Perfection *intellectuelle*, que renferme l'Univers.

L'*Univers* est donc la *Somme* de toutes les Perfections réunies & combinées; & le Signe *représentatif* de la PERFECTION SOUVERAINE.

Un Philosophe qui aura médité profondément sur ces Objets sublimes, pourra-t-il jamais admettre que DIEU a créé l'Univers piece après piece? qu'IL a créé la Terre dans un temps, le Soleil dans un autre? Qu'IL a fait un jour une Etoile, puis une autre? &c. L'INTELLIGENCE SUPRÊME qui embrasse d'une seule vue l'Universalité des Choses opéreroit-elle *successivement* comme les Natures finies? Cette VOLONTÉ ADORABLE, qui *appelle les choses qui ne sont point, comme si elles étoient*, pouvoit-ELLE ne pas *réaliser* tout par un acte *unique*? ELLE a dit, & l'Univers a été.

Comme il seroit de la plus grande absurdité de supposer, que dans la premiere

Formation des Animaux, DIEU a commencé par créer le Cœur, puis les Poumons, ensuite le Cerveau, &c. je ne pense pas, qu'il fût moins absurde de supposer, que dans la Formation de l'Univers, DIEU a commencé par créer une Planete, puis un Soleil, ensuite une autre Planete, &c. Seroit-ce donc qu'on imagineroit que l'Univers seroit moins *harmonique*, j'ai presque dit, moins *organique* qu'un *Animal?*

Je n'affirmerai pas, qu'au premier instant de la Création, tous les Corps célestes étoient précisément disposés les uns à l'égard des autres, comme ils le sont aujourd'hui. Cette disposition primitive a pu souffrir bien des changemens par une suite naturelle des mouvemens de ces Corps & de la combinaison de leurs Forces. Mais la SAGESSE DIVINE a prévu & approuvé ces changemens, comme ELLE a prévu & approuvé ce nombre presqu'infini de Modifications diverses, qui naissent de la Structure ou de l'Organisation primitives des Etres propres à chaque Monde.

Toutes les Pieces de l'Univers sont donc *contemporaines.* La VOLONTÉ EFFI-

CACE a *réalisé* par un seul acte, tout ce qui pouvoit l'être. ELLE ne *crée* plus; mais ELLE *conserve*, & cette *conservation* sera, si l'on veut, une Création *continuée*.

❧

COMME les Corps Organisés ont leurs *Phases* ou leurs Révolutions particulieres; les Mondes ont aussi les leurs. Nos Lunettes paroissent nous en avoir découvert dans quelques-uns de ces grands Corps qui pendent au Firmament. Notre Terre a donc eu aussi ses *Révolutions*. Je ne parle pas de ces Révolutions plus ou moins graduelles qui s'operent de Siecles en Siecles, par le concours de différentes Causes: ces sortes de Révolutions ne sont jamais que *partielles* ou locales. De ce nombre sont les divers changemens qui peuvent survenir & qui surviennent à notre Globe par l'intervention de la Mer, des Volcans, des Tremblemens de Terre, &c. Je parle de ces Révolutions *générales* d'un Monde, qui en changent entiérement la Face, & qui lui donnent un nouvel Etre. Telle a été cette Révolution de notre Planete que MOYSE a consacré dans ses Annales.

Je prends ici la Terre au temps du *Chaos*, à ce temps où, selon le Texte Sacré, *elle étoit sans forme & vuide.* (*) Je suppose toujours que MOYSE ne nous a pas *décrit* la premiere Création de l'Univers, & j'ai indiqué les fondemens de cette supposition. Je puis donc admettre sans absurdité, que la Terre avoit existé sous une autre Forme, avant ce temps où l'Historien Sacré la représente comme *vuide*, c'est-à-dire, comme dépourvue, au moins en apparence, de toute Production.

Mais si la Terre existoit avant cette Epoque, on m'accordera facilement, qu'il n'est pas probable qu'elle fût alors absolument nue, absolument destituée de Productions; en un mot, un vaste & aride désert : Seroit-elle sortie ainsi des MAINS du CRÉATEUR ? La SAGESSE auroit-ELLE fait une Boule toute nue, uniquement pour la faire rouler autour du Soleil, & réfléchir un peu de lumiere à d'autres Planetes ? Je m'assure, qu'on préférera de supposer avec moi, que la Terre étoit alors, comme aujourd'hui, enrichie d'une infinité de Productions diverses, assorties

(*) *Gen. I. 2.*

à cet État *primitif* qu'elle tenoit immédiatement de la *Création*.

Nous ignorons profondément les Caufes foit *intérieures*, foit *extérieures* qui ont pu changer la Face de ce premier Monde, le faire paffer par l'Etat de *Chaos*, pour le reftituer enfuite fous une Face toute nouvelle. En qualité de *Planete*, la Terre fait partie d'un grand Syftême Planétaire; la place qu'elle y occupe a pu l'expofer à des rencontres qui ont influé plus ou moins fur fon Economie originelle. Elle pouvoit renfermer dans fon fein, dès le commencement, des Caufes propres à modifier ou à changer plus ou moins cette Economie.

Ce Changement entroit dans le Plan de cette SAGESSE ADORABLE QUI a préformé les Mondes dès le commencement, comme ELLE a préformé les Plantes & les Animaux.

Mais fi la VOLONTÉ DIVINE a créé par un *feul* Acte l'Univerfalité des Etres, d'où venoient ces Plantes & ces Animaux, dont MOYSE nous décrit la production au troisieme & au cinquieme jour du renouvellement de notre Monde.

Abuserois-je de la liberté de conjecturer, si je disois, que les Plantes & les Animaux qui existent aujourd'hui, sont provenus par une sorte d'*Evolution* naturelle des Êtres Organisés, qui peuploient ce premier Monde sorti immédiatement des MAINS du CRÉATEUR ?

Je vais développer ma pensée. Le Lecteur éclairé voudra bien ne me juger que sur la Chaîne entiere des Idées que lui présente cet Ecrit.

Dans ce Principe si philosophique, que la Création de l'*Univers* est l'Effet immédiat d'un Acte unique de la VOLONTÉ EFFICACE; il faut nécessairement que cette VOLONTÉ ait placé dès le commencement dans chaque Monde, les Sources des Réparations de tout genre, qu'exigeoient les *Révolutions* que chaque Monde étoit appellé à subir.

Ainsi, je conçois que DIEU a préformé originairement les Plantes & les Animaux dans un Rapport déterminé aux diverses

Révolutions qui devoient survenir à notre Monde, en conformité du Plan général que SA SAGESSE avoit conçu de toute éternité.

L'INTELLIGENCE pour qui il n'y a ni Passé ni Avenir, parce que tous les Siecles sont présens à la fois devant ELLE ; l'INTELLIGENCE pour qui la Totalité des Choses coexistantes & des Choses successives n'est qu'une simple *Unité*; cette INTELLIGENCE, dis-je, auroit-ELLE attendu que les Evénemens l'instruisissent de ce qu'exigeoient la conservation & la perfection de son Ouvrage ?

Le *Propre* de l'Intelligence est d'établir des *Rapports* entre toutes les Choses. Plus ces Rapports sont nombreux, variés, conspirans ; plus la *Fin* est noble, grande, élevée, & plus il y a d'intelligence dans l'Auteur de ces Choses.

La RAISON ÉTERNELLE est essentiellement tout *Harmonie*. ELLE a imprimé cet auguste Caractere à toutes SES Œuvres. Toutes sont *harmoniques* entre elles ; toutes le sont à l'Univers entier ; toutes conspirent, convergent à la grande, à la sublime Fin, le Bonheur général, le plus grand Bonheur possible de tous les Etres Sentans, & de tous les Etres Intelligens.

Ces vastes Corps qui composent les Systêmes *Solaires* n'ont pas été créés pour eux-mêmes; ils n'étoient que des amas immenses de Matieres brutes, incapables de sentir le Bienfait de la Création. Ils ont été créés pour les Etres Sentans & pour les Etres Intelligens qui devoient les habiter, & y goûter chacun à sa maniere les douceurs de l'Existence.

Il falloit donc que les Mondes fussent en Rapport les uns avec les autres; que chaque Monde fût en Rapport avec les Etres qui devoient le peupler, & que ces Etres eux-mêmes fussent en Rapport avec le Monde qu'ils devoient peupler.

L'UNIVERS est donc, en quelque sorte, *tout d'une Piece*: il est *Un* au sens le plus philosophique. Le GRAND OUVRIER l'a donc formé *d'un seul Jet*.

La *Terre*, cette Partie *infinitésimale* de l'Univers, n'a donc pas reçu dans un temps, ce qu'elle ne poffédoit pas dans un autre. Au même inftant qu'elle fut appellée du néant à l'Etre, elle renfermoit dans fon Sein les Principes de tous les Etres organifés & animés, qui devoient la peupler, l'embellir, & modifier plus ou moins fa furface.

J'entends ici par les *Principes* des Etres Organifés, les *Germes* ou Corpufcules primitifs & organiques, qui contiennent très en raccourci toutes les Parties de la *Plante* ou de l'*Animal* futurs.

Je conçois donc que les *Germes* de tous les Etres Organifés, ont été *originairement* conftruits ou calculés fur des *Rapports déterminés* aux diverfes *Révolutions* que notre Planete devoit fubir.

Ainfi, en fuppofant, qu'elle étoit appellée à fubir trois grandes Révolutions, j'admettrois que les Germes des Etres Organifés contenoient dès l'origine des Chofes, des Principes de Réparation, exactement correfpondans à ces trois Révolutions.

Si l'on vouloit admettre un plus grand

nombre de Révolutions (*) antérieures à ce *Chaos* dont parle le Texte Sacré, j'admettrois auſſi un nombre de *Principes de Réparation* exactement proportionnel.

Ces *Principes* feront donc toujours des *Germes*, & ces Germes auront été renfermés originairement les uns dans les autres.

Ne fuppoſons que trois Révolutions. La Terre vient de fortir des MAINS du CRÉATEUR. Des Cauſes préparées par SA SAGESSE font développer de toutes parts les Germes. Les Etres Organiſés commencent à jouir de l'Exiſtence. Ils étoient probablement alors bien différens de ce qu'ils ſont aujourd'hui Ils l'étoient autant que le premier Monde différoit de celui que nous habitons. Nous manquons de moyens pour juger de ces diſſemblances, & peut-être que le plus habile Na-

---

(*) Quelque nombre de Révolutions qu'on veuille admettre, il eſt bien évident que ce nombre ne ſauroit être *infini*. Il n'eſt point de nombre *infini* ; il n'eſt point de progreſſion *à l'infini*, & dans une *ſuite* quelconque il y a *néceſſairement* un *premier terme*. L'opinion que j'expoſe ici ne favoriſe donc point celle de l'*Éternité* du Monde.

turaliste qui auroit été placé dans ce premier Monde, y auroit entiérement méconnu nos Plantes & nos Animaux.

Chaque Individu soit *Végétal*, soit *Animal*, renfermoit donc un Germe *indestructible* par les Causes qui devoient détruire le Corps *grossier* de l'Individu, & encore par celles qui devoient détruire le premier Monde & le convertir en *Chaos*.

Nous ignorons profondément quelles ont été les Causes naturelles qui ont détruit le premier Monde; comment & jusqu'à quel point elles ont agi sur le Globe. Il ne nous reste aucun Monument certain d'une si haute Antiquité. Les divers Faits que la Géographie *Physique* recueille sur ce Sujet si ténébreux, loin de l'éclaircir un peu, n'offrent au Physicien que des Questions interminables. Tout ce que nous savons, & que nous apprenons de la *Genese*, (*) c'est qu'au temps du *Chaos*, notre Globe étoit entiérement couvert d'Eau, *& qu'au second jour*,

---

(*) Chap. I. v. 2, 9, 10.

DIEU dit : *Que les Eaux qui sont au-dessous des Cieux soient rassemblées en un lieu, & que le sec paroisse ; & il fut ainsi.* L'Historien du second Monde ajoute dans son Style noble & concis : *Et DIEU nomma le Sec, Terre; & l'Amas des Eaux, Mer; & DIEU vit que cela étoit bon.*

Nous ne savons donc point si le premier Monde avoit été converti en *Chaos* par un *Déluge*, ou si ce Déluge n'étoit point plutôt l'effet de la Cause ou des Causes qui avoient opéré la Révolution. Nous n'avons point d'Historien de ce premier Monde.

Quoi qu'il en soit, tous les Etres Organisés qui peuploient le premier Monde furent détruits, au moins en apparence, & tout fut confondu dans cet Abyme d'Eau qui couvroit la Terre.

On entrevoit assez pourquoi je dis que les Etres Organisés du premier Monde, ne furent détruits *qu'en apparence* : ils se conserverent dans ces Germes impérissables, destinés des l'Origine des Choses à peupler le second Monde.

Le

Le *Chaos* se débrouille : les Eaux se séparent des Continens. (*) *La Terre pousse son jet : elle produit des Herbes & des Arbres portant leur Semence en eux-mêmes. Les Eaux produisent en abondance les Poissons & les grandes Baleines. Les Oiseaux volent sur la Terre vers l'étendue des Cieux. La Terre produit des Animaux selon leur Espece, le Bétail, les Reptiles.*

Ainsi, par une suite des Lois de la SAGESSE ÉTERNELLE, tout reprend un nouvel Etre. Un autre Ordre de Choses succede au premier : le Monde est repeuplé, & prend une nouvelle Face : les Germes se développent : les Etres Organisés retournent à la Vie : le Regne Organique commence une seconde Période, & la fin de cette Période sera celle du second Monde, de ce Monde dont l'Apôtre a dit ; (†) *qu'il est réservé pour le Feu, & auquel succéderont de nouveaux Cieux & une nouvelle Terre.*

Je le répete ; notre Monde peut avoir subi bien d'autres Révolutions avant celle à laquelle il doit son Etat actuel. Le Regne organique pourroit donc avoir subi une suite de Révolutions paralleles, & avoir

(*) *Gen.* I. 6, 7, 11, 12, 20, 21, 24.
(†) *Pier.* II, C. III. 7, 13.

Tome I.   R

conservé constamment cette sorte d'*Unité*, qui fait de chaqu'Espece un Tout unique & toujours subsistant, mais appellé à revêtir de Périodes en Périodes de nouvelles Formes ou de nouvelles *Modalités*.

Ces Révolutions multipliées auront modifié de plus en plus la forme & la Structure primitives des Etres Organisés, comme elles auront changé de plus en plus la Structure extérieure & intérieure du Globe. Je l'ai dit ; je me persuade facilement que si nous pouvions voir un Cheval, une Poule, un Serpent, sous leur premiere Forme, sous la Forme qu'ils avoient au temps de la Création, il nous seroit impossible de les reconnoître. La derniere Révolution apportera, sans doute, de bien plus grands changemens, & au Globe lui-même & aux divers Etres qui l'habitent.

L'ANTIQUITÉ du Monde pourroit être beaucoup plus grande que nous ne saurions l'imaginer. Il n'est pas bien décidé encore, si l'*Ecliptique* ne tend pas continuellement à s'approcher de l'*Equateur*. Des Observations délicates ont paru prouver à un grand Astronome, que l'Obliquité de l'Ecliptique diminue d'une *minute* dans un Siecle : en sorte que, pour arriver de l'Obliquité actuelle à sa confusion avec l'Equateur, il lui faudroit plus de cent quarante mille ans. En suivant toujours la même proportion, & en supposant 60 *minutes* ou un *Degré* pour six mille ans, ce Cercle auroit employé deux millions cent soixante mille ans à faire le tour entier en passant par les Pôles. (*) Et qui pourroit prouver qu'il n'a pas fait déjà plusieurs Révolutions entieres ?

Je supprime ici certains Faits d'Histoire Naturelle, qui semblent concourir avec ces présomptions astronomiques à donner au Monde une prodigieuse antiquité ; je voulois dire une effroyable antiquité.

Il seroit peut raisonnable d'alléguer contre cette antiquité du Monde, la nouveauté des Peuples, celle des Sciences & des Arts, & tout l'appareil de la Chronologie Sacrée. Je suis infiniment éloigné de vouloir infirmer le moins du monde cette Chronologie : je sais qu'elle est la base la plus solide de l'Histoire Ancienne : mais l'infirmerois-je, en avançant qu'elle n'est que celle d'une Révolution particuliere de notre Monde, & qu'elle ne pou-

(*) *Lettres de M. de* MAIRAN, *au P.* PARENNIN, *pag.* 112 *&* 113.

voit s'étendre au-delà ? S'il y avoit des Aſtronomes dans la Planete de *Vénus* ou dans celle de *Mars* avant la Révolution dont il s'agit, ils ont pu ſavoir quelque choſe des Révolutions antérieures. Nous-mêmes nous en ſerons probablement inſtruits, quand nous ſerons introduits dans cet heureux Séjour pour lequel nous ſommes faits, & vers lequel doivent tendre nos déſirs les plus vifs. C'eſt là que nous lirons dans l'Hiſtoire des Mondes, celle de la PROVIDENCE ; que nous contemplerons ſans nuages les merveilles de SES Œuvres, & que nous admirerons cette ſuite étonnante de Révolutions ou de Métamorphoſes, qui changent graduellement l'aſpect de chaque Monde, & diverſifie ſans ceſſe les Décorations de l'Univers.

Si DIEU eſt *immuable* ; ſi ce qu'IL a voulu, IL le veut encore & le voudra toujours ; s'IL a créé l'Univers par un ſeul acte de SA VOLONTÉ ; s'il n'y a point de nouvelle Création ; ſi tout eſt Révolution, Développement, Changement de Formes ; ſi DIEU a voulu de toute Eternité créer l'Univers... je ſuis effrayé... mes ſens ſe glacent.... je m'arrête.... je recule d'effroi.... je ſuis ſur le bord du plus épouvantable Abyme........

O Eternité ! Eternité qui as précédé le Temps, qui l'engloutiras comme un gouffre ; qui absorbes les Conceptions de toutes les Intelligences finies !........ Eternité ! un foible Mortel, un Atome pensant ose te nommer, & ton Nom est tout ce qu'il connoît de Toi. (*)

Qui pourroit nier, que la PUISSANCE ABSOLUE ait pu renfermer dans le premier Germe de chaque Etre Organisé la Suite des Germes correspondans aux diverses Révolutions que notre Planete étoit appellée à subir ? Le Microscope & le Scalpel ne nous montrent-ils pas les Générations emboîtées les unes dans les autres ? Ne nous montrent-ils pas le *Bouton* ménagé de loin sous l'Ecorce, le petit Arbre futur renfermé dans ce Bouton ; le *Papillon* dans la *Chenille*, le *Poulet* dans l'*Œuf*, celui-ci dans l'*Ovaire* ? Nous connoissons des Especes qui subissent un assez bon nombre de *Métamorphoses*, qui font revêtir à chaque Individu des Formes si variées, qu'elles paroissent en faire autant d'Especes différentes. Notre Monde

(*) On sent assez que ce que je dis ici de l'Eternité, ne tend point à faire penser que l'Univers soit une *émanation éternelle* de la DIVINITÉ. Je prie qu'on relise la *Note* que j'ai mise au bas de la page 254, & la maniere dont je me suis exprimé sur la Création, page 174.

R iij

a été apparemment sous la Forme de Ver ou de Chenille : il est à préfent fous celle de Chryfalide : la derniere Révolution lui fera revêtir celle de Papillon.

※

J'admets donc, comme l'on voit, un *Parallélifme* parfait entre le Syftême *Aftronomique* & le Syftême *Organique* ; entre les divers *Etats* de la Terre, confidérée comme *Planete* ou comme *Monde*, & les divers *Etats* des êtres qui devoient peupler ce Monde.

Ce Parallélifme me paroît tout auffi naturel, que celui que nous obfervons entre le *Développement* & les divers Degrés de *Température* qui l'accélerent, le retardent ou le fufpendent. Voyez comment l'*Evolution* & la *Propagation* des Plantes & des Animaux ont été enchaînées aux viciffitudes périodiques des *Saifons*. Tout eft Gradation, Rapport, Calcul dans l'Univers, & c'étoit très-philofophiquement, que le PLATON de la Germanie appelloit l'AUTEUR de l'Univers, l'ÉTERNEL GÉOMETRE.

SEPTIEME PARTIE.

IDÉES DE LEIBNITZ.
OBSERVATIONS SUR CES IDÉES.
JUGEMENT SUR CE PHILOSOPHE.

TEL est en raccourci le Point de vue sous lequel je me plais à considérer l'Univers : telle est la vaste & intéressante Perspective que je viens d'ouvrir aux yeux du Lecteur Philosophe. Cet Ecrit, que je consacre à l'accroissement des Plaisirs les plus nobles de la Raison humaine, sera, si l'on veut, une espece de Lunette à longue vue, avec laquelle mon Lecteur aimera, sans doute, à contempler l'Immensité & la Beauté des Œuvres du TOUT-

PUISSANT. Combien désirerois-je, que les Verres de cette Lunette, eussent été travaillés par une meilleure main! J'aurai au-moins tracé la construction de l'Instrument: des Opticiens plus habiles le perfectionneront.

Plus je m'arrête à contempler cette ravissante Perspective, & à parcourir ces Tréfors inépuisables d'INTELLIGENCE & de BONTÉ, & plus je m'étonne que des Philosophes, si capables de s'élever au-dessus des Opinions communes, ayent pu soutenir un instant l'Anéantissement des Animaux. Combien cette Opinion est-elle peu fondée en bonne Philosophie! combien est-elle mesquine! combien resserre-t-elle cette BONTÉ ADORABLE, qui comme un Fleuve immense, tend à inonder de Biens toutes les Créatures vivantes!

※

Je ne ferai point à un Auteur Anonyme, le reproche que je viens de faire à quelques Ecrivains, peut-être moins Philosophes que lui; mais moins hardis & plus circonspects. Je parle de l'Auteur d'un *Essai de Psychologie*, (*) qui parut

---

(*) *Essai de Psychologie, ou Considérations sur les Opérations de l'Ame, sur l'Habitude & sur l'Education;*

PHILOSOPHIQUE. *Part. VII.* 265
en 1755, & dont le Style souvent trop rapide & trop concis, a pu dérober à bien des Lecteurs des Principes, dont j'ai profité dans quelques-uns de mes Ecrits, & que j'ai tâché de mettre dans un jour plus lumineux. Si jamais cet Auteur publie une seconde Edition de son Livre, je ne saurois assez l'exhorter à en retoucher avec soin divers endroits, qui ne m'ont pas paru exacts, & dont il seroit trop facile d'abuser.

La Philosophie & la Bienveillance universelle de cet Auteur ne lui permettoient pas d'admettre l'Anéantissement des Brutes. Il s'est élevé avec vivacité contre cette Opinion, & a même insinué très-clairement cette *Restitution future* des Animaux, dont je me suis occupé dans cet Ecrit. Je dois transcrire ici ses propres termes. (†)

« L'Entendement des Bêtes, mainte-
» nant si resserré, s'étendra peut-être
» quelque jour. Vouloir que l'Ame des
» Bêtes soit mortelle, précisément parce

auxquelles on a ajouté des Principes philosophiques sur la CAUSE PREMIERE *& sur son Effet.* Londres 1755.
(†) Pag. 170, 179.

» que la Bête n'eſt pas Homme ; ce ſeroit
» vouloir que l'Ame de l'Homme fût mor-
» telle, préciſément parce que l'Homme
» n'eſt pas Ange.

» L'Ame des Bêtes & l'Ame de l'Hom-
» me ſont également indeſtructibles par
» les Cauſes ſecondes. Il faut un Acte
» auſſi poſitif de la DIVINITÉ pour
» anéantir l'Ame du Ver que pour anéan-
» tir celle du Philoſophe. Mais quelles
» preuves nous donne-t-on de l'anéantiſ-
» ſement de l'Ame des Bêtes ? On nous
» dit qu'elles ne ſont pas des *Etres Mo-*
» *raux.* N'y a-t-il donc que les Etres Mo-
» raux qui ſoient capables de Bonheur ?
» Les Etres qui ne ſont point Moraux ne
» ſauroient-ils le devenir ? A quoi tient
» cette *Moralité* ? A l'Uſage des Termes.
» A quoi tient cet Uſage ? Probablement
» à une certaine Organiſation. Faites
» paſſer l'Ame d'une Brute dans le Cer-
» veau d'un Homme, je ne ſais ſi elle ne
» parviendroit pas à y univerſaliſer ſes
» Idées. Je ne prononce point : il peut y
» avoir entre les Ames des différences
» relatives à celles qu'on obſerve entre
» les Corps. Voyez cependant quelle di-
» verſité le Phyſique met entre les Ames
» humaines.

» Pourquoi bornez-vous le Cours de
» la BONTÉ DIVINE ? ELLE veut faire
» le plus d'heureux qu'il est possible.
» Souffrez qu'ELLE éleve par degrés l'Ame
» de l'Huître à la Sphere de celle du
» Singe ; l'Ame du Singe à la Sphere
» de celle de l'Homme. »

❦

La Métaphysique sublime du grand LEIBNITZ, ne pouvoit manquer de lui persuader le Dogme philosophique de la *Survivance* de toutes les Ames, & leur union perpétuelle à des Corps *organiques*: aussi a-t-il soutenu ouvertement l'un & l'autre en divers endroits de ses Ecrits ; mais il s'en faut beaucoup qu'il se soit expliqué aussi disertement que notre Psychologue sur la *Restitution* & le *Perfectionnement* futurs des Animaux. Je prie qu'on me passe ce mot de *Perfectionnement* ; il rend ma pensée.

Je suis dans l'obligation de mettre ici sous les yeux de mes Lecteurs quelques Passages de LEIBNITZ, qui les aideront à juger de ses Principes sur cette belle Matiere, du degré de développement qu'il leur avoit donné, & du point dont il étoit parti. D'ailleurs, comme l'on pourroit soupçonner que j'ai puisé chez ce grand Homme la plupart de mes Idées sur l'Etat *Passé* & *Futur* des Animaux, il sera bon qu'on puisse comparer sa marche avec la mienne, ses Principes avec les miens, & juger de leurs différences.

« Quelques Philosophes, dit-il, (*)
» n'ont point osé admettre la Substance
» & l'indestructibilité des Ames des Bêtes
» ou d'autres Formes primitives, quoi-
» qu'ils les reconnussent pour indivisibles
» & immatérielles.

» Mais c'est qu'ils confondirent l'indes-
» tructibilité avec l'immortalité, par la-
» quelle on entend dans l'Homme, non
» seulement que l'Ame, mais encore que
» la personnalité subsiste, c'est-à-dire,
» en disant que l'Ame de l'Homme est
» immortelle, on fait subsister, ce qui
» fait que c'est la même personne, la-
» quelle garde ses qualités morales, en
» conservant la *Conscience* ou le Sentiment
» réflexif interne de ce qu'elle est ; ce
» qui la rend capable de châtiment &

(*) *Théodicée*, §. 89.

» de récompense. Mais cette conserva-
» tion de la personnalité n'a point de
» lieu dans l'Ame des Bêtes : c'est pour-
» quoi j'aime mieux dire qu'elles sont
» impérissables, que de les appeller im-
» mortelles. »

Je parlerai bientôt de l'effet de la *Moralité* à l'égard de la *Restitution Future* de l'Homme. Mais qu'il me soit permis de relever ici en passant, l'illustre Métaphysicien dont je transcris les paroles. Ne laisse-t-il point trop entendre, que la *conservation* de la Personnalité suppose la *Conscience réfléchie* ? Ne devoit-il pas distinguer ici deux sortes de *Personnalité* ? J'avois fait cette distinction philosophique dans mon *Essai Analytique*. « Il faut, avois-je dit, (*) distinguer
» deux sortes de *Personnalité* : la pre-
» miere est celle qui résulte simplement
» de la *liaison* que la *Réminiscence* met
» entre les Sensations *antécédentes* & les
» Sensations *subséquentes*, en vertu de
» laquelle l'Ame a le Sentiment des chan-
» gemens d'état par lesquels elle passe.

« La seconde espece de *Personnalité*
» est cette Personnalité *réfléchie*, qui con-

(*) §. 113.

» siste dans ce retour de l'Ame sur elle-
» même, par lequel, séparant en quel-
» que sorte de *soi* ses propres Sensa-
» tions, elle *réfléchit* que c'est elle qui
» les *éprouve*, ou qui les a *éprouvées*.
» L'Etre qui possede une telle Personna-
» lité, appelle *Moi*, ce qui est en lui
» qui *sent*; & ce *Moi*, s'incorporant
» pour ainsi dire à toutes les Sensations,
» se les *approprie* toutes, & n'en com-
» pose qu'une même *Existence*. »

J'ajoutois; (*) « on pourroit nommer
» *improprement dite*, la premiere espece
» de *Personnalité*, par opposition à celle
» de la seconde espece; & cette Per-
» sonnalité *improprement dite*, paroît
» convenir aux *Animaux*, & même à
» ceux qui sont le moins élevés dans
» l'Echelle. »

Je disois encore, (†) en relevant une
erreur du Psychologue que j'ai cité ci-
dessus; « en vain le *Singe seroit-il élevé*
» *à la Sphere de l'Homme*, s'il ne con-
» servoit aucun Sentiment de son pre-
» mier état: ce ne seroit plus le *même*

(*) §. 114.
(†) *Ibid.*

» Etre, ce feroit un *autre* Etre. Il en
» feroit de même de nous, fi la *Mort*
» rompoit toute liaifon entre notre état
» *terreftre* & cet état glorieux auquel
» nous fommes appellés. »

Je remarquerai enfin, que la maniere dont Leibnitz s'exprime ici fur l'Ame des Bêtes, ne donne pas lieu de penfer qu'il eût dans l'Efprit ce *Perfectionnement* que j'ai cru pouvoir admettre.

Il continue : « ce mal-entendu fur la
» différence de *l'indeftructibilité* & de
» *l'immortalité* des Ames, paroît avoir
» été caufe d'une grande inconféquence
» dans la Doctrine des Thomiftes & d'au-
» tres bons Philofophes, qui ont reconnu
» l'immatérialité ou l'indivifibilité de tou-
» tes les Ames, fans en vouloir avouer
» l'indeftructibilité, au grand préjudice
» de l'immortalité de l'Ame humaine....
» Je ne vois point pourquoi il y auroit
» moins d'inconvénient à faire durer les
» Atomes d'Epicure ou de Gaffendi, que
» de faire fubfifter toutes les fubftances
» véritablement fimples & indivifibles,
» qui font les feuls & vrais Atomes de
» la Nature. »

Je ferai obferver ici, qu'il ne s'agit pas dans mes Idées de la *fimple confervation* des Ames, mais qu'il y eft furtout queftion de la *Perfectibilité* & du *Perfectionnement Futur* de tous les *Etres-mixtes*. Quand LEIBNITZ compare ici la confervation ou la *durée* des Ames à celle des *Atomes*, il me femble qu'il refte trop au-deffous du point où fes Principes devoient naturellement le conduire. Il eft bien clair qu'un *Atome*, non plus qu'une *Ame*, ne fauroient être *anéantis* que par la même PUISSANCE QUI les a créés. Ceci devient plus évident encore, quand on n'admet dans la Nature, avec notre Philofophe, que des Subftances abfolument *fimples*; car des Subftances exemptes de toute *compofition*, ne peuvent être *décompofées* ou détruites par aucune Caufe feconde.

※

« OR, comme j'aime des maximes qui
» fe foutiennent, & où il y ait le moins
» d'exception qu'il eft poffible ; [c'eft tou-
» jours LEIBNITZ qui parle, (*)] voici
» ce qui m'a paru le plus raifonnable en

(*) *Théod.* §. 90.

tout

» tout-sens sur cette importante question :
» je tiens que les Ames, & généralement
» les substances simples, ne sauroient com-
» mencer que par la création, ni finir
» que par l'annihilation : & comme la
» formation des corps organiques animés
» ne paroît explicable dans l'ordre de la
» nature que lorsqu'on suppose une *pré-*
» *formation* déjà organique, j'en ai inféré
» que ce que nous appellons génération
» d'un animal, n'est qu'une transforma-
» tion & augmentation : ainsi, puisque le
» même corps étoit déjà organisé, il est
» à croire qu'il étoit déjà animé, & qu'il
» avoit la même Ame ; de même que je
» juge *vice versâ* de la conservation de
» l'Ame, lorsqu'elle est créée une fois,
» que l'Animal est conservé aussi, & que
» la mort apparente n'est qu'un envelop-
» pement ; n'y ayant point d'apparence
» que dans l'ordre de la nature il y ait
» des Ames entiérement séparées de tout
» corps, ni que ce qui ne commence point
» naturellement puisse cesser par les for-
» ces de la nature. »

J'ai du plaisir à voir notre grand Métaphysicien adopter si clairement une *Préformation organique* & une *Préexistence*
corrélative des *Ames*. S'il eût connu toutes

les Découvertes modernes qui semblent concourir à établir cette admirable Préformation, avec quel empressement ne s'en feroit-il pas saisi pour étayer son bel Edifice ! Il avoit embrassé avidement les Opinions d'HARTSOEKER & de LEVENHOECK sur les *Animalcules Spermatiques*, parce qu'il y trouvoit cette *Préorganisation* qui favorisoit son *Harmonie Universelle*.

C'est avec fondement, qu'il infere de cette Préorganisation, *que ce que nous appellons Génération d'un Animal, n'est qu'une Transformation & une augmentation*. Les Transformations si remarquables du *Poulet*, lui auroient donc paru une démonstration rigoureuse de cette grande Vérité. Il admettoit d'ailleurs l'*Emboîtement* des *Germes* les uns dans les autres. Il s'explique lui-même très-nettement sur ce Point, dans cette excellente Préface qu'il a mise à la tête de sa *Théodicée*, & que je ne puis trop exhorter mon Lecteur à lire & à méditer, comme le meilleur Abrégé de Dévotion philosophique & chrétienne. « Le Méchanisme, dit-il dans » cette Préface, (*) suffit pour produire » les Corps organiques; pourvu qu'on y

(*) Pag. XXVIII. de l'Edition d'Amsterdam, 1720.

» ajoute la *préformation* déjà toute orga-
» nique dans les Semences des corps qui
» naiffent, contenues dans celles des Corps
» dont ils font nés, jufqu'aux femences pre-
» mieres ; ce qui ne pouvant venir que de
» l'Auteur des chofes, infiniment puiffant
» & infiniment fage, lequel faifant tout
» d'abord avec ordre, y avoit préétabli
» tout ordre & tout artifice futur.

Notre Philofophe étoit trop conféquent pour ne pas admettre la *Préexiftence* des Ames dans des Touts organiques, dès qu'il admettoit la Préformation de ces Touts. Il a donc raifon d'ajouter : *Ainfi, puifque le même Corps étoit déjà organifé, il eft à croire qu'il étoit déjà animé, & qu'il avoit la même Ame.* C'eft encore une Conféquence très-naturelle que celle qu'il tire enfuite de la Préexiftence des Corps organifés & de leurs Ames : *De même*, dit-il, *que je juge*, vice versâ, *de la confervation de l'Ame, lorfqu'elle eft créée une fois, que l'Animal eft confervé auffi, & que la mort apparente n'eft qu'un développement.*

Nous ne voyons point ici, ce que LEIBNITZ a entendu par cet *Enveloppement*, qui conftitue, felon lui, la *Mort apparente.* J'ai eu autrefois une Idée, qui me paroît se rapprocher de l'*Enveloppement Leibnitien*, que je ne connoissois pas alors. Je vais l'exposer en raccourci: elle servira, si l'on veut, de Commentaire au Texte fort obscur de notre Auteur.

※

J'AI donné dans les huit premiers Chapitres de mon Livre des *Corps Organisés* mes premières Méditations sur la *Génération* & sur le *Développement*. J'étois jeune encore lorsque je me livrois à ces Méditations. (*) Je suivois mon Objet à la lueur des Faits que j'avois rassemblés & que je comparois. Les Découvertes *Hallériennes* sur le *Poulet* n'avoient pas été faites, & ce sont principalement ces Découvertes qui m'ont valu les Connoissances les plus exactes, & qui en confirmant plusieurs de mes anciennes Idées, m'ont donné lieu de pénétrer plus avant dans un des plus profonds Mysteres de la Nature.

J'avois d'abord posé pour Principe fondamental, que rien n'étoit *engendré*; que tout étoit originairement *préformé*, & que ce que nous nommons *Génération* n'étoit

(*) *Corps Organisés*. Préface, pag. 1, 2, &c.

que le simple *Développement* de ce qui préexiftoit fous une Forme invifible, & plus ou moins différente de celle qui tombe fous nos Sens.

Je fuppofois donc, que tous les Corps Organifés tiroient leur origine d'un *Germe*, qui contenoit très en petit les *Elémens* de toutes les Parties *organiques*.

Je me repréfentois les Elémens du Germe comme le *Fond primordial* fur lequel les Molécules *alimentaires* alloient s'appliquer pour augmenter en tout fens les dimenfions des Parties.

Je me figurois le Germe comme un Ouvrage *à réfeau* : les Elémens en formoient les *Mailles* : les Molécules alimentaires en s'incorporant dans ces Mailles tendoient à les agrandir, & l'aptitude des Elémens à glifler les uns fur les autres, leur permettoit de céder plus ou moins à la *Force* fecrette qui chaffoit les Molécules dans les Mailles, & faifoit effort pour les ouvrir.

Je regardois la Liqueur *fécondante*, non-feulement comme un Fluide très-actif, très-pénétrant ; mais encore comme un

Fluide *alimentaire*, deftiné à fournir au Germe fa premiere nourriture, une nourriture appropriée à la fineffe & à la délicateffe extrême de fes Parties.

Je prouvois cette Qualité nourriciere de la Liqueur fécondante par les Modifications confidérables qu'elle occafionne dans l'Intérieur du *Mulet*.

Je penfois donc, que la Liqueur fécondante étoit très-*hétérogene*, & qu'elle contenoit une infinité de Molécules relatives à la nature & aux proportions des différentes Parties du Germe.

Je plaçois ainfi dans cette Liqueur le Principe de l'*Evolution* du Tout organique, & des *Modifications* plus ou moins marquées qui lui furvenoient par une fuite du concours des *Sexes*.

J'excluois donc toute Formation *nouvelle*: je n'admettois que les Effets immédiats ou médiats d'un *Organifme préétabli*, & j'effayois de montrer comment il pouvoit fuffire à tout.

« A parler exactement, difois-je Art.
» 83, les Elémens ne forment point les

» Corps Organisés : ils ne font que les dé-
» veloper, ce qui s'opere par la *Nutrition*.
» L'Organisation primitive des Germes
» détermine l'arrangement que les Atomes
» nourriciers doivent recevoir pour deve-
» nir Parties du Tout organique.

« Un Solide non-organisé est un Ouvra-
» ge de *Marqueterie*, ou de Pieces de rap-
» port. Un Solide organisé est une Etoffe
» formée de l'entrelacement de différens
» fils. Les Fibres *élémentaires* avec leurs
» *Mailles*, sont la *Chaîne* de l'Etoffe ; les
» Atomes nourriciers qui s'insinuent dans
» ces Mailles sont la *Trâme*. Ne pressez
» pourtant pas trop ces comparaisons. »

Sur ces Principes, qui me paroissoient plus philosophiques que ceux qui avoient été adoptés jusqu'à moi, j'étois venu à envisager la *Mort* comme une sorte d'*Enveloppement*, & la *Résurrection*, comme un *second Développement*, incomparablement plus grand que le premier.

Voici la maniere assez simple & assez claire dont je concevois la chose. Je considérois le Tout organique, parvenu à son parfait accroissement, comme un Composé de ses Parties *originelles* ou *élémentaires*, & des Matieres *étrangeres* que la

Nutrition leur avoit associées pendant toute la durée de la Vie.

J'imaginois que la *décomposition* qui suit la *Mort*, extraisoit, pour ainsi dire, du Tout organique, ces Matieres étrangeres que la Nutrition avoit associées aux Parties constituantes, *primitives & indestructibles* de ce Tout : que pendant cette sorte d'extraction, ces Parties tendoient à se rapprocher de plus en plus les unes des autres ; à revêtir de nouvelles Formes, de nouvelles positions respectives, de nouveaux arrangemens ; en un mot, à revenir à l'état *primitif* de Germe & à se concentrer ainsi en un point.

Suivant cette petite Hypothese, qui me sembloit toute à moi, j'expliquois assez heureusement en apparence, & d'une maniere purement *physique* le dogme si consolant & si philosophique de la *Résurrection*. Il me suffisoit pour cela de supposer qu'il existoit des Causes *naturelles*, préparées de loin par l'AUTEUR BIENFAISANT de notre Etre, & destinées à opérer le *Développement* rapide de ce Tout organique caché sous la forme invisible de Germe, & conservé ainsi par la SAGESSE pour le jour de cette grande Manifestation.

Une objection saillante, & à laquelle je n'avois point d'abord songé, vint détruire en un moment tout ce Système, qui commençoit à me plaire beaucoup : c'étoit celle qui se tiroit des Hommes qui ont été *mutilés*; qui ont perdu la Tête, une Jambe, un Bras, &c. comment faire *ressusciter* ces Hommes avec des Membres que leur *Germe* n'auroit plus ? Comment leur faire retrouver cette Tête où je plaçois le *Siege* de la *Personnalité?*

Il me restoit bien la ressource de supposer que le *Germe* dont il s'agit renfermoit une autre *Tête*, préparée en vertu de la PRESCIENCE DIVINE ; mais cette Tête auroit logé une autre Ame ; elle auroit constitué une autre *Personne*, & il s'agissoit de conserver la *Personnalité* du premier *Individu*.

Je n'hésitai donc pas un instant à abandonner une Hypothese, que je n'aurois pu soutenir qu'à l'aide de suppositions qui auroient choqué plus ou moins la vraisemblance. La Nature est si simple dans ses voies, qu'une Hypothese perd de sa probabilité à proportion qu'elle devient plus compliquée.

Bientôt après, des Méditations plus approfondies fur l'Économie de notre Etre, m'ouvrirent une nouvelle route, qui me conduifit à des Idées plus probables fur le *Phyſique* de la *Réſurrection*. Ce font ces Idées que j'ai expofées en détail dans le Chapitre XXIV de mon *Eſſai Analytique*, & fort en abrégé dans le Chapitre XIII de la Partie IV de ma *Contemplation*.

Ceux de mes Lecteurs qui auront un peu médité ces Idées, conviendront fans peine, qu'elles n'ont rien de commun avec cet *Enveloppement* dont parle LEIBNITZ. Il eſt manifeſte qu'il l'oppoſe au *Développement* ou à ce qu'il nomme une *augmentation* dans le Tout organique *préformé*. Or un Corps organiſé eſt dit, *ſe développer*, quand toutes ſes Parties s'étendent en tous ſens par l'*intus-ſuſception* de Matieres *étrangeres*. Ce Corps ne peut donc être dit *s'envelopper*, que lorſqu'il revient à ſon premier état, en ſe contractant, en ſe repliant fur lui-même ou autrement.

Mon Hypotheſe n'admet, comme l'on fait, aucune ſorte d'*Enveloppement*. Elle ſuppoſe que le *Corps Futur*, logé dès le commencement dans le Corps grossier ou *terrestre*, est le véritable *Siege* de l'Ame. Je ne puis assez m'étonner qu'un Interprete très-moderne de Leibnitz lui ait attribué une Hypothese qu'il ne pouvoit avoir, puisqu'elle reposoit en dernier ressort sur une Découverte qui n'avoit pas été faite de son temps. C'est ce qu'on verra plus en détail dans une Lettre que j'ai écrite sur ce Sujet aux Auteurs de la *Bibliotheque des Sciences*, qu'ils ont publiée dans ce Journal, & que j'ai cru devoir insérer dans ces *Opuscules*.

Mais suivons un peu plus loin notre Illustre Métaphysicien ; il poursuit ainsi : (*) « Après avoir établi un si bel ordre, » & des regles si générales à l'égard des » Animaux, il ne paroît pas raisonnable » que l'Homme en soit exclus entiérement, » & que tout se fasse en lui par miracle » par rapport à son Ame. Aussi ai-je fait » remarquer plus d'une fois, qu'il est de » la sagesse de DIEU que tout soit har- » monique dans SES Ouvrages ; & que » la nature soit parallele à la grace. Ainsi, » je croirois que les Ames qui seront un

(*) *Théod.* §. 91.

» jour Ames humaines, comme celles des
» autres especes, ont été dans les femen-
» ces, & dans les ancêtres jufqu'à Adam,
» & ont exifté par conféquent, depuis le
» commencement des chofes, toujours dans
» une maniere de corps organifé, en quoi
» il femble que M. Swammerdam, le R.
» P. Mallebranche, M. Bayle, M. Pitcar-
» ne, M. Hartfoeker, & quantité d'au-
» tres perfonnes très-habiles, foient de
» mon fentiment. Et cette doctrine eft
» affez confirmée par les obfervations mi-
» crofcopiques de M. Leewenhoek, &
» d'autres bons Obfervateurs. Mais il me
» paroît encore convenable, pour plu-
» fieurs raifons, qu'elles n'exiftoient alors
» qu'en ames fenfitives ou animales, douées
» de perceptions & de fentiment, & def-
» tituées de raifon ; & qu'elles font de-
» meurées dans cet état jufqu'au temps de
» la Génération de l'Homme à qui elles
» devoient appartenir ; mais qu'alors elles
» ont reçu la Raifon ; foit qu'il y ait un
» moyen naturel d'élever une Ame fen-
» fitive au degré d'Ame raifonnable (ce
» que j'ai de la peine à concevoir,) foit
» que DIEU ait donné la Raifon à cette
» Ame par une opération particuliere, ou
» (fi vous voulez) par une efpece de tranf-
» création. Ce qui eft d'autant plus aifé à

» admettre, que la Révélation enseigne
» beaucoup d'autres opérations immédia-
» tes de DIEU sur nos Ames. »

Notre Auteur se déclare donc ici plus ouvertement encore en faveur de l'Hypothese de l'*Emboîtement des Germes*. Sa Raison ne s'effrayoit point des calculs par lesquels on entreprend de combattre cet Emboîtement, & cette Raison étoit celle du premier Métaphysicien & du second Mathématicien du Siecle. Il pensoit que toutes les Ames avoient toujours préexisté *dans une maniere de Corps organisé* ; & son grand Principe de la *Raison suffisante* lui persuadoit qu'elles demeureroient unies après la Mort à un Tout organique: *n'y ayant point d'apparence*, disoit-il, (*) *que dans l'ordre de la Nature il y ait des Ames entièrement séparées de tout Corps*. Mais il ne s'étoit point expliqué sur la nature de ce Corps *futur*, sur son *Lieu*, sur ses *Rapports* avec l'Ancien Corps, &c. On voit même par ce qui a été dit ci-dessus, qu'il paroissoit croire que ce seroit le même Corps, mais *concentré* ou *enveloppé*. Ce que nous appellons Génération, avoit-il

(*) *Théod.* §. 90.

dit, *n'est qu'une augmentation ; la mort apparente n'est qu'un Enveloppement.*

Je ne ferai aucune remarque sur ce *Parallélisme* de la *Nature* & de la *Grace*, par lequel notre Auteur entreprenoit d'expliquer philosophiquement le *Péché originel*. Ce Point de Théologie n'entre pas dans mon Plan. On peut consulter là-dessus la premiere Partie de la *Théodicée*.

Il y a dans le Passage que j'examine, un endroit qui me surprendroit, si je connoissois moins la maniere de philosopher de l'Auteur. *Il y a de la peine à concevoir qu'il y ait un moyen naturel d'élever une Ame sensitive au degré d'Ame raisonnable.* Il paroît préférer d'admettre, *que DIEU a donné la Raison à cette Ame par une opération particuliere, ou si l'on veut, par une espece de transcréation.*

J'ai employé presque tout mon *Essai Analytique* à montrer comment un Etre, d'abord simplement *sensitif* ou sentant, peut s'élever par des *moyens naturels* à la qualité d'Etre *raisonnable* ou pensant. On pourra ne consulter que les Chapitres XV, XVI, XXV, XXVI. J'aurois pris avec

Leibnitz l'inverſe de la Queſtion, & je lui aurois demandé, ſi quand ſon Ame auroit été logée dans la Tête d'un Limaçon, elle y auroit enfanté la *Théodicée?* La nature des Organes, leur nombre, la maniere dont ils ſont mis en jeu par les Objets, par les circonſtances, & ſur-tout par l'éducation, déterminent donc *naturellement* le développement, l'exercice & le perfectionnement de toutes les Facultés de l'Ame. L'Ame du grand Leibnitz, unie à la Tête d'un Limaçon, en auroit-elle moins été une Ame *humaine:* en auroit-elle moins poſſédé ces admirables Facultés qui ſe ſont développées avec tant d'éclat dans les Parties les plus tranſcendantes de la Métaphyſique & des Mathématiques? Il ne me reſte plus rien à dire ſur ce Sujet, après tout ce que j'ai expoſé ſi au long dans les Articles XV, XVI, XVII, XVIII de mon *Analyſe abrégée.*

Pourquoi donc recourir ici, avec notre Auteur, à une *opération particuliere de DIEU* ou à une eſpece de *tranſcréation*, qui eſt la choſe du monde la plus obſcure? Il avoit lui-même ſi bien dit: *Qu'il ne paroiſſoit pas raiſonnable que tout ſe fît dans l'Homme par miracle, par rapport à ſon Ame.*

Combien ceci eſt-il ſimple ! combien eſt-il évident ! Une Ame *Senſitive*, comme la nomme LEIBNITZ, eſt une Ame qui n'a que de pures *Senſations* : une Ame *raiſonnable* opere ſur ſes Senſations, & en déduit par la réflexion des *Notions* de tout genre. La premiere Enfance n'eſt-elle pas un état de *pure Animalité*, pour me ſervir encore des termes de l'Auteur ? Et pourtant n'eſt-il pas très-vrai que l'Homme s'éleve, par des moyens *purement naturels* aux Connoiſſances les plus ſublimes de l'Etre *intelligent* ? N'apprécions-nous pas l'efficace de ces *Moyens* ? n'en faiſons-nous pas chaque jour la plus ſûre & la plus heureuſe application ? L'effet ne correſpond-il pas à ſa Cauſe *naturelle* ? L'état de l'Ame n'eſt-il pas exactement relatif à celui des Organes ? Tandis que les Organes ſont encore d'une foibleſſe extrême, comme ils le ſont dans le *Fœtus*, l'Ame n'a que des Senſations foibles, confuſes, paſſageres : elle en acquiert de plus vives, de plus claires, de plus durables à meſure que les Organes ſe fortifient. D'où il eſt facile de juger combien les Senſations doivent être *ſourdes* & tranſitoires dans l'état de *Germe*. On peut même concevoir un temps où la Faculté *ſenſitive* eſt abſolument ſans exercice ; car il y a
ici

ici des degrés à l'indéfini, depuis l'instant de la *Création* jusqu'à celui de la *Conception*, & depuis celle-ci jusqu'à l'état de la plus grande Perfection.

Si donc l'Homme peut passer par des Moyens *purement naturels*, de l'état si abject de simple *Animal*, à l'état si relevé d'Etre *intelligent* ; pourquoi des moyens semblables ou analogues ne pourroient-ils élever un jour la Brute à la Sphere de l'Homme ?

Il ne seroit pas philosophique d'objecter, que l'Ame de l'Homme enveloppoit dès son origine des Facultés qui rendoient son élévation *possible*, & qu'il n'en est pas de même de l'Ame de la *Brute*. Croira-t-on que l'Ame d'un Imbécille n'enveloppoit pas les mêmes Facultés ? Si l'on vouloit chicaner là-dessus, je me retournerois aussi-tôt, & je demanderois, si un coup de marteau donné sur le Crâne d'un Savant, & qui le transforme subitement en Imbécille, enleve à son Ame ces belles Facultés qu'elle exerçoit un moment auparavant ?

IL existoit un assez grand Ouvrage mé-

Tome I.

taphysique de LEIBNITZ, qui étoit demeuré long-temps caché dans la Bibliotheque d'Hanovre, & que nous devons au zele & aux soins éclairés de M. RASPE, qui l'a publié en 1765. Je veux parler des *Nouveaux Essais sur l'Entendement Humain*. Je n'en citerai que quelques passages, qui suffiront pour achever de faire connoître à mes Lecteurs les Idées & la maniere de l'Auteur. Ils y retrouveront la même Doctrine sur les *Ames*, qui a été établie dans la *Théodicée*.

L'Auteur présente dans son *Avant-propos* un Tableau de ses Idées sur l'Univers, sur l'Homme, sur les Ames, & sur divers autres Points intéressans de Philosophie rationnelle. Tout cela mérite fort d'être lu & médité : il y regne par-tout cet air d'originalité que notre excellent Métaphysicien savoit si bien donner aux Sujets qu'il manioit. La suite de ses Pensées l'acheminant à parler de l'Union perpétuelle des Ames à des Corps organiques, il s'exprime ainsi. (*)

(*) *Œuvres Philosophiques Latines & Françoises de feu M. de* LEIBNITZ, *tirées de ses Manuscrits qui se conservent dans la Bibliotheque Royale à Hanovre, & publiées par M.* RUD. ERIC RASPE. *A Amsterdam, in-4°.* 1765. *Nouveaux Essais sur l'Entendement Humain : Avant-propos, pag.* 13.

« Je crois, avec la plupart des Anciens,
» que tous les Génies, toutes les Ames,
» toutes les Substances simples créées,
» sont toujours jointes à un Corps, & qu'il
» n'y a jamais des Ames qui en soient
» entiérement séparées. J'en ai des rai-
» sons *à priori*. »

LEIBNITZ aimoit à faire revivre les Opinions des Anciens, & à les mettre en valeur : mais elles prenoient entre ses mains une forme si nouvelle, qu'on peut dire avec vérité, qu'après qu'il les avoit travaillées, ce n'étoient plus les Opinions des Anciens. Son Cerveau étoit un Moule admirable qui embellissoit & ennoblissoit toutes les Formes. Il faisoit bien de l'honneur à l'ancienne Ecole en la parant ainsi de ses propres Inventions ; & on se tromperoit beaucoup, si l'on pensoit qu'elle avoit vu distinctement tout ce que la singuliere bonhomie de notre Auteur le porte à lui attribuer, soit dans ses *Nouveaux Essais*, soit dans sa *Théodicée*.

Ces raisons *à priori*, dont il s'agit dans ce passage, & que LEIBNITZ n'énonce pas, étoient tirées de son Principe de la *Raison suffisante*. On sait qu'il rejetoit l'*Influence physique* & les *Causes occasion nelles*, & qu'il leur avoit substitué sa fameuse *Harmonie préétablie* : Hypothese aussi neuve qu'ingénieuse, & qui auroit suffi seule pour immortaliser ce puissant Génie. En vertu de cette Hypothese, l'Ame & le Corps sont *unis* sans *agir* réciproquement l'un sur l'autre. Toutes les Perceptions de l'Ame naissent de son propre fond, & sont représentées *physiquement* par les *mouvemens* correspondans du Corps, comme ces mouvemens sont représentés *idéalement* par les *Perceptions* correspondantes de l'Ame. Il en est de même des *Volitions*, des *Désirs*; le Corps est monté, comme une Machine, pour y satisfaire, indépendamment de toute action de l'Ame sur lui.

Et comme dans cette Hypothese, les Perceptions ne pouvoient tirer leur *origine* du Corps, & qu'il falloit pourtant que chaque Perception eût sa *Raison suffisante*, LEIBNITZ plaçoit cette *Raison* dans les Mouvemens correspondans du Corps : ils n'en étoient donc pas la Cause *efficiente*; mais, ils en étoient la Cause *exigeante*.

Il entroit ainsi dans le Plan de l'Univers, qu'il y eût une *certaine* Ame, qui répondit par ses Perceptions & par ses Volitions, aux mouvemens d'un *certain* Corps, & qu'il y eût un *certain* Corps qui répondît par ses mouvemens aux Perceptions & aux Volitions d'une *certaine* Ame.

Je ne fais ici qu'esquisser grossièrement cette belle Hypothese : je pourrai l'exposer ailleurs avec plus d'étendue & de clarté.

※

Reprenons notre Auteur : il continue en ces termes :

« On trouvera qu'il y a cela d'avantageux dans ce dogme, qu'il résout toutes les difficultés philosophiques sur l'état des Ames, sur leur conservation perpétuelle, sur leur immortalité & sur leur opération ; la différence d'un de leurs états à l'autre n'étant jamais, ou n'ayant jamais été que du plus au moins sensible, du plus parfait au moins parfait, ou à rebours, ce qui rend leur état passé ou à venir aussi explicable que celui d'aprésent. On sent assez, en faisant tant soit peu de réflexion, que cela est raisonnable, & qu'un saut

» d'un état à un autre infiniment diffé-
» rent, ne sauroit être naturel. Je m'é-
» tonne qu'en quittant la nature sans su-
» jet, les Ecoles ayent voulu s'enfoncer
» exprès dans des difficultés très-grandes,
» & fournir matiere aux triomphes appa-
» rens des esprits forts, dont toutes les
» raisons tombent tout d'un coup par
» cette explication des choses, où il n'y
» a pas plus de difficulté à concevoir la
» conservation des Ames (ou plutôt se-
» lon moi de l'Animal,) que celle qu'il
» y a dans le changement de la Chenille
» en Papillon, & dans la conservation
» de la pensée dans le Sommeil, auquel
» Jésus-Christ a divinement bien comparé
» la mort. »

L'Auteur rappelle ici en passant, un de ses Principes favoris, celui *de Continuité*; qui n'est, à parler exactement, qu'une conséquence du Principe plus général de la *Raison suffisante*: car, si rien ne se fait sans *Raison suffisante*, l'état *actuel* de tout Etre créé, doit avoir sa *Raison* dans l'état qui a *précédé* immédiatement; celui-ci, dans un autre encore, & ainsi en remontant par degrés sensibles ou insensibles jusqu'à la premiere *origine* de l'Etre.

Notre Philosophe admettoit donc comme une maxime générale, *que rien ne s'opéroit par saut dans la Nature*; que tout y étoit *gradué* ou nuancé à l'infini. Il justifioit cette Maxime par un grand nombre d'exemples puisés dans la Physique & dans la Géométrie. Elle l'inspiroit en quelque sorte, lorsqu'il prédisoit qu'on découvriroit un jour des Etres, *qui par rapport à plusieurs propriétés, par exemple, celles de se nourrir, ou de se multiplier, pourroient passer pour des Végétaux à aussi bon droit que pour des Animaux.* On peut voir le détail de cette singuliere prédiction dans l'Article 209 de mes *Considérations sur les Corps Organisés*. J'ai fort développé cette *Loi* si universelle *des Gradations*, dans les Parties II, III, IV de ma *Contemplation de la Nature* : je l'ai présentée sous un autre point de vue dans le Chapitre XVII de la Partie VIII du même Ouvrage.

Cette Loi *de Continuité* régit le Monde *Idéal*, comme le Monde *Physique* : l'*Harmonie préétablie* de notre Auteur le suppose nécessairement ; puisque, suivant cette Hypothese, les Perceptions doivent toujours naître les unes des autres, & du fond même de l'Ame. Ainsi, chaque état de l'Ame a sa *Raison* dans l'état qui a précédé immédiatement ; chaque Perception dérive d'une Perception *antécédente*, & donne lieu à une Perception *subséquente*. Toutes les Perceptions sont ainsi enchaînées par des nœuds secrets ou apparens ; & cela même fournit une des plus fortes objections contre l'*Harmonie préétablie*, comme je pourrai le montrer ailleurs.

L'état de l'Ame dans le Corps *développé*, tenoit donc à l'état qui avoit précédé, celui-ci tenoit en dernier ressort à l'état de *Germe*, &c. L'état de l'Ame après la *Mort*, tient donc encore à l'état qui a précédé, &c. Tous les états sont donc ici *explicables* les uns par les autres, parce qu'ils dépendent tous les uns des autres.

C'étoit par cette Doctrine si métaphysique, que LEIBNITZ combattoit les Ecoles & les Esprits-Forts. Il comparoit très-bien la *conservation* de l'Animal après la *Mort*, à la conservation du Papillon dans la Chenille ; mais il s'en faut beaucoup qu'il eût approfondi cette comparaison autant qu'elle le méritoit, & qu'il en eût tiré le meilleur parti. Je le prouverai bientôt.

Il comparoit encore la conservation des *Idées* après la Mort, à ce qui se passe dans le *Sommeil* ; & cette comparaison présente un côté très-philosophique, auquel le SAUVEUR du Monde semble faire allusion, en comparant LUI-même la *Mort* au *Sommeil*.

Je me fais un devoir de remarquer à ce sujet, & ce devoir est cher à mon Cœur, que la piété de notre Auteur, aussi vraie qu'éclairée, ne laissoit échapper aucune occasion de rendre au PHILOSOPHE par excellence l'hommage le plus respectueux, & le plus digne d'un Etre Intelligent. Il citoit avec complaisance jusqu'aux moindres paroles de ce DIVIN MAITRE, & y découvroit toujours quelque sens caché, d'autant plus beau, qu'il étoit plus philosophique. Le passage que je commente nous en fournit un exemple remarquable : je pourrois en alléguer bien d'autres. Je me borne à renvoyer encore une fois à l'admirable Préface de la *Théodicée*. Celui qui se plaisoit à découvrir dans l'EVANGILE une Philosophie si haute, étoit une *Encyclopédie* vivante, & un des plus profonds Génies qui ayent jamais paru sur la Terre. Je prie ceux qui n'ont ni les lumieres ni le Génie de ce grand Homme, & qui ne possedent pas au même degré que lui l'Art de douter philosophiquement, de se demander à eux-mêmes, s'il leur sied bien après cela d'affecter de mépriser l'Evangile, & de s'efforcer d'inspirer ce mépris à tout le Genre-humain ?

» Aussi ai-je dit, continue Leibnitz, (*) qu'aucun sommeil ne sauroit durer toujours ; & il durera moins ou presque point du tout aux Ames raisonnables, qui sont toujours destinées à conserver le personnage & la souvenance, qui leur a été donné dans la Cité de Dieu, & cela pour être mieux susceptibles des récompenses & des châtimens.

» J'ajoute encore qu'en général aucun dérangement des organes visibles n'est capable de porter les choses à une entiere confusion dans l'Animal, ou de détruire tous les organes, & de priver l'Ame de tout son Corps organique, & des restes ineffaçables de toutes les traces précédentes.

(*) *Nouveaux Essais. Avant-propos*, page 13.

En tentant ci-dessus d'expliquer l'*Enveloppement Leibnitien*, j'ai montré combien il diffère de mon *Hypothèse* sur l'*Etat Futur* de l'Homme & sur celui des Animaux. Mais, comme LEIBNITZ n'avoit dit qu'un mot sur cet *Enveloppement* dans sa *Théodicée*, on pouvoit raisonnablement douter, s'il attachoit à ce terme les Idées qu'il paroît renfermer, & que j'ai cru devoir attribuer à l'Auteur. Il me semble maintenant, que le Passage que je viens de transcrire, ne laisse plus aucun doute sur ce Point. LEIBNITZ y parle du *dérangement des Organes visibles* : il dit, *qu'aucun dérangement ne peut détruire tous les Organes, priver l'Ame de tout son Corps organique, effacer toutes les traces précédentes*. C'étoit donc bien du Corps *actuel*, du Corps *visible* & palpable que LEIBNITZ parloit dans sa *Théodicée*, & dont il disoit que la *Mort apparente* étoit un *Enveloppement*. Il confirme lui-même cette interprétation dans un autre endroit de l'*Avantpropos* des ses *Nouveaux Essais*, page 22, lorsque réfutant l'Opinion des Cartésiens sur la *destruction* des Ames des Bêtes, il leur reproche *d'avoir été embarrassés sans sujet de ces Ames ; faute*, ajoute-t-il en parenthèse, *de s'aviser de la conservation de l'Animal réduit en petit.*

Ces expressions *réduit en petit* ne sont plus équivoques, & j'avois bien raisonné sur l'*Enveloppement* de mon Auteur. Il n'avoit donc point imaginé un *Germe indestructible*, logé dès le commencement dans le Cerveau *visible*; il n'avoit point considéré ce *Germe* comme le *véritable Siege* de l'Ame; il n'y avoit point fait résider la *Personnalité*. Son Interprete moderne (*) ne l'avoit donc pas assez étudié, quand il lui attribuoit mon *Hypothese*, & qu'il m'exposoit ainsi à passer auprès du Public pour le Plagiaire de cet illustre Ecrivain. (†)

❦

Si Leibnitz avoit eu dans l'Esprit mon *Hypothese*, se seroit-il jamais exprimé comme il l'a fait dans les Passa-

___

(*) *Institutions Leibnitiennes ou Précis de la Monadologie*; à Lyon chez les Freres Perisse 1767, p. 127 & 128 de l'Edition in-4°.

(†) Je trouve dans l'Eloge d'*Hartzoeker* par l'illustre *Fontenelle*, *Hist. de l'Acad.* 1725, un passage remarquable, qui me paroit mériter que je le place ici. Il s'agissoit quelques lignes auparavant, des *Animalcules Spermatiques* qu'*Hartzoeker* imaginoit qui perpétuoient les Especes. » Selon cette idée, remarque l'Historien, quel nombre » prodigieux d'Animaux primitifs de toutes les Especes! » tout ce qui respire, tout ce qui se nourrit, ne respire » qu'eux, ne se nourrit que d'eux. Il semble cependant qu'à » la fin leur nombre viendroit nécessairement à diminuer,

ges que j'ai transcrits ? Je ne dirai pas trop, si j'avance, qu'on ne sauroit expliquer *physiquement* par son *Enveloppement*, de quelque maniere qu'on l'entende, la *conservation* du *Moi* ou de la *Personnalité*. Ce seroit très-vainement qu'on se retrancheroit à soutenir que la *Mémoire* est toute *spirituelle*: lors même qu'une foule de Faits bien constatés ne prouveroient pas que cette Faculté a son siege dans le *Cerveau*; il faudroit toujours qu'il y eût dans le *Cerveau* quelque chose qui correspondît aux *Perceptions* & aux *Volitions* de l'Ame, & en particulier, aux Perceptions que la Mémoire *spirituelle* y retraceroit: autrement l'*Harmonie-préétablie* tomberoit, & son Auteur ne seroit plus conséquent à lui-même.

Il se servoit ingénieusement de la Métamorphose de la *Chenille* en *Papillon*, pour rendre raison de la *conservation* de

» & que les Especes ne seroient pas toujours également
» fécondes. Peut-être cette difficulté aura-t-elle contribué
» à faire croire à Mr. LEIBNITZ que les Animaux primi-
» tifs ne périssoient point, & qu'après s'être dépouillés
» de l'enveloppe grossiere, de cette espece de masque,
» qui en faisoit, par exemple, des Hommes, ils subsis-
» toient vivans dans leur premiere forme, & se remet-
» toient à voltiger dans l'Air, jusqu'à ce que des accidens
» favorables les fissent de nouveau redevenir Hommes. »

l'*Animal* après la *Mort*. Il avoit appris du célebre SWAMMERDAM le secret de cette *Métamorphose*, & ne l'avoit pas assez méditée, comme je l'ai remarqué plus haut. Ce n'est pas le Corps *visible* de la *Chenille* qui se convertit en *Papillon* : c'est un autre Corps organique, d'abord invisible, qui se développe dans celui de la *Chenille*. J'ai crayonné cet admirable *Développement* dans les Chapitres V, X, XI, XII, de la Partie IX de la *Contemplation de la Nature*, & il peut m'être permis d'ajouter, que je suis le premier qui ai fait voir en quoi consiste précisément le *Moi* ou la *Personne* dans les Insectes qui se métamorphosent. Je l'ai exposé assez au long dans les §. 714, 715, 716 & suivans de mon *Essai Analytique*, & fort en raccourci Chapitre XIV, Partie IX de la *Contemplation*.

Je ne vois donc que mon *Hypothese*, qui puisse expliquer *physiquement* ou sans aucune intervention *miraculeuse*, *la conservation du Personnage ou de la Souvenance*, comme s'exprime ici l'Auteur, & rend l'Homme *susceptible de récompenses & de châtimens*. Je suis néanmoins bien éloigné de penser, que mon Hypothese satisfasse à toutes les difficultés; mais j'ose dire, qu'elle me paroît satisfaire au moins aux principales : par exemple, à celles que l'on tire de la dispersion des Particules constituantes du Corps par sa destruction ; de la volatilisation de ces Particules, de leur introduction dans d'autres Corps soit végétaux, soit animaux ; de leur association à ces Corps ; des Antropophages, &c. Je ne puis m'étendre ici sur toutes ces Choses : le Lecteur intelligent me comprend assez.

DANS le corps de ses *Nouveaux Essais*, LEIBNITZ reprend çà & là les Principes qu'il avoit posés dans l'*Avant-propos* sur l'*Immatérialité* de l'Ame des Bêtes, & sur la *survivance* de l'Animal ; mais il n'y ajoute rien d'essentiel, & tout ce qu'il en dit revient pour le fond à ce que j'ai transcrit ci-dessus d'après l'*Avant-propos* & la *Théodicée*.

Je ne dois pourtant pas omettre de rapporter un Passage du Livre II, Chapitre XXVII, sur l'*Identité*, qui achevera de démontrer que l'Auteur n'avoit point eu l'Idée de ce *Germe indestructible*, qui fait la base de mon Hypothèse, & que j'ai essayé d'appliquer à tous les *Etres organi-sés* dans ce nouvel Ecrit.

« Il n'y a point, dit-il, (*) de *transmi-*
» *gration* par laquelle l'Ame quitte entié-
» rement son Corps & passe dans un au-
» tre. Elle garde toujours, même dans la
» mort, un corps organisé, partie du pré-
» cédent, quoique ce qu'elle garde soit
» toujours sujet à se dissiper insensiblement
» & à se réparer, & même à souffrir en
» certain temps un grand changement.
» Ainsi, au lieu d'une transmigration de
» l'Ame, il y a transformation, envelop-
» pement ou développement, & enfin flu-
» xion du corps de cette Ame.

Ces mots, *partie du précédent*, n'ont pas besoin de commentaire : ceux de *développement* & d'*enveloppement* qui les suivent, les déterminent suffisamment. Ils le sont encore par celui de *fluxion*.

Au reste, on voit ici que l'Auteur rejetoit toute espece de *métempsycose* ; il l'attaque ailleurs plus directement.

(*) *Nouveaux Essais*, pag. 192.

EN

En voilà assez, ce me semble, pour faire juger des Principes de LEIBNITZ sur les *Ames*, sur la *Mort*, sur la *conservation de l'Animal*, & pour montrer en quoi ces Principes se rapprochent, & en quoi ils s'éloignent de ceux qui me sont propres. Il seroit infiniment à désirer que cet excellent Métaphysicien eût toujours mis dans ses Idées cette analyse, cet enchaînement, cette clarté, cette précision, cet intérêt si nécessaires aux Matieres de Métaphysique, déjà si seches, si obscures & si rebutantes par elles-mêmes. Il avoit dans sa Tête tant de choses, qu'elles sortoient en foule, j'ai presque dit tumultuairement, à mesure qu'il composoit. Anecdotes, proverbes, images, allusions, comparaisons, citations fréquentes, digressions multipliées; tout cela coupoit plus ou moins le fil du Discours. Une multitude de Propositions incidentes venoit offusquer la Proposition principale, qui ne pouvoit être trop élaguée. On a sur-tout à regretter dans ses Ouvrages métaphysiques, que les Discussions les plus philosophiques & les plus intéressantes, soient si fréquemment interrompues par des Digressions sur des Sujets trop étrangers, & assez souvent

Tome I.   V

de Théologie *scholaſtique*, qu'il s'efforce quelquefois d'allier avec la ſublime Métaphyſique. En liſant ſon admirable *Théodicée*, on croit être dans une vaſte Forêt où l'on a trop négligé de pratiquer des routes. L'Auteur ne ſe perd jamais lui-même au milieu de cette confuſion de Choſes; mais le Lecteur qui n'a pas ſa Tête, ſe perd ſouvent, & ne ſait ni d'où il vient ni où il va.

Il étoit, en quelque ſorte, poſſédé de l'Eſprit de conciliation, & c'étoit, pour l'ordinaire, ce qui le jetoit dans ces digreſſions, auxquelles on regrette qu'il ſe ſoit livré ſi facilement, & qui contraſtent tant avec la méthode philoſophique. Il vouloit accorder toutes les Sectes, tous les Théologiens, tous les Philoſophes, & il n'étoit jamais plus ſatisfait que lorſqu'il avoit rencontré quelque point de conciliation. Il lui arrive ſouvent dans ſa *Théodicée* & dans ſes *Nouveaux Eſſais* d'abandonner le fil d'un Principe métaphyſique pour courir après quelque vieux Docteur, dont il anatomiſe la penſée. Il ſe répete trop, préciſément parce qu'il diſſerte trop. Sa marche reſſemble quelquefois à celle d'un Pendule, qui oſcille autour d'un point.

Est-il besoin que je le dise? Cette petite critique ne tend pas le moins du monde à diminuer la juste admiration que LEIBNITZ doit inspirer à tous ceux qui sont capables de le méditer aussi profondément qu'il mérite de l'être. Il est le Pere de la Métaphysique *transcendante*; & si l'on peut dire du Genie qu'il *crée*, (*) jamais Génie n'a plus *créé* que celu de LEIBNITZ.

10 *Juin* 1768.

(*) Le Génie ne *crée* rien, à parler *philosophiquement*; mais il *opere* sur ce qui est *créé*. J'ai fort développé cela dans le Chap. XIX de mon *Essai Analytique*, §. 529, 530. J'y ai encore touché en passant dans l'Article XIX de mon *Analyse abrégée*. On prodigue dans je ne sais combien d'Ecrits, ce mot *créer* & ceux de *Génie créateur*, d'*Esprit créateur*, parce qu'on n'attache pas à ces mots des Idées assez *philosophiques*. Il y a dans la Langue bien d'autres termes, dont on n'abuse pas moins, faute d'en connoître la juste valeur.

HUITIEME PARTIE.

CONCILIATION
DE
L'HYPOTHESE DE L'AUTEUR
SUR
L'ÉTAT FUTUR DES ANIMAUX,
AVEC LE
DOGME DE LA RÉSURRECTION.

PRINCIPES FONDAMENTAUX
DE LA RELIGION NATURELLE
ET DE LA RELIGION RÉVÉLÉE.

Dois-je craindre d'avoir alarmé les Ames pieuses, en cherchant à établir le nouveau Dogme philosophique de la *Restitution* & du *Perfectionnement futurs* de tous les Etres organisés & animés ? Aurois-je donné ainsi la plus légere atteinte à un des Dogmes les plus importans de la Foi, à celui de notre propre *Réfurrection?* Il me tardoit d'en venir à une difcuffion qui intéreffe également la RELIGION & la Philofophie. Il ne me fera pas difficile de montrer en peu de mots, combien les alarmes qu'on pourroit concevoir fur ce Sujet, feroient deftituées de fondement.

※

LE Dogme facré de notre *Réfurrection* repofe principalement fur l'*Imputabilité* de nos Actions; celle-ci fur leur *Moralité*. Il eft dans l'Ordre de la SOUVERAINE SAGESSE, que l'obfervation des *Lois Naturelles* conduife tôt ou tard au *Bonheur*, & que leur inobfervation conduife tôt ou tard au *Malheur*. C'eft que les Lois naturelles font les *Réfultats* de la *Nature* de l'Homme & de fes *Relations* diverfes. (*)

L'Homme eft un *Etre-mixte* : (†) l'Amour du Bonheur eft le Principe univerfel de fes Actions. Il a été créé pour le *Bonheur*, & pour un Bonheur relatif à fa Qualité d'*Etre-mixte*.

(*) *Effai Analytique*, §. 40, 272.
(†) *Analyfe abrégée*, IV, XVIII.

Il seroit donc contre les *Lois* établies, que l'Homme pût être *heureux* en choquant ses *Relations*, puisqu'elles sont fondées sur sa propre *Nature*, combinée avec celle des autres Etres.

La Vie *présente* est le premier anneau d'une Chaîne qui se perd dans l'*Eternité*. L'Homme est *immortel* par son *Ame*, Substance *indivisible* ; il l'est encore par ce *Germe impérissable* auquel elle est unie. (*)

En annonçant au Genre-humain le Dogme de la *Résurrection*, CELUI *qui est la Résurrection & la Vie*, lui a enseigné, non simplement l'*immortalité de l'Ame*, mais encore l'*Immortalité de l'Homme*.

L'Homme sera donc éternellement un *Etre-mixte* ; & comme tout est *lié* dans l'Univers, (†) l'Etat *Présent* de l'Homme *détermine* son Etat *Futur*.

La *Mémoire*, qui a son *Siege* dans le Cerveau, (**) est le fondement de la

---

(*) *Essai Analyt.* §. 726, 727, 728, &c. *Contemp.* part. IV, Chap. XIII. *Anal. Abrég.* XVIII.

(†) Voyez ci-dessus part. VI, ce que j'ai exposé sur l'*Harmonie de l'Univers*: Voyez encore le Chap. VII de la part. I. de la *Contemplation*.

(**) *Essai Analyt.* §. 57. *Analyse Abrégée*, XV, XVI.

Perſonnalité. Les nœuds ſecrets qui lient le Germe *impériſſable* avec le Cerveau *périſſable*, conſervent à l'Homme le *ſouvenir* de ſes Etats *paſſés*. (†) Il pourra donc être *récompenſé* ou *puni* dans le rapport à ſes Etats *paſſés*. Il pourra *comparer* le Jugement qui ſera porté de ſes Actions, avec le *ſouvenir* qu'il aura conſervé de ces Actions.

Cet Etre qui fait le *Bien* ou le *Mal*, & qui en conſéquence du *Bien* ou du *Mal* qu'il aura fait, ſera *récompenſé* ou *puni* ; cet Etre, dis-je, n'eſt pas une *certaine Ame* ; il eſt une certaine Ame unie dès le commencement à un *certain Corps*, & c'eſt ce *Compoſé* qui porte le nom d'*Homme*.

Ce ſera donc l'Homme *tout entier*, & non une *certaine Ame* ou une *Partie* de l'Homme, qui ſera récompenſé ou puni. Auſſi la RÉVÉLATION déclare-t-elle expreſſément, *que chacun recevra ſelon le bien ou le mal qu'il aura fait étant dans ſon Corps*. (*)

(†) *Eſſai Analyt.* §. 113, 114, 703, 704 &c. 736 &c. 742 &c.
(*) II. *Cor.* c. v. 9, 10. *Eſſai Analyt.* §. 729. &c.

Le Dogme de la *Résurrection* suppose nécessairement la *permanence* de l'Homme ; celle-ci, une *liaison* secrette entre l'Etat *Futur* de l'Homme & son Etat *Passé*.

Cette liaison n'est point *arbitraire* ; elle est *naturelle*. L'Homme fait *partie* de l'Univers. La Partie a des *Rapports* au *Tout*. L'Univers est un Systême immense de *Rapports* : (†) ces Rapports sont déterminés réciproquement les uns dans les autres. Dans un tel *Systême*, il ne peut rien y avoir d'*arbitraire*. Chaque *Etat* d'un Etre quelconque est déterminé *naturellement* par l'Etat *antécédent*; autrement l'Etat *subséquent* n'auroit point de *Raison* de son existence.

Les Récompenses & les Peines *à venir* ne seront donc pas *arbitraires*; puisqu'elles seront le *Résultat naturel* de l'enchaînement de l'Etat *Futur* de l'Homme avec son Etat *Passé*.

L'Auteur de l'*Essai de Psychologie*, qui n'a peut-être pas été médité autant qu'il demandoit à l'être, a su remonter ici au Principe le plus philosophique. « La

(†) Voyez ci-dessus part. VI, l'*Harmonie de l'Univers*, & part. I, Chap. VII, de la *Contemplation*.

» Métaphysique, dit-il, (*) voit la RELI-
» GION comme une maîtresse Roue dans
» une Machine. Les Effets de cette Roue
» sont déterminés par ses Rapports aux
» Pieces dans lesquelles elle s'engraine.
» La RELIGION parle d'une *Alliance*,
» d'un MÉDIATEUR, de *récompenses* &
» de *peines à venir*. Ces Termes puisés
» dans le langage des Hommes, & pour
» des Hommes, expriment figurément
» l'Ordre établi. Les Rapports de l'état
» actuel de l'Humanité à un état futur sont
» des Rapports certains. Ceux de la *Vertu*
» au *Bonheur*, du *Vice* au *Malheur*, ne
» sont pas moins certains; & ils se mani-
» festent déjà ici-bas.

. . . . . » DIEU ne *récompense* donc
» point ; IL ne *punit* point, à parler mé-
» taphysiquement : mais il a établi un *Or-*
» *dre* en conséquence duquel la *Vertu* est
» source du *Bien*, le *Vice* source du *Mal*.

❧

L'HOMME peut être *dirigé* au Bonheur
par des *Lois*, parce qu'il peut les *connoître*

(*) *Essai de Psychologie, ou Considérations sur les Opérations de l'Ame, &c. Discours Préliminaire sur l'Utilité de la Métaphysique & sur son Accord avec les Vérités essentielles de la* RELIGION, pag. 274. Londres 1755.

& les *suivre*. Il peut les *connoître*, parce qu'il eſt doué d'*Entendement* : il peut les *ſuivre*, parce qu'il eſt doué de *Volonté*. Il eſt donc un *Etre-Moral*, préciſément parce qu'il peut être ſoumis à des Loix ; la *Moralité* de ſes Actions eſt ainſi leur *ſubordination* à ces Loix.

L'*Entendement* n'eſt pas la ſimple *Faculté* d'avoir des *Perceptions* & des *Senſations*. Il eſt la Faculté d'*opérer* ſur ces Perceptions & ſur ces Senſations, à l'aide des *Signes* ou des Termes dont il les revêt. Il forme des *Abſtractions* de tout genre, & *généraliſe* toutes ſes Idées.

L'Entendement, *dirige* la *Volonté* ou la Faculté de *choiſir*, & la Volonté *dirigée* par l'Entendement eſt une Volonté *réfléchie*.

La Volonté va au Bien *réel* ou *apparent*. L'Homme n'agit qu'en vue de ſon *Bonheur*; mais il ſe *méprend* ſouvent ſur le Bonheur. La *Faculté* par laquelle il *exécute* ſes Volontés *particulieres* eſt la *Liberté*.

Les *Actions* de l'Homme, qui dépendent de ſa Volonté *réfléchie* peuvent lui être *imputées*, parce que cette Volonté est *à lui*, & qu'il agit avec *connoissance*.

Cette *Imputation* consiste essentiellement dans les *suites naturelles* de l'observation ou de l'inobservation des Lois, ou de la Perfection & de l'Imperfection *morales*, en conséquence de l'Ordre que DIEU a établi dans l'Univers.

Cet *Ordre* n'a pas toujours son effet sur la Terre ; la *Vertu* n'y conduit pas toujours au *Bonheur*, le *Vice* au *Malheur*. Mais, l'*Immortalité* de l'Homme prolongeant à l'infini son Existence, ce qu'il ne *reçoit* pas dans un temps, il le recevra dans un autre, & l'Ordre reprendra ses Droits.

L'Homme, le plus *perfectible* de tous les Etres terrestres, étoit encore appellé à un *Etat Futur* par la supériorité même de sa Perfectibilité. Sa Constitution organique & intellectuelle a répondu dès son origine, à cette derniere & grande *Fin* de son Etre.

※

IL n'y a point de *Moralité* chez les Animaux, parce qu'ils n'ont point l'*En-*

tendement. Ils ont une *Volonté*, & ils *l'exécutent*; mais cette Volonté n'eſt *dirigée* que par la *Faculté de ſentir*. Ils ont des *Idées*; mais ces Idées ſont purement ſenſibles. Ils les *comparent* & *jugent*, mais ils ne s'élevent point juſqu'aux *Notions abſtraites*.

Préciſément parce que les Actions *volontaires* des Animaux ne ſont point *morales*, elles ne ſont point ſuſceptibles d'*Imputation*. Comme ils ne peuvent *obſerver* ni *violer* des Lois qu'ils ignorent, ils ne peuvent être *récompenſés* ni *punis* dans le Rapport à ces Lois.

Si donc les Animaux étoient appellés à un *Etat Futur*, ce ne ſeroit point du tout ſur les mêmes Fondemens que l'Homme; puiſque leur *Nature* & leurs *Relations* different eſſentiellement de celles de l'Homme.

Mais, parce que les Animaux ne ſont point des Etres *moraux*, s'enſuit-il néceſſairement qu'ils ne ſoient point ſuſceptibles d'un accroiſſement de Perfection ou de *Bonheur*? Parce que les Animaux ne nous paroiſſent point aujourd'hui doués d'*Entendement*, s'enſuit-il néceſſairement que leur Ame soit absolument privée de cette belle Faculté ? Parce que les Animaux n'ont à présent que des Idées purement *sensibles*, s'ensuit-il nécessairement qu'ils ne pourront pas s'élever un jour à des *Notions abstraites*, à l'aide de nouveaux Organes & de circonstances plus favorables ?

L'Enfant devient un Etre *pensant* par le développement de tous ses Organes, par l'Education & par les diverses circonstances qui contribuent à développer & à perfectionner toutes ses Facultés corporelles & intellectuelles. Soupçonneriez-vous que cet Enfant, qui est encore si au-dessous de l'Animal, percera un jour dans les Abymes de la Métaphysique, ou calculera le retour d'une Comete ? Les Instrumens dont son Ame se servira pour exécuter de si grandes choses, existent déjà dans son Cerveau ; mais ils n'y sont pas encore développés, affermis, perfectionnés. (*) Les Animaux sont aujourd'hui dans l'Etat d'*enfance* ; ils parviendront peut-être un jour à l'état d'Etres *pensans*, par des Moyens analogues à ceux qui ennoblissent ici-bas toutes les Facultés de notre Etre.

(*) Voyez ci-dessus partie VII.

Ne cherchons point à intéresser la Foi dans des Recherches purement philosophiques, qui ne sauroient lui porter la plus légere atteinte. La vraie Piété est éclairée & n'est jamais superstitieuse. Tâchons de nous former les plus hautes Idées de la BONTÉ DIVINE, de la grandeur & de l'universalité de SES Vues ; combien nos Conceptions les plus sublimes seront-elles encore au-dessous de la réalité ! CELUI, *sans la permission du QUEL un Passereau ne tombe point en terre*, n'a pas oublié les Passereaux dans la distribution présente & future de SES Bienfaits. Le Plan de Sagesse & de Bonté que SON INTELLIGENCE a conçu pour la plus grande Perfection des Etres Terrestres, enveloppe depuis le *Moucheron*, (*) & peut-être encore depuis le *Champignon*, jusqu'à l'*Homme*.

L'Opinion commune, qui condamne à une Mort éternelle tous les Etres organisés, à l'exception de l'Homme, appauvrit l'Univers. Elle précipite pour toujours dans l'abyme du néant, une multi-

(*) Voyez la Part. iv de cette *Palingénésie*.

tude innombrable d'Etres fentans, capables d'un accroiſſement confidérable de Bonheur, & qui en repeuplant & en embelliſſant une nouvelle Terre, exalteroient les PERFECTIONS ADORABLES du CRÉATEUR.

L'Opinion plus philoſophique, que je propoſe, répond mieux aux grandes Idées que la Raiſon ſe forme de l'Univers & de ſon DIVIN AUTEUR. Elle conſerve tous ces Etres, & leur donne une permanence qui les fouſtrait aux révolutions des Siecles, au choc des Elémens, & les fera ſurvivre à cette Cataſtrophe générale qui changera un jour la Face de notre Monde.

NEUVIEME PARTIE.

RÉFLEXIONS
SUR
L'EXCELLENCE DES MACHINES
ORGANIQUES.
NOUVELLES DÉCOUVERTES
SUR LES
REPRODUCTIONS ANIMALES.

DE toutes les Modifications dont la *Matiere* est susceptible, la plus noble est sans doute l'*Organisation*. C'est dans la Structure de l'*Animal*, que la SOUVERAINE INTELLIGENCE se peint à nos yeux par les traits les plus frappans, & qu'ELLE nous révele, en quelque sorte, ce qu'ELLE est. Le Corps d'un Animal est un petit Système particulier, plus ou moins composé, & qui,

comme

comme le grand Système de l'Univers résulte de la combinaison & de l'enchaînement d'une multitude de Pieces diverses, dont chacune produit son effet propre, & qui conspirent toutes ensemble à produire cet Effet *général*, que nous nommons la *Vie*. Nous ne suffisons point à admirer cet étonnant appareil de Ressorts, de Leviers, de Contrepoids, de Tuyaux différemment calibrés, repliés, contournés, qui entrent dans la Construction des Machines *organiques*. L'intérieur de l'Insecte le plus vil en apparence, absorbe toutes les conceptions de l'Anatomiste le plus profond. Il se perd dans ce Dédale, dès qu'il entreprend d'en parcourir tous les détours. Qu'on ne croye pas que ceci soit le moins du monde exagéré : je prie ceux de mes Lecteurs qui possedent l'étonnante *Chenille* de l'habile & patient LYONET, d'en parcourir les Planches avec réflexion, & de juger. Je renvoie à ce que j'ai dit sur cet Ouvrage unique, dans l'Article xiv du *Tableau* de mes *Considérations*.

Je viens de comparer le Corps de l'Animal à une Machine : la plus petite *Fibre*, la moindre *Fibrille*, peuvent être envisagées elles-mêmes comme des Machines infiniment petites, qui ont leurs Fonctions propres. La Machine entiere, la grande Machine résulte ainsi de l'Ensemble d'un nombre prodigieux de *Machinules*, dont toutes les actions sont conspirantes ou convergent vers un But commun.

Mais combien les Machines *organiques* sont-elles supérieures à celles que l'Art sait inventer, & auxquelles nous les comparons! Combien la Structure de l'Insecte le moins élevé dans l'Echelle, l'emporte-t-elle encore sur la Construction du plus beau Chef-d'œuvre en Horlogerie!

Un seul trait suffiroit pour faire sentir la grande prééminence des Machines *animales* sur celles de l'Art : les unes & les autres s'usent par le mouvement; elles souffrent des déperditions journalieres : mais telle est l'admirable Construction des premieres, qu'elles réparent sans cesse les pertes que le mouvement perpétuel de leurs divers Ressorts leur occasionnent. Chaque Piece *s'assimile* les Molécules qu'elle reçoit du dehors, les assujettit, les dispose, les arrange de maniere à lui conserver la Forme, la Structure, les

Proportions & le Jeu qui lui sont propres, & qu'exige la place qu'elle tient dans le Tout organique.

Non-seulement chaque Piece d'une Machine *animale* répare les pertes que les mouvemens intestins lui occasionnent; elle s'étend encore en tout sens par l'incorporation des Molécules étrangeres que la Nutrition lui fournit : cette extension qui s'opere graduellement, est ce que le Physicien nomme *Evolution* ou *Développement*.

Le *Développement* suppose dans le Tout organique une certaine Méchanique secrette & fort savante. En s'étendant graduellement en tout sens, chaque Piece demeure essentiellement *en grand* ce qu'elle étoit auparavant *très en petit*. Il faut donc que ses Parties *intégrantes* soient façonnées & disposées les unes à l'égard des autres avec un tel Art, qu'elles conservent constamment entr'elles les mêmes Rapports, les mêmes Proportions, le même Jeu, en même temps que de nouvelles Particules *intégrantes* sont associées aux anciennes. (*)

(*) Voyez *Essai Analyt.* §. 96, 97, 98 & suiv. *Consid. sur les Corps Organ.* Art. 170. *Cont. de la Nat.* Part. VII, Chap. VI, VII. Part. VIII, Chap. XVII.

La plus fine Anatomie ne pénètre point dans ces profondeurs. Les Injections, le Microscope, & moins encore le Scalpel ne sauroient nous dévoiler les Merveilles que recele le Secret de la *Nutrition* & du *Développement*. Nous ne pouvons juger ici de l'inconnu que par ce petit nombre de choses connues, dont nous sommes redevables aux derniers progrès de la *Physiologie*.

Cette Science, la plus belle, la plus profonde de toutes les Sciences *naturelles*, produit à nos yeux le surprenant Assemblage des Organes relatifs au grand Ouvrage de la *Nutrition*, & nous fait entrevoir l'Assemblage bien plus surprenant encore des Organes qui exécutent les *Sécrétions* de différens genres. Nous ne revenons point de l'étonnement où nous jette cet amas immense de très-petits Tuyaux, blancs, cylindriques, groupés & repliés de mille & mille manieres différentes, dont toute la Substance du Foie, de la Rate, des Reins est formée. Nous sommes presque effrayés, quand nous venons à apprendre que les *Tubules* qui entrent dans la composition d'un seul Rein, mis bout à bout, formeroient une longueur de dix mille Toises. (*) Quel intéressant, quel superbe Spectacle ne nous offriroit point cet Assemblage si merveilleux de tant de millions, que dis-je! de tant de milliars de *Tubules* ou de Filtres plus ou moins diversifiés, si nos Sens & nos Instrumens étoient assez parfaits pour nous dévoiler en entier le Méchanisme & le Jeu de chacun d'eux, & les Rapports qui les enchaînent tous à une Fin commune!

Quelles Idées cette seule Découverte anatomique ne nous donne-t-elle point de l'Organisation de l'Animal, de l'INTELLIGENCE QUI en a conçu le Dessein, & de la PUISSANCE QUI l'a exécuté! Qu'est donc l'Animal lui-même, si une de ses Parties, qui ne paroît pas néanmoins tenir le premier rang dans son Intérieur, est déjà un Abyme de Merveilles! J'ai de si grandes Idées de l'Organisation de l'Animal, que je me persuade sans peine, que s'il nous étoit donné de pénétrer dans la Structure intime, je ne dis pas d'un de ses *Organes*, je dis seulement d'une de ses *Fibres*, nous la trouverions un petit Tout *organique* très-composé, & qui nous étonneroit d'autant plus, que nous l'étudie-

(*) Voyez *Consid. sur les Corps Organ.* Art. 356.

rions davantage. Quel ne feroit point sur-tout notre étonnement, si nous pouvions obferver auſſi diſtinctement les *Elémens* d'une Fibre *ſenſible*, leur arrangement reſ-pectif, l'art avec lequel ils jouent les uns ſur les autres, que nous obſervons les dif-férentes pieces d'une Horloge ; leur en-grainement & leur jeu ! On peut voir ce que j'ai dit là-deſſus dans l'Article x de mon *Analyſe abrégée*, en rendant raiſon du *phyſique* de l'Imagination & de la Mé-moire.

Que feroit-ce donc encore, ſi nous pou-vions ſaiſir d'une ſeule vue le Syſtême entier des Fibres *ſenſibles*, & contempler, pour ainſi dire, à nud la Méchanique pro-fonde & les Opérations ſecrettes de cet Organe *univerſel* auquel l'Ame eſt immé-diatement préſente, & par lequel elle eſt unie au Monde corporel ! « Aſſurément, » (*) dit très-bien cet Anonyme que j'ai » déjà cité, s'il nous étoit permis de voir » juſqu'au fond dans la Méchanique du » Cerveau, & ſur-tout dans celle de cette » Partie qui eſt l'Inſtrument immédiat du » Sentiment & de la Penſée, nous ver-

---

(*) *Eſſai de Pſychologie, ou Conſidérations ſur les Opérations de l'Ame, ſur l'Habitude & ſur l'Education, &c.* pag. 50. Chap. xx.

» rions ce que la Création terrestre a de
» plus ravissant. Nous ne suffisons point
» à admirer l'appareil & le Jeu des Or-
» ganes destinés à incorporer un mor-
» ceau de pain à notre propre substance;
» qu'est-ce pourtant que ce Spectacle
» comparé à celui des Organes destinés
» à produire des Idées, & à incorporer
» à l'Ame le Monde entier ? Tout ce qu'il
» y a de grandeur & de beauté dans le
» Globe du Soleil, le cede sans doute,
» je ne dis pas au Cerveau de l'Homme,
» je dis au Cerveau d'une Mouche.

Un autre Trait qui releve beaucoup aux yeux de la Raison, l'excellence des Machines *organiques*, c'est qu'elles *produisent* de leur propre fond des Machines semblables à elles, qui perpétuent le *Modele* & lui procurent l'immortalité. Ce qui a été refusé à l'*Individu* a été accordé ainsi à l'*Espece* : elle est une sorte d'*Unité* toujours subsistante, toujours renaissante, & qui offre sans altération aux Siecles suivans, ce qu'elle avoit offert aux Siecles précédens, & ce qu'elle offrira encore aux Siecles les plus reculés.

Quelle que soit la maniere dont s'opere
X iv

cette Reproduction des Etres vivans; quelque Syftême qu'on embraffe pour tâcher de l'expliquer ; elle n'en paroîtra pas moins admirable à ceux qui entrevoient au moins l'Art prodigieux qu'elle fuppofe dans l'Organifation, & dans les divers Moyens qui l'exécutent chez le *Végétal* & chez l'*Animal*, & dans les différentes Efpeces de l'un & de l'autre. Ainfi, foit que cette Reproduction dépende de *Germes* préexiftans ; foit qu'on veuille qu'il fe forme journellement dans l'Individu *procréateur* de petits Touts femblables à lui ; la Confervation de l'Efpece dans l'une & l'autre Hypothefe n'en fera pas moins un des plus beaux Traits de la perfection du *Méchanifme organique*. Et s'il étoit poffible, que les feules Lois de ce Méchanifme puffent fuffire à former de nouveaux Touts individuels, il ne m'en paroîtroit que plus admirable encore.

Je ferois un Traité d'Anatomie, fi j'entreprenois ici de décrire cette partie du Méchanifme organique, qui a pour derniere Fin la Reproduction des Etres vivans : j'étonnerois mon Lecteur en mettant fous fes yeux ce grand Appareil d'Organes fi compofés, fi multipliés, fi variés, fi harmoniques entr'eux, qui confpirant tous au vœu principal de la Nature, réparent ses pertes, renouvellent ses plus cheres Productions, & la rajeunissent sans cesse.

Si le Développement des Corps organisés ou leur simple Accroissement ne peut qu'être l'effet de la plus belle Méchanique ; combien cette Méchanique doit-elle être plus belle encore, lorsqu'elle n'est point bornée à procurer simplement l'extension graduelle des Parties en tout sens, & qu'elle s'éleve jusqu'à procurer la *Régénération* complette d'un Membre, ou d'un Organe, & même l'entiere *Réintégration* de l'Animal !

❧ ❧

Ici s'offrent de nouveau à mes regards ces fameux *Zoophytes*, qui m'ont tant occupé dans mes deux derniers Ouvrages, (*) & sur lesquels encore j'ai jeté un coup d'œil dans celui-ci. (†) Je ne retracerai donc pas ici les divers Phénome-

(*) *Consid. sur les Corps Organ.* Tom. I. Chap. IV, V, XI, XII. Tom. II. Chap. I, II, III. *Contemp. de la Nat.* Part. III, Chap. XIII, XV. Part. VII, Chap. IX. Part. VIII, Chap. IX, X, XI, & suiv. Part. IX, Chap. I, II.
 (†) Voyez ci-dessus l'*Application aux Zoophytes*, Part. V.

nes que préfentent la Régénération & la Multiplication du Polype *à Bras*, & celles de quelques autres Infectes de la même Claffe ou de Claffes différentes ; mais je ne puis m'empêcher de dire un mot de *Reproductions* plus étonnantes encore, & que la fagacité d'un excellent Obfervateur (*) vient de nous découvrir.

On fait que la Structure du *Polype* eft d'une extrême fimplicité, au moins en apparence. Tout fon Corps eft parfemé extérieurement & intérieurement d'une multitude de très-petits Grains, logés dans l'épaiffeur de la Peau, & qui femblent faire les fonctions de Vifceres ; car les meilleurs Microfcopes n'y découvrent rien qui reffemble le moins du monde aux Vifceres qui nous font connus. Le Corps lui-même n'eft qu'une maniere de petit Sac, d'une confiftance prefque gé-

---

(*) Mr. l'Abbé SPALLANZANI, Profeffeur de Philofophie à Modene, de la Société Royale d'Angleterre. *Prodromo d'un Opera da imprimerfi fopra le Riproduzioni Animali*. Ce *Prodrome*, que l'Auteur a publié cette année 1768, vient d'être traduit en François par un Homme de mérite & éclairé, & imprimé à Genève, chez Claude Philibert. Je ne puis trop exhorter mon Lecteur à lire ce très-petit Ecrit, tout plein de Prodiges, & qui contient beaucoup plus de Vérités nouvelles, que ces gros *in-folio* de certains Savans, qui ne furent jamais intérroger la Nature, & ne firent que compiler.

latineuſe, & garni près de ſon ouverture de quelques menus Cordons qui peuvent s'allonger & ſe contracter au gré du Polype, & ce ſont ſes *Bras*. Il n'a point d'autres Membres, & on ne lui trouve aucun *Organe*, de quelque eſpece que ce ſoit.

Je ne décris pas le *Polype* ; je ne fais qu'ébaucher ſes principaux Traits ; mais il eſt ſi ſimple, que c'eſt preſque l'avoir décrit. Quand on ſonge à la nature & à la ſimplicité d'une pareille Organiſation, l'on n'eſt plus auſſi ſurpris de la Régénération du *Polype*, & de toutes ces étranges opérations qu'une Main habile a ſu exécuter ſur cet Inſecte ſingulier. J'ai ſur-tout dans l'Eſprit cette opération par laquelle on le *retourne* comme le doigt d'un Gant, & qui ne l'empêche point de croître, de manger & de multiplier. Si même on le coupe par morceaux, pendant qu'il eſt dans un état ſi peu naturel, il ne laiſſe pas de renaître à ſon ordinaire *de Bouture*, & chaque Bouture mange, croît & multiplie. Je le remarquois dans mes *Corps organiſés*, Article 273 : « Un Polype, coupé, retourné, recoupé, » retourné encore, ne préſente qu'une ré» pétition de la même merveille, ſi à

» préfent c'en eft une au fens du Vulgaire.
» Ce n'eft jamais qu'une efpece de Boyau
» qu'on retourne & qu'on recoupe : il eft
» vrai que ce Boyau a une Tête, une
» Bouche, des Bras, qu'il eft un vérita-
» ble Animal; mais l'intérieur de cet Ani-
» mal eft comme fon extérieur, fes Vif-
» ceres font logés dans l'épaiffeur de fa
» Peau, & il répare facilement ce qu'il
» a perdu. Il eft donc après l'opération
» ce qu'il étoit auparavant. Tout cela fuit
» naturellement de fon Organifation; l'a-
» dreffe de l'Obfervateur fait le refte. Le
» plus fingulier pour nous eft donc qu'il
» exifte un Animal fait de cette maniere :
» nous n'avions pas foupçonné le moins
» du monde fon exiftence, & quand il
» a paru, il n'a trouvé dans notre Cer-
» veau aucune idée analogue du Regne
» animal. Nous ne jugeons des chofes
» que par comparaifon : nous avions pris
» nos idées d'*Animalité* chez les grands
» Animaux, & un Animal qu'on coupe,
» qu'on retourne, qu'on recoupe & qui
» fe porte bien, les choquoit directe-
» ment. Combien de Faits encore igno-
» rés, & qui viendront un jour déranger
» nos Idées fur des Sujets, que nous
» croyons connoître ! Nous en favons au
» moins affez pour que nous ne devions

» être surpris de rien. La surprise sied peu
» à un Philosophe ; ce qui lui sied est
» d'observer, de se souvenir de son igno-
» rance, & de s'attendre à tout.

Je m'étois en effet, *attendu à tout :* aussi
ai-je été peut-être moins surpris que bien
d'autres des nouveaux Prodiges, que nous
devons aux belles Expériences de Mr.
l'Abbé SPALLANZANI, & qu'il s'est em-
pressé obligeamment à me communiquer
en détail, depuis trois ans, dans ses intéressantes Lettres. Il a voulu me laisser le
plaisir de penser, que les invitations que
je lui avois faites, de s'attacher particu-
liérement aux *Reproductions animales*, n'a-
voient pas peu contribué à ses Découvertes. Ce que je sais mieux, c'est qu'aucun Physicien n'avoit poussé aussi loin que
lui, ce nouveau genre d'Expériences *physiologiques*, ne les avoit exécutées & variées avec plus d'intelligence, & ne les
avoit étendues à des Espéces aussi élevées
dans l'Echelle de l'*Animalité*.

TOUT le monde connoît le Limaçon
de *Jardin*, nommé vulgairement *Escar-
got :* mais tout le monde ne sait pas que

l'Organisation de ce Coquillage est très-composée, & qu'elle se rapproche par diverses particularités très-remarquables, de celle des Animaux que nous jugeons les plus parfaits. Je ne ferai qu'indiquer quelques-unes de ces particularités : mon Plan ne me conduit point à traiter des *Reproductions animales* : je ne veux que faire sentir par ces Reproductions, l'excellence des Machines *organiques*.

Sans être initié dans les Secrets de l'Anatomie, on sait, au moins en gros, qu'un *Cerveau* est un Organe extrêmement composé, ou plutôt un Assemblage de bien des Organes différens, formés eux-mêmes de la combinaison & de l'entrelacement d'un nombre prodigieux de Fibres, de Nerfs, de Vaisseaux, &c. La *Tête* du Limaçon possède un véritable *Cerveau*, qui se divise, comme le Cerveau des grands Animaux, en deux Masses hémisphériques, d'un volume considérable, & qui portent le nom de *Lobes*. De la partie inférieure de ce Cerveau sortent deux *Nerfs* principaux ; de la partie supérieure en sortent dix, qui se répandent dans toute la capacité de la Tête : quelques-uns se partagent en plusieurs Branches. Quatre de ces Nerfs animent les quatre *Cornes* du

Coquillage, & préfident à tous leurs jeux. On peut s'être amufé à contempler les mouvemens fi variés de ces Tuyaux mobiles en tous fens, que l'Animal fait rentrer dans fa Tête, & qu'il en fait fortir quand il lui plaît. On n'imagine point combien les deux grandes *Cornes* font une belle Chofe : on connoît ce *Point* noir & brillant qui eft à l'extrémité de chacune : ce Point eft un *véritable Œil*. Prenez ceci au pied de la lettre, & n'allez pas vous repréfenter fimplement une *Cornée* d'Infecte. L'Œil du Limaçon a deux des principales *Tuniques* de notre Œil ; il en a encore les trois *Humeurs*, l'*aqueufe*, la *criftalline*, la *vitrée* : enfin, il a un *Nerf optique*, & ce Nerf eft de la plus grande beauté. Je paffe fous filence l'appareil des *Mufcles* deftinés à opérer les divers mouvemens de la Tête & des Cornes. J'ajouterai feulement, que le Limaçon a une *Bouche*, & que cette Bouche eft revêtue de *Levres*, garnie de *Dents*, & pourvue d'une *Langue* & d'un *Palais*. Toute cette Anatomie feroit feule la matiere d'un petit Volume. Si mon Lecteur me demandoit un Garant de tant & de fi curieufes Particularités anatomiques, il me fuffiroit, je penfe, de nommer l'Auteur célebre (*) de la *Bible de la Nature*.

(*) SWAMMERDAM.

Croira-t-on à présent que ces *Cornes* du Limaçon, qui sont de si belles Machines d'Optique, se régénere en entier, lorsqu'on les mutile, ou même qu'on les retranche entiérement? Il n'est pourtant rien de plus vrai que cette *Régénération*: elle est si parfaite, si singuliérement complette, que l'Anatomie la plus exacte ne découvre aucune différence entre les Cornes reproduites, & celles qui avoient été mutilées ou retranchées. (†)

C'est déjà, sans doute, une assez grande Merveille que la Reproduction, ou même la simple réparation de semblables Lunettes: mais ce qui est tout aussi vrai, sans être le moins du monde vraisemblable, c'est que toute la *Tête* du Limaçon, cette Tête qui est le Siege de toutes les Sensations de l'Animal, & qui, comme nous venons de le voir, est l'Assemblage de tant d'Organes divers, & d'Organes, la plupart si composés; toute cette Tête, dis-je, se régénere, & si on la coupe au Limaçon, il en refait une nouvelle, qui ne differe point du tout de l'ancienne.

(†) *Programme* de Mr. SPALLANZANI, page 61.

En décrivant dans mes deux derniers Ouvrages la Régénération du *Ver-de-terre*, (*) & celle de ces *Vers d'Eau douce* (†) que j'ai multipliés en les coupant par morceaux ; j'ai fait remarquer que la Partie qui se reproduit, se montre d'abord sous la forme d'un petit Bouton, qui s'allonge peu à peu, & dans lequel on découvre tous les Rudimens des nouveaux Organes. Il n'en va pas de même dans la Régénération de la *Tête* du Limaçon : cette Régénération suit des Lois bien différentes. Quand la Tête de ce Coquillage commence à se régénérer, les diverses Parties qui la composent ne se montrent pas toutes ensemble : elles apparoissent ou se développent les unes après les autres, & ce n'est qu'au bout d'un temps assez long, qu'elles semblent se réunir, pour former ce Tout si composé, qui porte le nom de *Tête*. (**)

Cette Découverte est si belle, si neuve,

(*) *Consid. sur les Corps Organ.* Art. 244, 245. *Cont. de la Nat.* Part. VI, Chap. VIII.

(†) *Corps Organ.* Art. 246, 247. *Cont. de la Nat.* Part. VIII, Chap. X. Part. IX, Chap. II.

(**) *Programme* de Mr. SPALLANZANI, page 62.

Tome I. Y

& elle a excité tant de doutes, (*) que je ne puis résister à la tentation de la raconter un peu plus en détail.

(*) Il y a lieu de s'étonner, que cette *Reproduction* de la Tête du *Limaçon* ait paru en France si douteuse, après tout ce que Mrs. de REAUMUR & TREMBLEY avoient publié sur la *Régénération* du *Polype*, & sur celle de bien d'autres Animaux de la même Classe & de Classes très-différentes. Voyez la belle Préface que M. de REAUMUR a mise à la tête du VI. Volume de ses *Mémoires sur les Insectes*, qui a été imprimé en 1742, & les excellens *Mémoires* de M. TREMBLEY *sur le Polype à Bras*, qui parurent en 1744. J'avois publié moi-même en 1745 dans mon *Traité d'Insectologie* un grand nombre d'Expériences & d'Observations nouvelles sur différentes Espèces de *Vers*, que j'avois multipliés en les coupant par morceaux. J'y étois revenu en 1762 dans mes *Considérations sur les Corps Organisés*, Tom. I, Chap. IV, V, XI, Tom. II, Chap. I, II, III. J'étois entré dans de grands détails sur les *Reproductions animales*, & j'avois essayé d'en donner des Explications qui fussent conformes à la bonne Physique. J'avois montré combien il étoit probable, que cette Faculté de *se reproduire* s'étendoit à beaucoup d'autres Espèces d'Animaux. Enfin, j'avois remanié tout cela assez en détail dans ma *Contemplation de la Nature*, publiée en 1764, Part. VIII & IX.

Comment donc s'est-il trouvé après cela tant d'Incrédules dans le Public François sur les Découvertes de M. l'Abbé SPALLANZANI? Ceci prouve trop qu'on ne lit souvent que du pouce des Livres, qui demanderoient à être lus avec attention & médités. Croiroit-on qu'il a paru en 1766 une Brochure intitulée, *Lettre de M. DEROMÉ de l'Isle à M. BERTRAND sur les Polypes d'Eau douce*, où l'Auteur prétend démontrer que Mrs. de REAUMUR & TREMBLEY se sont trompés en regardant le *Polype* comme un véritable Animal. Cet Auteur ose avancer comme une chose, au moins très-probable,

Quelquefois, il n'apparoît d'abord sur le Col ou le Tronc de l'Animal, qu'un petit *Globe*, qui renferme les Elémens des *petites Cornes*, de la *Bouche*, des *Levres* & des *Dents*.

D'autrefois on ne voit paroître d'abord qu'une des *grandes Cornes*, garnie de son *Œil* : au-dessous, & dans un endroit écarté, on apperçoit les premiers traits des *Levres*.

Tantôt on n'observe qu'une espece de

que le *Polype* n'est point un *Animal* ; mais, qu'il n'est qu'un Sac ou un Fourreau plein d'une multitude presqu'infinie de petits Animaux. On ne soupçonne pas sans doute, que cet Ecrivain n'a jamais vu de *Polypes*, bien moins encore qu'il n'a jamais lu M. de REAUMUR ni M. TREMBLEY. Il ne copie que leur Abréviateur, M. BAZIN. Je n'exagérerai point, si je dis, qu'il y a dans cette Brochure, plus d'erreurs & de méprises que de pages. Cependant elle en a imposé à plus d'un Journaliste, & je ne m'attendois pas que l'estimable M. de BOMARE se donneroît la peine d'en faire un Extrait dans le *Supplément* de son *Dictionnaire d'Histoire Naturelle*, au Mot *Polype*. Ce petit Roman physique ne méritoit pas une telle place dans un Livre destiné à être le Dépôt des Vérités de la Nature. L'accueil si distingué & si bien mérité que le Public a fait à cet Ouvrage, prouve qu'il a su apprécier le zele éclairé de l'Auteur pour les progrès d'une Science, qu'il travaille avec tant de succès à faire connoître & à enrichir : mais, ce que le Public ne sait pas aussi bien que moi, c'est combien la modestie sincere de l'Auteur releve ses Connoissances & ses talens.

Nœud, formé par trois des Cornes : tantôt on découvre un petit *Bouton*, qui ne renferme que les *Levres* : tantôt la *Tête* se montre en entier, à la réserve d'une ou de plusieurs Cornes. (*)

En un mot, il y a ici une foule de variétés, qu'on traiteroit de bizarreries, s'il y avoit dans la Nature de vraies bizarreries. Mais le Philosophe n'ignore pas, que tout s'y fait par des *Lois* constantes, qui se diversifient plus ou moins suivant les Sujets, & dont telles ou telles Reproductions sont les Résultats immédiats.

Malgré toutes ces variétés dans la Régénération de la Tête du Limaçon, cette Régénération si surprenante s'acheve en entier, & l'Animal commence à *manger* sous les yeux de l'Observateur. Si après cela on pouvoit former le moindre doute sur l'*intégrité* de la Régénération, je le dissiperois en ajoutant, que la dissection de la Tête *reproduite*, y démontre toutes les Parties *similaires* & *dissimilaires* qui composoient l'ancienne. (†)

(*) *Prog.* pag. 62 & 63.
(†) *Prog.* pag. 65 & 66.

Le *Limaçon* est bien un Colosse, en comparaison du *Polype*: l'Anatomie y découvre bien une multitude d'Organes dont le Polype est privé ; cependant, le Limaçon ne nous paroît pas encore assez élevé dans l'Echelle de l'*Animalité :* il nous reste toujours je ne sais quelle disposition à le regarder comme un Animal *imparfait :* nous le plaçons volontiers tout près de l'*Insecte ;* & ce voisinage qui ne lui est point avantageux, diminue un peu, à nos yeux, la merveille de sa *Régénération.* S'il nous paroissoit plus *Animal,* il nous étonneroit davantage : je l'ai dit, nous ne jugeons des Etres que par comparaison, & nos comparaisons sont pour l'ordinaire fort peu philosophiques.

Nous serions donc beaucoup plus étonnés d'apprendre qu'il existe une sorte de petit *Quadrupede,* construit à peu près sur le modele des petits Quadrupedes qui nous sont les plus connus, & qui se régénere presque en entier. Ce petit Quadrupede est la *Salamandre Aquatique,* déjà célebre chez les Naturalistes anciens & modernes, par un grand prodige, qui n'avoit d'autre fondement que l'amour du merveilleux, & que l'amour du vrai a détruit dans ces derniers temps: on comprend que je parle du prétendu privilege de vivre au milieu des flammes. La *Salamandre*, j'ai presque honte de le dire, est si peu faite pour vivre dans le Feu, qu'il est démontré aujourd'hui par les Expériences de M. SPALLANZANI, qu'elle est de tous les Animaux celui qui résiste le moins à l'excès de la chaleur. (*)

Les *Insectes* n'ont point d'*Os*; mais ils ont des *Ecailles* qui en tiennent lieu. Ces Ecailles ne sont pas recouvertes par les Chairs, comme les Os; mais elles recouvrent les Chairs. (†) La *Coquille* du Limaçon, substance pierreuse ou crustacée, recouvre aussi ses Chairs, & ce Caractere est un de ceux qui semblent le rapprocher le plus des Insectes. Il y a cependant quantité d'Insectes, dont le Corps est purement charnu ou membraneux. Il en est d'autres qui sont presque

(*) *Prog.* Page 71.
(†) *Cont. de la nat.* Part. III, Chap. XVII.

gélatineux : à cette Classe appartient la nombreuse Famille des *Polypes*.

La *Salamandre* a, comme les Quadrupedes, de véritables *Os*, qui sont recouverts, comme chez eux, par les Chairs. Elle a de véritables *Vertebres*, des *Mâchoires*, armées d'un grand nombre de petites *Dents* fort aiguës, & ses *Jambes* ont à peu près les *mêmes Os* qu'on observe dans celles des *Quadrupedes* proprement dits. (*) Elle a un *Cerveau*, un *Cœur*, des *Poumons*, un *Estomac*, des *Intestins*, un *Foie*, une *Vésicule du Fiel*, &c. (†)

On voit bien que mon intention n'est point ici de décrire la Salamandre en Naturaliste. Ce petit Ouvrage n'appartient pas proprement à l'Histoire Naturelle : je ne veux que donner une légere Idée de ces nouveaux Prodiges, que l'Economie Animale vient de nous offrir. J'ajouterai simplement, que la *Salamandre* paroît se rapprocher par sa Forme & par sa Structure du *Lézard* & du

(*) *Prog. pag.* 69.
(†) *Ibid. pag.* 97.

Crapaud. Elle n'eſt pas purement *aquatique* ; elle eſt *amphibie* ; elle peut vivre aſſez long-temps hors de l'Eau.

Si l'on a jeté un coup d'œil ſur un *Squellette* ou ſur une Planche d'*Oſtéologie* qui le repréſente, on aura acquis quelque notion de la forme & de l'engrainement admirables des différentes Pieces *oſſeuſes* qui le compoſent. L'eſſentiel de tout cela ſe retrouve dans la *Salamandre*. Sa *Queue*, en particulier, eſt formée d'une ſuite de petites *Vertebres* travaillées & aſſemblées avec le plus grand art. Mais ces Pieces, quoique multipliées, ne ſont pas les ſeules qui entrent dans la conſtruction de la *Queue*. Elle préſente encore à l'examen de l'Anatomiſte un *Epiderme*, une *Peau*, des *Glandes*, des *Muſcles*, des *Vaiſſeaux Sanguins*, une *Moëlle Spinale*. (*)

Nommer ſimplement toutes ces Parties, c'eſt déjà donner une aſſez grande Idée de l'Organiſation de la *Queue* de la Salamandre : ajouter, que toutes ces Parties déchiquetées, mutilées, ou même

(*) *Prog.* pag. 76.

entiérement retranchées, se réparent, se consolident, & même se régénerent en entier, c'est avancer un Fait, déjà fort étrange. Mais des Parties molles ou purement charnues peuvent avoir de la facilité à se réparer, à se régénérer : que sera-ce donc, si l'on peut assurer que de nouvelles *Vertebres* reparoissent à la place de celles qui ont été retranchées ? Que sera-ce encore si ces nouvelles *Vertebres*, retranchées à leur tour, sont remplacées par d'autres; celles-ci, par de troisiemes, &c. & si cette Reproduction successive de nouvelles *Vertebres* paroît toujours se faire avec autant de facilité, de régularité, de précision, que celle des Parties *molles*, & qui doivent demeurer telles ? (*)

Mais combien la Régénération des *Jambes* de la Salamandre, est-elle plus étonnante que celle de sa Queue; si toutefois nous pouvons encore être étonnés, après l'avoir tant été ! Je prie que l'on veuille bien ne point oublier, qu'il s'agit ici d'un petit *Quadrupede*, & non simplement d'un *Ver* ou d'un *Insecte*. J'ai grand intérêt à écarter ici de l'Esprit de

(*) *Prog.* pag. 75, 76, 77, 78, 79.

mes Lecteurs, toute Idée d'Insectes. Il y a toujours quelqu'idée d'imperfection enveloppée dans celle-là. Quoique la division des Animaux en *parfaits* & en *imparfaits*, soit la chose du monde la moins philosophique, elle ne laisse pas d'être assez naturelle & très-commune. Or dès qu'on parle d'un Animal *imparfait*, l'Esprit est déjà tout disposé à lui attribuer ce qui choque le plus les notions communes de l'Animalité ; il croira de cet Animal tout ce qu'on voudra lui en faire croire, & le croira sans effort : témoin l'Opinion si ancienne & si ridicule, que les *Insectes* naissent de la pourriture : eût-on jamais fait naître de la pourriture, je ne dis pas un Eléphant, un Cheval, un Bœuf ; je dis seulement un Lievre, une Belette, une Souris ? Pourquoi ? C'est qu'une Souris, comme un Eléphant, est un Animal réputé *parfait*, & qu'un Animal *parfait* ne doit pas naître de la pourriture.

La Salamandre est donc un Animal *parfait*, à la maniere dont la Souris en est un pour le commun des Hommes. La Salamandre est aussi-bien un *Quadrupede* que le *Crocodile*. Ses *Jambes* sont garnies de *Doigts* articulés & flexibles ;

les antérieures en ont quatre ; les postérieures, cinq. Entendez au reste, par la Jambe, la *Cuisse*, la Jambe *proprement dite*, & le *Pied*.

Tout le monde sait qu'une *Jambe* est un Tout organique, composé d'un nombre très-considérable de Parties *osseuses*, *grandes*, *moyennes*, *petites* ; & de Parties *molles* très-différentes entr'elles. Une *Jambe* est revêtue extérieurement & intérieurement d'un *Epiderme*, d'une *Peau*, d'un *Tissu Cellulaire*. Elle a des *Glandes*, des *Muscles*, des *Arteres*, des *Veines*, des *Nerfs*. Ceux qui possedent un peu d'Anatomie savent de plus, qu'une *Glande*, un *Muscle*, une *Artere* sont formés de la réunion ou de l'entrelacement d'un grand nombre de Fibres & de Vaisseaux plus ou moins déliés, différemment combinés, arrangés, repliés, calibrés.

Les *Jambes* de la Salamandre offrent tout ce grand Appareil de Parties *osseuses* & de Parties *molles*. Pour exciter davantage l'admiration de mon Lecteur, il ne sera pas nécessaire que j'en fasse un dénombrement exact, & tel que l'*Anatomie comparée* le fourniroit. Il suffira que je dise, d'après l'habile Observateur qui me sert de guide, que le nombre des Os des quatre Jambes est de *quatre-vingt-dix-neuf.* (*)

Maintenant, ne prendra-t-on point pour une fable ce que je vais dire ? Si l'on coupe les quatre *Jambes* de la Salamandre, elle en repoussera quatre nouvelles, qui seront si parfaitement semblables à celles qu'on aura retranchées, qu'on y comptera, comme dans celles-ci, *quatre-vingt-dix-neuf* Os. (†)

On juge bien que c'est pour la Nature un grand Ouvrage, que la Reproduction complette de ces quatre Jambes, composées d'un si grand nombre de Parties, les unes osseuses, les autres charnues : aussi ne s'acheve-t-elle qu'au bout d'environ un an dans les Salamandres qui ont pris tout leur accroissement. Mais dans les plus jeunes, tout s'opere avec une célérité si merveilleuse, que la Régénération parfaite des quatre Jambes n'est que l'affaire de peu de jours. (**)

(*) *Prog.* pag. 87.
(†) *Ibid.* pag. 87.
(**) *Ibid.* pag. 87, 88.

Ce n'est donc rien ou presque rien pour une jeune Salamandre, que de perdre ses quatre *Jambes*, & encore sa *Queue*. On peut même les lui recouper plusieurs fois consécutives, sans qu'elle cesse de les reproduire en entier. Notre excellent Observateur nous assure, qu'il a vu jusqu'à *six de ces Reproductions successives, où il a compté six cents quatre-vingt-sept Os reproduits*. (*) Il remarque à cette occasion, que la *Force reproductive* a une si grande énergie dans cet Animal, qu'elle ne paroît point diminuer sensiblement après plusieurs Reproductions, *puisque la derniere s'opere aussi promptement que les précédentes*. (†)

Une autre preuve bien remarquable de cette grande Force de reproduction, c'est qu'elle se déploie avec autant d'énergie dans les Salamandres qu'on prive de toute nourriture, que dans celles qu'on a soin de nourrir. (**)

Ce n'est plus la peine que je parle de la Régénération des Parties *molles*, qui recouvrent les *Os* des Jambes. On

(*) *Prog.* pag. 93.
(†) *Ibidem.*
(**) *Ibid.* pag. 88.

préfume affez qu'elle doit s'opérer plus facilement encore que celles des Parties *dures* ou qui doivent le devenir. On ne fera donc pas fort furpris d'apprendre, que fi l'on obferve avec le Microfcope la *Circulation* du Sang dans les Jambes *reproduites*, on la trouvera précifément la même que dans les Jambes qui n'ont fouffert aucune opération. On y diftinguera nettement les Vaiffeaux qui portent le Sang du Cœur aux Extrémités, & ceux qui le rapportent des Extrémités au Cœur. (*)

Lorfque la Reproduction des *Jambes* commence à s'exécuter, on apperçoit à l'endroit où une Jambe doit naître, un petit *Cône* gélatineux, qui eft la Jambe elle-même en miniature, & dans laquelle on démêle très-bien toutes les *Articulations*. (**) Les *Doigts* ne fe montrent pas tous à la fois. D'abord les Jambes renaiffantes ne paroiffent que comme quatre petits Cônes pointus. Bientôt on voit fortir de part & d'autre de la pointe de chaque Cône, deux autres Cônes plus petits, qui avec la pointe du premier font les Elémens de trois *Doigts*.

(*) *Ibid.* pag. 84. 85.
(**) *Ibid.* pag. 82.

Ceux des autres Doigts apparoissent ensuite. (*)

Si l'entiere Régénération d'un Tout organique aussi composé que l'est la Jambe d'un petit Quadrupede, est une chose très-merveilleuse; ce qui ne l'est pas moins, & qui l'est peut-être davantage, c'est qu'en quelqu'endroit qu'on coupe une Jambe, la Reproduction donne constamment une Partie *égale* & *semblable* à celle qu'on a retranchée. Si donc l'on coupe la Jambe à la moitié ou au quart de sa longueur, il ne se reproduira qu'une moitié ou qu'un quart de Jambe ; c'est-à-dire, qu'il ne renaîtra précisément que ce qui aura été retranché. (†) Ecoutons l'Auteur lui-même : « Si au lieu, dit-il, (**) de
» retrancher du corps de la Salamandre
» les Jambes toutes entieres, on n'en
» coupe qu'une petite portion, le nom-
» bre d'*Os reproduits*, égale alors pré-
» cisément le nombre retranché. Si l'on
» fait, par exemple, la section dans
» l'articulation du *rayon*, on voit renaî-

(*) *Prog.* pag. 82, 83.
(†) *Ibid.* pag. 80.
(**) *Ibid.* pag. 90.

» tre une nouvelle articulation avec le
» nombre précis des *Os* qui étoient au-
» deſſous de l'*articulation*. »

Nous avons vu que la Salamandre a des *Mâchoires*, & qu'elles ſont garnies d'un grand nombre de petites *Dents* fort aiguës. Chaque Mâchoire eſt formée par un *Os ellyptique*, auquel elle doit ſa figure, ſes proportions & ſa conſiſtance. On y obſerve de plus divers *Cartilages* & divers *Muſcles*, des *Arteres*, des *Veines*, des *Nerfs*, &c. (**) Tout cela ſe répare, ſe régénere avec la même facilité, la même promptitude, la même préciſion que les *Extrémités* : (†) mais nous ſommes ſi familiariſés à préſent avec tous ces prodiges, qu'ils n'en ſont preſque plus pour nous. La Salamandre en a, ſans doute, bien d'autres à nous offrir, plus étranges encore, que nous ne ſoupçonnons point, & que la ſagacité de ſon Hiſtorien nous dévoilera peut-être quelque jour.

(**) *Prog.* pag. 96.
(†) *Ibid.* pag. 97.

J'ai crayonné foiblement les belles Découvertes de M. SPALLANZANI, d'après le Précis qu'il nous en a donné lui-même dans son *Programme*. Que de nouvelles lumieres n'avons-nous point à attendre du grand Ouvrage, dont ce *Programme* n'est qu'une simple annonce ? Combien la somme des Vérités *physiologiques* s'accroîtra-t-elle par les profondes Recherches du Savant & Sage Disciple de la *Nature* !

Le 21 de Juillet 1768.

DIXIEME PARTIE.

NOUVELLES CONSIDÉRATIONS DE L'AUTEUR SUR LES REPRODUCTIONS ANIMALES.

Nous venons d'assister à un grand Spectacle : nous avons contemplé quelques-unes des plus brillantes Décorations du Regne Organique. Ce ne sont en effet pour nous, que de simples Décorations ; car les Machines ou les Ressorts qui les exécutent, demeurent cachés derriere une Toile impénétrable à nos regards. J'ai tenté de soulever un peu cette Toile, & j'ai raconté dans mes deux derniers Ouvrages, ce que j'ai entrevu. (*)

(*) *Corps Organisés*, Tom. I. Chap. XII. Tom. II. Chap. I, II, III, V. *Contemplation*, Part. VII, Chap. VIII, IX, X, XI, XII, Part. IX, Chap. I, II.

La Nature ne m'a point paru former un Tout organique, à la façon d'une Ardoise ou d'un Cristal ; je veux dire, par l'*apposition* successive de quantité de Molécules, plus ou moins homogenes, à une petite Masse déterminée & commune. Un Tout organique quelconque ne m'a point semblé un Ouvrage d'Ebénerie, formé d'une multitude de Pieces de *rapport*, qui ont pu exister à part les unes des autres, & être réunies en des temps différens les unes aux autres. J'ai cru voir qu'une Tête, une Jambe, une Queue étoient composées de Parties si manifestement enchaînées ou subordonnées les unes aux autres, que l'existence des unes supposoit essentiellement la coexistence des autres. J'ai cru reconnoître, par exemple, que l'existence des Arteres supposoit celle des Veines ; que l'existence des unes & des autres supposoit celles du Cœur, du Cerveau, des Nerfs, &c.

Des Observations exactes ont concouru avec le Raisonnement pour me persuader la préexistence simultanée des Parties diverses qui entrent dans la composition du Tout organique. Ces Observations m'ont découvert plusieurs de ces Parties sous des formes, sous des proportions & dans des positions si différentes de l'état naturel, que je les aurois entièrement méconnues, si leur Evolution n'avoit peu à peu manifesté à mes yeux leur véritable forme, & ne leur avoit donné un autre arrangement. J'ai reconnu encore, que l'extrême transparence, comme l'extrême petitesse, la forme & le lieu des Parties, contribuoit également à les dérober à mes yeux.

J'ai donc mieux compris encore, qu'il n'y a point de conséquence légitime de l'invisibilité à la non-existence, & ce que j'avois toujours soupçonné, m'a paru écrit de la main même de la Nature dans un Bouton ou dans un Œuf.

J'ai donc tiré de tout ceci une Conclusion générale, que j'ai jugée philosophique ; c'est que les Touts Organiques ont été originairement *préformés*, & que ceux d'une même Espece ont été renfermés les uns dans les autres, pour se développer les uns par les autres ; le petit par le grand, l'invisible par le visible.

Je n'ai point prétendu, que cette *Pré-*

formation fût *identique* dans toutes les Especes : je savois trop combien l'IN-TELLIGENCE SUPRÊME a pu varier les *Moyens* qui conduisent à la même *Fin*. Toute la Nature atteste des Fins *générales* & des Fins *particulieres* : mais elle atteste aussi que les *Moyens* qui leur sont relatifs ont été indéfiniment diversifiés. « Je ne
» prétends point, disois-je dans la Pré-
» face (*) de ma *Contemplation*, pro-
» noncer sur les Voies que le CRÉA-
» TEUR a pu choisir pour amener à
» l'existence divers Touts organiques; je
» me borne à dire, que dans l'ordre actuel
» de nos Connoissances physiques, nous
» ne découvrons aucun moyen raisonna-
» ble d'expliquer *méchaniquement* la for-
» mation d'un Animal, ni même celle
» du moindre Organe. J'ai donc pensé,
» qu'il étoit plus conforme aux Faits,
» d'admettre au moins comme très-pro-
» bable, que les Corps Organisés préexis-
» toient dès le commencement. »

Il est en effet très-vraisemblable, que *différentes* Parties d'un Tout Organique se régénerent par des Moyens *différens*.

(*) Pag. xxvj. de la Ire. Edition. *Tableau des Consi-dérations*, Art. XIV.

La diversité des Parties exigeoit, sans doute, cette diversité correlative des Moyens. Il est assez apparent, que les Parties *similaires* n'étoient pas faites pour se régénérer précisément comme les Parties *dissimilaires*.

Ceci n'est pas même simplement vraisemblable : c'est un Fait que l'Observation établit. L'*Ecorce* d'un Arbre, la *Peau* d'un Animal se régénerent par des *Filamens* gélatineux, qui sont comme les *Elémens* d'une nouvelle Ecorce ou d'une nouvelle Peau. Ces *Filamens* ne représentent pas en petit l'Arbre ou l'Animal ; ils ne représentent en petit que certaines Parties *similaires* de l'Arbre ou de l'Animal ; je veux dire, des Fibres *corticales* ou des Fibres *charnues*, qui par leur *Evolution* formeront une nouvelle *Ecorce* ou une nouvelle *Peau*.

Mais les *Branches* ou les *Rejetons* d'un Arbre, la *Tête* ou la *Queue* d'un Ver de terre sont représentés en petit dans un *Bouton* végétal ou animal. Ce Bouton contient actuellement en raccourci l'Ensemble des Parties *intégrantes* qui constituent le Tout organique *particulier*.

L'Arbre ou l'Animal *entiers*, le Tout Organique *général* est représenté en petit dans une *Graine* ou dans un *Œuf*.

Une *Graine* ou un *Œuf* n'est proprement que l'*Arbre* ou l'*Animal* concentré & replié sous certaines *Enveloppes*. Il est prouvé que les Petits des *Vivipares* sont d'abord renfermés dans un *Œuf*, & qu'ils en sortent dans le Ventre de leur Mere. On connoît des Animaux qui sont à la fois *Vivapares* & *Ovipares*. (*)

J'ai exposé tout cela fort en détail dans mes *Considérations sur les Corps Organisés*. Je renvoie sur-tout aux Articles 179, 180, 181, 244, 245, 253, 254, 306, 315. Si l'on prend la peine de consulter ces divers Articles, on prendra une Idée plus nette de ces différentes sortes de *Régénérations* ou de *Reproductions*, qu'il me suffit ici d'indiquer.

☙❧

J'apperçois bien des choses dans les curieuses Découvertes de M. Spallanzani, qui paroissent confirmer les Prin-

---

(*) *Considérations sur les Corps Organiques*, Art. 149, 150, 306, 315.

cipes que j'ai adoptés sur les *Reproductions Animales*, & que j'ai exposés dans mes derniers Écrits. Par exemple ; ce *petit Globe* qui renferme les Elémens des *petites Cornes*, de la *Bouche*, des *Levres* & des *Dents* du Limaçon ; cette espece de *Nœud* formé par trois des Cornes ; ce petit *Bouton* qui ne contient que les *Levres* ; (*) tout cela donne assez à entendre, que les Parties *intégrantes* de la Tête du Limaçon, préexistent sous les différentes formes de *Globe*, de *Nœud*, de *Bouton*, & qu'il en est à peu près ici comme de quelques autres Reproductions soit *végétales*, soit *animales*, que j'ai décrites. La principale différence ne consiste peut-être que dans les *temps* ou la *maniere* de l'*Evolution*. Nous avons vu qu'il arrive souvent, que les diverses Parties qui composent la Tête du Limaçon, n'apparoissent que les unes après les autres, & dans un ordre plus ou moins variable : mais ceci peut dépendre de causes ou de circonstances étrangeres à la *Préformation*.

Nous avons remarqué encore, (†)

(*) Voyez ci-dessus, Part. ix. le précis que j'ai donné de ces Découvertes.
(†) *Ibid.* sur la fin.

que les *Jambes* de la Salamandre se montrent d'abord sous la forme d'un *petit Cône* gélatineux, qui n'est que la Jambe elle-même en miniature, & qu'il en est de même des *Doigts* à leur premiere apparition. Ce *Cône* qui est une Jambe très en raccourci, & où l'on démêle néanmoins toutes les *Articulations*; ces *Cônes* beaucoup plus petits, qui sont des Doigts, ne semblent-ils pas assez analogues au *Bouton* végétal ou au *Bouton* animal ?

Et si ce qui se reproduit dans la Jambe de la Salamandre est toujours égal & semblable à ce qui en a été retranché, n'est-ce point qu'il existe dans toute l'étendue de la Jambe, des *Germes*, qu'on pourroit nommer *réparateurs*, & qui ne contiennent précisément que ce qu'il s'agit de remplacer ?

Il faut même qu'il y ait un certain nombre de ces *Germes* dans chaque Point de la Jambe, ou autour de ce Point; puisque si l'on coupe plusieurs fois la Jambe dans le même Point, elle reproduira constamment ce qui aura été retranché.

J'ai rappelié à dessein dans la Partie v de cet Ecrit, une Remarque importante que j'avois faite ailleurs (*) fur le mot *Germe*. On entend communément par ce mot, *un Corps organifé réduit extrêmement en petit ;* en forte que fi l'on pouvoit le découvrir dans cet état, on lui trouveroit les mêmes Parties effentielles, que les Corps Organifés de fon Efpece offrent très en grand après leur *Evolution*. J'ai donc fait remarquer, qu'il eft néceffaire de donner au mot de *Germe* une fignification beaucoup plus étendue, & que mes Principes eux-mêmes fuppofent manifeftement. Ainfi, ce mot ne défignera pas feulement un Corps Organifé *réduit en petit ;* il défignera encore toute efpece de *Préformation originelle, dont un Tout organique peut réfulter comme de fon Principe immédiat.* (†)

Il convient que je développe ceci un peu plus, puifque l'occafion s'en préfente, & que le Sujet l'exige. Je prie mon Lecteur d'écarter pour un moment de fon

___

(*) *Contemp. de la Nat.* Préface, page XXIX; & Part. IX, Chap. 1, pag. 249. de la Ire. Edition.

(†) Remarquez que je dis *immédiat*, pour diftinguer la Partie ou les Parties Préformées *en petit*, du *grand Tout* dans lequel elles font appellées à *croître* ou à *fe développer* : car le *grand Tout* ne peut être envifagé ici comme le Principe *immédiat* de la *Reproduction* : il n'en eft que la Caufe *médiate*.

Esprit l'idée d'un certain *Corps organisé* pour ne retenir que celle d'une *simple Fibre*.

※

UNE *Fibre*, toute simple qu'elle peut paroître, est néanmoins un *Tout organique*, qui se nourrit, croît, végete. Je retranche une de ses extrémités, & en peu de temps elle reproduit une Partie égale & semblable à celle que j'ai retranchée.

Comment peut-on concevoir que s'opere cette *Reproduction?* Je dis, qu'il n'est pas nécessaire de supposer, que la Partie qui se reproduit, préexistoit dans la Fibre sous la forme d'un Germe *proprement dit*, où elle ne différoit de la Partie retranchée que par sa petitesse, sa délicatesse & l'arrangement de ses Molécules constituantes : en un mot, il n'est pas nécessaire de se représenter la Partie qui se régenere comme concentrée ou repliée sous la forme de *Globe*, de *Nœud*, de *Bouton*, &c. Il suffit de supposer, qu'il préexiste autour de la coupe de la Fibre *principale* une multitude de *Points organiques* ou de *Fibrilles*, qui sont comme les *Élémens* de la Partie qui doit être reproduite.

En retranchant l'extrémité de la Fibre, j'occafionne une dérivation des Sucs nourriciers vers ces *Points organiques* ou vers ces *Fibrilles*, qui en procure l'*Evolution*.

Je conçois donc, que la Partie qu'il s'agit de reproduire, peut réfulter du développement & de la réunion des Fibrilles en un Tout organique *commun*. On fait qu'une *Fibre*, qu'on nomme *fimple*, eft compofée elle-même d'une multitude de *Fibrilles* ; celles-ci font compofées à leur tour d'une multitude de *Molécules*, plus ou moins homogenes, qui font les *Elémens premiers* de la Fibre ; les *Fibrilles* en font les *Elémens fecondaires*.

Mais il ne fe reproduit précifément dans la *Fibre*, que ce qui en a été retranché. J'effayerois de rendre raifon de ce Fait, en fuppofant que les Elémens *réparateurs* ou *régénérateurs* placés dans les différens Points de la Fibre, ont une *ductilité* ou une *expanfibilité* relative à la place qu'ils occupent ou exactement *proportionnelle* à la Portion de la Fibre, qu'ils font deftinés à remplacer.

Ainfi, en admettant, par exemple, feize parties dans la Fibre *principale*, &

en supposant qu'on la coupe transversalement dans le milieu de sa longueur ; les *Elémens* ou *Fibrilles* logés autour de la coupe ou de l'aire de la Fibre auront reçu un degré d'expansibilité originelle, tel qu'en se développant, ils fourniront une longueur de huit parties, c'est-à-dire qu'ils restitueront à la *Fibre* une Partie précisément égale & semblable à celle qu'elle avoit perdue.

Le *degré* de ductilité ou d'expansibilité de la *Fibre* ou des *Fibrilles*, paroît devoir dépendre en dernier ressort de la nature, du nombre & de l'arrangement respectif des *Elémens*, & du rapport secret de tout cela à la *Force* qui tend à chasser les Sucs nourriciers dans les mailles de la Fibre & à écarter les Elémens. Cet écart a un *terme*, & ce terme est celui de l'*accroissement*.

Et parce que si l'on coupe la *Fibre* dans la Partie *nouvellement reproduite*, il se reproduira encore une Partie pareille à celle qu'on aura retranchée ; il est naturel d'en inférer, que les Elémens *secondaires* sont formés eux-mêmes d'*Elémens*, que je nommerois du *troisieme* Ordre &c. J'admettrois ainsi, autant d'*Ordres primitifs*

& *décroiſſans* d'Elémens, qu'il y a de *Reproductions poſſibles* : car, comme je l'ai ſouvent répété, je ne connois aucune Méchanique capable de former actuellement la moindre *Fibre*. Je me repréſente toujours une ſimple Fibre, comme un petit Tout très-organiſé. J'ai dit ci-deſſus, Part. IX, les raiſons qui me perſuadent que ce Tout eſt plus *compoſé* qu'on ne l'imagine. La Conjecture que je viens d'indiquer ſur ſa *Reproduction*, ajoute beaucoup encore à cette compoſition, & nous fait ſentir plus fortement, qu'une ſimple *Fibre* d'un Corps organiſé quelconque, eſt pour nous un abyme ſans fond.

※ ※

Appliquons ces Conjectures à la Régénération d'une *Membrane*, d'un *Muſcle*, d'un *Vaiſſeau*, d'un *Nerf*, puiſqu'ils ne ſont tous que des répétitions de *Fibres* & de *Fibrilles*. Ces Fibres & ces Fibrilles ſont liées les unes aux autres par des *Filets* tranſverſaux, qui renferment pareillement les Elémens des nouveaux Filets appropriés aux *Régénérations*, &c.

On entrevoit que l'arrangement originel & reſpectif des Fibres & des Fibrilles, la maniere dont elles tendent à se développer en conséquence de cet arrangement; l'inégalité plus ou moins grande de l'Evolution en différentes Fibrilles; la diversité des temps & des degrés de leur endurcissement, peuvent déterminer la Forme & les Proportions de la Partie qui se régénere. Elles peuvent encore être prédéterminées par bien d'autres Moyens physiques, dont je ne saurois me faire aucune Idée; mais qui supposent tous une *Préordination organique*, & une Préordination telle que la Partie qui se régénere actuellement en soit le *Résultat immédiat*.

C'est à l'aide de semblables Principes, que je tente de me rendre raison à moi-même de la *Régénération* d'un Tout organique *similaire*. Mais quand il est question d'expliquer la *Reproduction* d'un Tout organique *dissimilaire*, il me paroît que je suis dans l'obligation philosophique d'admettre que ce Tout préexistoit dans un Germe *proprement dit*, où il étoit dessiné très en petit & en entier. J'admets donc, qu'une *Tête*, une *Queue*, une *Jambe*, préexistoient originairement sous forme de *Germe*, dans le grand Tout organique où elles étoient appellées à se développer un jour. Je considere ce Tout comme un Terrein, & ces Germes comme des Graines semées dans ce Terrein, & ménagées de loin pour les besoins futurs de l'Animal.

Ainsi, je serois porté à penser, qu'il existe au moins quatre *Genres* principaux de *Préformations organiques*.

Le premier Genre est celui qui détermine la Régénération des *Composés similaires*; par exemple, d'une *Ecorce*, d'une *Peau*, d'un *Muscle*, &c. Je dis, qu'à parler à la rigueur, ces sortes de *Composés* ne préexistent pas dans un *Germe* qui les représente exactement en petit; mais ils *se forment* par le Développement & l'entrelacement d'une multitude de *Filamens* déliés & gélatineux, qui appartiennent à l'ancien Tout, qui les nourrit & les fait croître en tout Sens. Ces *Filamens* ne sont pas proprement des *Germes d'Ecorce*, des *Germes de Peau*, &c. mais ils sont de petites Parties *constituantes* ou les *Elémens* d'une *Ecorce*, d'une *Peau*, &c. qui n'existe pas encore, & qui devra son existence à l'Evolution complette & à l'étroite union de tous les *Filamens*.

Si

Si néanmoins on vouloit regarder comme un *Germe*, chacun de ces *Filamens* pris à part, ce seroit un Germe *improprement dit*; car il ne contiendroit que des Particules *similaires*, & ne représenteroit, pour ainsi dire, que lui-même. Il seroit, en quelque sorte, à la nouvelle *Ecorce* ou à la nouvelle *Peau*, ce que l'*Unité* est au *Nombre*. C'est ce que j'ai voulu exprimer ci-dessus, en désignant les *Principes* de ces Filamens par les termes de *Points organiques*. Il y a peut-être dans certains Animaux des Classes les plus inférieures; par exemple, dans les *Polypes*, des *Organes* d'une Structure si simple, que la Nature parvient à les *former* par une semblable voie. On ne peut pas dire, à parler exactement, que ces *Organes* préexistoient *tout formés* dans l'Animal; mais il faut dire, que les *Elémens organiques* dont ils devoient résulter, existoient originairement dans l'Animal, & que leur *Évolution* est l'effet naturel de la dérivation des Sucs, &c.

Suivant ces Principes, chaque Partie *similaire*, chaque *Fibre*, chaque *Fibrille* porte en soi les Sources *de réparation* relatives aux différentes pertes qui peuvent lui survenir, & quelle Idée cette maniere d'envisager un *Tout organique* ne nous donne-t-elle point de l'excellence de l'Ouvrage & de l'Intelligence de l'OUVRIER!

Il y a plus ; nous avons vu ci-dessus, (*) qu'il faut nécessairement que chaque *Fibre*, chaque *Fibrille* soit organisée avec un Art si merveilleux, qu'elle *s'assimile* les Sucs *nourriciers* dans un Rapport direct à sa Structure *particuliere* & à ses Fonctions *propres* ; autrement la *Fibre* ou la *Fibrille* changeroit de *Structure* en se développant, & elle ne pourroit plus s'acquitter des *Fonctions* auxquelles elle est destinée. Son *Organisation primitive* est donc telle qu'elle sépare, prépare & arrange les Molécules *alimentaires*, de maniere qu'il ne survient, à l'ordinaire, aucun changement essentiel à sa Méchanique & à son Jeu.

Le second *Genre* de *Préformation* que je conçois dans les *Touts organiques*, est celui par lequel une Partie *intégrante*, comme une *Tête*, une *Queue*, une *Jambe*,

(*) Part. IX, pag. 322, 323 & suiv.

&c. paroît *se régénérer* en entier. Je dis *paroît*, parce que dans mes Principes il n'y a pas plus de *vraie* Régénération que de *vraie* Génération. Je ne me sers donc ici du mot de *Régénération*, que pour désigner la simple *Evolution* de Parties *préexistentes*, & qui en se développant remplacent celles qui ont été retranchées, ou que des accidens ont détruites, &c.

Qu'on réflechisse un peu pronfondé- sur ce que j'ai dit (*) de l'Organisation de la Tête du *Limaçon*, sur celle de son Cerveau, de ses Cornes, de ses Yeux, de sa Bouche; qu'on médite pareillement sur la Structure des Mâchoires, des Jambes & de la Queue de la *Salamandre*; qu'on se demande ensuite à soi-même, s'il est probable que tant de Parties *dissimilaires*, les unes charnues, les autres cartilagineuses, les autres osseuses, liées entr'elles par des Rapports si nombreux, si compliqués, si divers, & qui forment par leur Assemblage un Tout si complet, si harmonique, si composé, & pourtant si exactement *Un* : qu'on se demande, dis-je, s'il est le moins du monde probable, que tant de Parties différentes si

(*) Voyez ci-dessus. Part. précédente.

admirablement organisées, si manifestement subordonnées les unes aux autres, *se forment* ou s'engendrent séparément, piece après piece, par une sorte d'*Appofition* ou par une voie purement *méchanique*, plus ou moins analogue à la *crystallisation*, & indépendante de toute *Préformation originelle* ?

              ❦

Un troisieme *Genre* de *Préformation* qu'il me semble qu'on doit admettre, est celui qui détermine la *Reproduction* simultanée d'un nombre plus ou moins considérable de Parties *intégrantes* d'une Plante ou d'un Animal.

Telle est, par exemple, cette *Préformation* en vertu de laquelle les Branches d'un arbre *se reproduisent*. Chaque Branche est d'abord logée dans un *Bouton*, qui est une sorte de *Graine* ou d'*Œuf*. Toutes les Parties de cette Branche y sont enveloppées, concentrées, pliées & repliées avec un Art, qu'on admire d'autant plus, qu'on l'observe de plus près. Cette Branche est bien un Arbre en miniature ; mais cet Arbre n'est pas aussi complet que celui que renferme la *Graine* : celle-ci contient non-seulement la petite Tige & ſes Branches ; elle contient encore la *Radicule* : le *Bouton* ne renferme que la *Plumule* ou la petite *Tige*, &c. J'ai expliqué ceci plus en détail dans les Articles, 180, 181, 182, 255 de mes *Conſidérations ſur les Corps organiſés*.

Ce que la *Reproduction* d'une *Branche* eſt à un *Arbre*, la *Reproduction* d'une *Partie antérieure* ou d'une *Partie poſtérieure* l'eſt, en quelque ſorte, à un *Ver de terre*. Une Partie *antérieure* de cet Inſecte ſe montre d'abord ſous la forme d'un très-petit *Bouton*, qui paroît aſſez analogue au Bouton *végétal*. Ce Bouton ne renferme pas ſeulement une *Tête* avec toutes les Parties qui la conſtituent ; il renferme encore une ſuite d'*Anneaux* & un aſſemblage de *Viſceres* qui ne font pas partie de la Tête, mais qui l'accompagnent & qui ſe développent avec elle. On obſerve à peu près la même choſe dans la Reproduction de la Partie *antérieure* de certains *Vers d'Eau douce*. (*)

Je ne fais qu'indiquer ici quelques exemples particuliers : ils ſuffiront pour faire entendre ma penſée. Si je m'étendois

(*) voyez mon *Traité d'Inſectologie*, Paris 1745, Part. II. *Corps Organiſés*, Art. 246, 247.

davantage, cet Ecrit deviendroit un Traité d'Histoire Naturelle, & mon Plan ne le comporteroit point : je passe donc sous silence bien des choses que je pourrois développer ailleurs.

※

ENFIN un quatrieme *Genre* de *Préformation*, est celui auquel le Corps organisé *entier* doit son *Origine*.

Les trois premiers *Genres*, comme on vient de le voir, ont pour Fin principale la Conservation & la Réintégration de l'*Individu* : ce quatrieme *Genre* a pour fin la Conservation de l'*Espece*.

Une Plante, un Animal sont dessinés en miniature & *en entier* dans une *Graine* ou dans un *Œuf*. Ce que la Graine est à la *Plante*, l'Œuf l'est à l'*Animal*. Je renvoie ici à mon *Parallele des Plantes & des Animaux*, Part. X, Chap. II, III de la *Contemplation*. L'on n'oubliera pas ce que j'ai dit plus haut, que les petits des *Vivipares* sont d'abord renfermés dans des Enveloppes analogues à celles de l'*Œuf* : on connoît les *Ovaires* des Vivipares. Il faut encore que je renvoie ici aux Chapitres x & xi, de la Partie vii de la *Contemplation.*

On ne doit pas néanmoins inférer de ceci, que chez toutes les Espèces d'*Animaux*, les Petits sont d'abord renfermés sous une ou plusieurs *Enveloppes* ou dans des *Œufs* : ce seroit tirer une conséquence trop générale des Faits particuliers. L'AUTEUR de la Nature a répandu par tout une si grande variété, que nous ne saurions nous défier trop des Conclusions *générales*. Combien de Faits nouveaux & imprévus sont venus détruire de semblables Conclusions, qu'une Logique sévère auroit désavouées ! Nous ignorons quel est l'état du *Polype* avant sa naissance ; mais nous savons au moins que lorsqu'il se montre sous la forme d'un petit Bouton, ce Bouton ne renferme point un petit Polype, & qu'il est lui-même ce Polype, qui n'a pas achevé de se développer. (*) Nous savons encore qu'il existe une autre Espèce de *Polype* qui s'offre à sa naissance sous l'apparence trompeuse d'un Corps *oviforme*, qui n'est pourtant que le Polype lui-même tout

(*) *Confid. sur les Corps Organ.* Art. 185. *Contemplation*, Part. viii, Chap. xv.

nud, mais plus ou moins déguisé. (*) Les Polypes *à Bouquet* sont d'autres Exceptions bien plus singulieres encore, & qui nous convainquent de plus en plus de l'incertitude, pour ne pas dire de la fausseté de nos Conclusions générales. (†) Les Animalcules *des Infusions* nous fourniroient beaucoup d'autres Exceptions, & il est très-probable que ce qu'on a pris chez eux pour des *Œufs*, n'en étoit point.

Je l'ai répété plus d'une fois dans mes derniers Ecrits : nous transportons avec trop de confiance aux Especes les plus inférieures, les Idées d'*Animalité* que nous puisons dans les Especes supérieures. Si nous réfléchissions plus profondément sur l'immense variété qui regne dans l'Univers, nous comprendrions combien il est absurde de renfermer ainsi la Nature dans le Cercle étroit de nos foibles Conceptions. Je déclare donc, que tout ce que j'ai exposé ci-dessus sur les divers Genres de *Préformations organiques*,

(*) Voyez l'Art. 321 des *Corps Organ.* & le Chap. XIII de la Part. VIII de la *Cont.*

(†) *Corps Organ.* Art. 199, 201, 319, 320. *Contemplation*, Part. VIII, Chap. XI.

regarde principalement les *Espèces* qui nous sont les plus connues ou sur lesquelles nous avons pu faire des *Observations* exactes & suivies. Je fais profession d'ignorer les *Loix* qui déterminent les Evolutions de cette foule d'Etres *microscopiques*, dont les meilleurs Verres ne nous apprennent guere que l'existence, & qui appartiennent à un autre Monde, que je nommerois le Monde *des Invisibles*.

❦

Au reste, on comprend assez, par ce que j'ai exposé, que les trois premiers *Genres* de Préformations *organiques* peuvent se trouver réunis dans le même *Sujet*, & concourir à sa pleine *Réintégration*.

A l'égard de la *Force* ou de la *Puissance* qui opere l'*Evolution* des Parties *préformées*, je ne pense pas qu'il soit besoin de recourir à des Qualités *occultes*. Il me semble que l'Impulsion du *Cœur* & des *Vaisseaux* est une Cause *physique* qui suffit à tout. (*) Si l'*Impulsion* s'affoiblit beaucoup aux Extrémités ou dans les der-

---

(*) Consultez les Articles 163, 164, 165 de mes *Corps Organisés*.

nieres Ramifications, il est très-clair qu'elle ne s'y anéantit pas. D'ailleurs, les Parties *préformées* qu'il s'agit de faire développer en tout sens, sont d'une telle délicatesse, que la plus légere Impulsion des Liqueurs peut suffire à leurs premiers développemens. A mesure que ces Parties croissent, elles se fortifient, & l'Impulsion augmente, &c.

Dans les Insectes qui n'ont pas un Cœur *proprement dit*, il y a toujours quelque maître Vaisseau ou quelqu'autre *Organe* qui en tient lieu. On voit à l'Œil ce *maître Vaisseau* exercer avec beaucoup de régularité ses battemens alternatifs dans de très-petites portions de certains *Vers d'eau douce*, coupés par morceaux; & ces Portions deviennent bientôt des Vers *complets*. J'ai vu tout cela & l'ai décrit. (*).

Les Plantes se développent comme les Animaux: il y a chez celles-là, comme chez ceux-ci, un Principe secret d'*Impulsion*, qui se retrouve dans chaque Partie, & qui préside à l'*Evolution*.

___

(*) *Traité d'Insectologie*, Part. II, Obs. III, XV; *Corps Organ.* Art. 192.

Il est prouvé que l'*Irritabilité* est le Principe *vital* dans l'Animal. C'est l'*Irritabilité* qui est la véritable Cause des mouvemens du Cœur. (*) Nous ignorons encore le Principe *vital* de la Plante : peut-être y en a-t-il plusieurs subordonnés les uns aux autres. (†)

(*) Voyez *Corps Organ.* Art. 285. *Contemp. de la Nat.* Part. x. Chap. XXXIII.
(†) *Corps Organ.* Art. 168.

ONZIEME PARTIE.

RÉFLEXIONS
SUR LES
NATURES PLASTIQUES.
NOUVELLES
CONSIDÉRATIONS
DE L'AUTEUR.
SUR L'ACCROISSEMENT
ET SUR LA
PRÉEXISTENCE DU GERME.

DANS un temps où la bonne Phyſique étoit encore au berceau, & où les Eſprits n'étoient pas familiariſés avec une Logique un peu rigoureuſe, on recouroit à des Vertus *occultes*, à des *Natures plaſtiques*, à des *Ames végétatives*, pour expliquer toutes les Productions & Reproductions Végétales & Animales. On chargeoit ces *Natures* ou ces *Ames* du soin d'*organiser* les Corps ; on imaginoit qu'elles étoient les Architectes des Edifices qu'elles habitoient, & qu'elles savoient les entretenir & les réparer. Nous nous étonnons aujourd'hui qu'un REDI, ce grand destructeur des préjugés de l'ancienne Ecole, & qui avoit démontré le premier la fausseté des Générations *équivoques*, eut recours à une Ame *végétative* pour rendre raison de l'Origine des Vers qui vivent dans l'intérieur des Fruits & de bien d'autres Parties des Plantes. Il semble qu'il devoit lui être très-facile, après avoir découvert la veritable Origine des Vers de la Viande, de conjecturer que ceux des Fruits avoient la même Origine, & qu'ils provenoient aussi d'Œufs déposés par des Mouches. Mais il n'avoit pas été donné à cet Hercule de terrasser tous les Monstres de l'Ecole. On ne parvient guere à secouer tous les Préjugés, même dans un seul Genre. Quand un Génie heureux s'éleve un peu au-dessus de son Siecle, il retient toujours quelque chose du siecle qui l'a précédé, & de celui dans lequel il vit. Ses erreurs & ses méprises sont un tribut qu'il paye à l'Humanité, & qui confole de fa fupériorité les Ames vulgaires. Souvent le Vrai n'eft féparé du Faux que par une chaîne d'Atomes ; & chofe étrange ! cette chaîne équivaut pour l'Efprit humain à celle des Cordelieres. KEPLER, le célebre Aftronome KEPLER, qui avoit découvert les deux Clefs du Ciel & les avoit livrées au grand NEWTON, n'y étoit point lui-même entré. Tout ce que fa Philofophie fut faire, fut de placer dans les Corps céleftes des Intelligences ou des Ames chargées d'en diriger les mouvemens. NEWTON, plus heureufement né & doué d'un Génie plus philofophique, fe fervit mieux des fameufes Clefs, pénétra dans le Ciel, en chaffa les Intelligences *rectrices*, & leur fubftitua deux Puiffances purement *méchaniques*, dont la merveilleufe énergie fuffit à tout, & auxquelles tous les Aftres font demeurés aveuglément foumis.

Lorfqu'on ne connoiffoit point encore les étonnantes Reproductions du *Polype*, on connoiffoit au moins celles des Pattes & des Jambes de l'*Ecreviffe*. Un Illuftre Naturalifte, qui s'en étoit beaucoup occupé, en avoit inftruit en 1712 le Monde favant, & en avoit donné une explication très-philosophique. (*) Un autre Physicien célebre n'avoit point voulu adopter cette explication ; & trop frappé, sans doute, d'une merveille qu'il n'avoit point soupçonnée, il préféra de renouveller dans le dix-huitieme Siecle les Visions du dix-septieme. « Il ne put concevoir, » dit son Historien, (†) que cette Reproduction de Parties perdues ou retranchées, qui est sans exemple dans tous » les Animaux connus, s'exécutât par le » seul Méchanisme : il imagina donc qu'il » y avoit dans les Ecrevisses une Ame » *Plastique* ou *Formatrice*, qui savoit » leur refaire de nouvelles Jambes ; qu'il » devoit y en avoir une pareille dans les » autres Animaux & dans l'Homme même, &c. » Ce Physicien, qui avoit apperçu le premier les fameux Animalcules *Spermatiques*, ne manqua pas de charger les Natures *Plastiques* du soin de les former, &c. C'étoit une singuliere Physique que la sienne, & dont il ne rougissoit point. » Il croyoit que dans l'Homme, l'Ame » *raisonnable* donnoit les ordres, & qu'une

(*) M. de Reaumur. *Mémoires de l'Académie des Sciences*, an. 1712. *Consid. sur les Corps Organisés*, Art. 252, 262.

(†) Fontenelle ; Eloge de Hartsoeker, *Hist. de l'Acad.* 1725.

» Ame *végétative*, qui étoit la Plastique,
» intelligente & plus intelligente que la
» raisonnable même, exécutoit dans l'inf-
» tant; & non-seulement exécutoit les
» mouvemens volontaires, mais prenoit
» soin de toute l'Economie animale, de
» la Circulation des Liqueurs, de la Nu-
» trition, de l'Accroissement, &c. Opé-
» rations trop difficiles, selon lui, pour
» n'être l'effet que du seul Méchanisme.
» Après cela, continue l'ingénieux His-
» torien, on s'attend assez à une Ame
» *végétative intelligente* dans les Bêtes,
» qui en paroissent effectivement assez di-
» gnes. On ne sera pas même trop surpris
» qu'il y en ait une dans les Plantes, où
» elle réparera, comme dans les Ecre-
» visses, les Parties perdues, aura atten-
» tion à ne les laisser sortir de Terre que
» par la Tige, tiendra cette Tige tou-
» jours verticale; fera enfin tout ce que
» le Méchanisme n'explique pas commo-
» dément. Mais notre Physicien ne s'en
» tenoit pas-là. A ce nombre prodigieux
» d'Intelligences répandues par tout; il
» en ajoutoit qui présidoient aux mouve-
» mens célestes, & qu'on croyoit abolies
» pour jamais. Ce n'est pas-là le seul
» exemple, ajoute l'Historien Philoso-
» phe, qui fasse voir qu'aucune Idée de

la

» la Philosophie ancienne n'a été assez
» proscrite pour devoir désespérer de
» revenir dans la moderne.

Ce Sage aimable dont je viens de transcrire les paroles, connoissoit bien la Nature humaine, & nous en a laissé dans ses Ecrits immortels des Peintures qu'on ne se lasse point de contempler. Il avoit raison de dire, *qu'il n'y a point d'idée de la Philosophie ancienne qui ait été assez proscrite pour devoir désespérer de revenir dans la moderne.* Une Opinion fort accréditée par quelques célebres Physiologistes de nos jours justifie cette réflexion. Comme ils n'ont su découvrir aucune Cause *méchanique* du mouvement perpétuel du Cœur, ils ont placé dans l'Ame le Principe secret & toujours agissant de ce mouvement. Suivant eux, l'Ame exerce bien d'autres fonctions méchaniques, & dont elle ne doute pas le moins du monde : en un mot, elle est dans le Corps organisé ce que certains Philosophes anciens pensoient que l'Ame *universelle* étoit dans l'Univers. Un grand Anatomiste, (*) qui

---

(*) M. de HALLER, *Dissertation sur l'Irritabilité*. Voyez le Précis de ses Découvertes sur cette *Force* dans le Chapitre XXXIII de la Partie X de la *Contemplation de la Nature*. Voyez encore l'Article IX du *Tableau des Considérations*.

est en même temps un excellent Observateur, & qui en cette qualité possede
l'art si difficile d'expérimenter, a détruit
depuis peu cette chimere *pneumatologi-
que*, & fait pour la *Physiologie* ce que
NEWTON avoit fait pour l'*Astronomie*. Il
a substitué à une Cause purement métaphysique, une Cause purement *méchanique*, & dont un grand nombre de Faits
vus & revus bien des fois, lui ont démontré l'existence, l'énergie & les effets
divers.

MON dessein n'est point d'entrer ici
dans aucune discussion sur les *Natures plastiques* : elles ont trop occupé des Philosophes, qui auroient mieux employé leur
temps à interroger la Nature elle-même
par des Observations & des Expériences
bien faites. Je dois laisser au Lecteur judicieux à choisir entre les explications
que j'ai données des Reproductions *organiques*, & celles auxquelles les Partisans des Ames *formatrices* & *rectrices* ont
eu recours.

Ce sont des choses très-commodes en
Physique, que des *Ames*. Elles sont toujours prêtes à tout exécuter. Comme on

ne les voit point, qu'on ne les palpe point & qu'on ne les connoît guere, on peut les charger avec confiance de tout ce qu'on veut, parce qu'il n'eſt jamais poſſible de démontrer qu'elles n'opéreront pas ce que l'on veut. On attache communément à l'Idée d'*Ame* celle d'une Subſtance très-*active* & continuellement active : c'en eſt bien aſſez pour donner quelque crédit aux Ames : la difficulté du *Phyſique* fait le reſte.

Que penſeroit-on d'un Phyſicien, qui pour expliquer les Phénomenes les plus embarraſſans de la Nature, feroit intervenir l'action immédiate de la PREMIERE CAUSE ? N'exigeroit-on pas de lui qu'il démontrât auparavant l'inſuffiſance des Cauſes *phyſiques* ? Si l'on y regarde de près, on reconnoîtra que les Partiſans des Cauſes *métaphyſiques* en uſent aſſez comme ce Phyſicien. Parce qu'ils ne découvrent pas d'abord dans les Lois du Méchaniſme organique de quoi ſatisfaire aux Phénomenes, ils recourent à des Puiſſances *immatérielles*, qu'ils mettent en œuvre par tout où le Méchaniſme leur paroît inſuffiſant. Je le diſois il n'y a qu'un moment : comme l'on ne ſauroit calculer ce que les *Ames* peuvent ou ne peuvent pas, on suppose facilement qu'elles peuvent au moins tout ce que le pur Méchanisme ne peut pas. Cette maniere si commode de philosopher favorise merveilleusement la paresse de l'Esprit, & dispense du soin pénible de faire des Expériences, d'en combiner les Résultats, & de méditer sur ces Résultats. Si cette sorte de Philosophie prenoit jamais dans le Monde, elle seroit le tombeau de la bonne Physique.

Et qu'on n'objecte pas, que nous ne connoissons pas mieux les *Forces* des Corps, que celles des Esprits; car il y a une différence immense entre prétendre savoir ce que la Force d'un Corps est *en elle-même*, & prouver par des Expériences que cette Force appartient à ce Corps, & qu'elle est la Cause efficiente de tel ou de tel Phénomene. Autre chose est dire ce que l'*Irritabilité* est en soi, & démontrer par une suite nombreuse d'Expériences variées, qu'elle est propre à la Fibre *musculaire*, & qu'elle est la véritable Cause des mouvemens du Cœur. Il y a de même une différence énorme entre prétendre montrer ce que la *Force* qui opere l'*Evolution* est en *soi*, & se borner simplement à établir par des Faits bien constatés, qu'il y a une Evolution de Parties *préformées*. NEWTON, le sage, le profond NEWTON ne cherchoit point ce que l'*Attraction* étoit en elle-même; il se bornoit modestement à prouver qu'il existoit une telle *Force* dans la *Matiere*, & que les Phénomenes célestes étoient des Résultats plus ou moins généraux de l'action de cette Force, combinée avec celle d'une autre Force, aussi *physique* qu'elle.

※

La maniere dont s'opere l'*Accroissement* des Corps organisés est assurément un des Points de la Physique *organique* les plus difficiles, les plus obscurs, & où le ministere d'une Ame *végétative* mettroit le plus l'Esprit à son aise. Je ne cherchois pas à y mettre le mien, lorsque je tentois, il y a environ vingt ans, de pénétrer le mystere de l'Accroissement, ou que j'essayois au moins de me faire des Idées un peu philosophiques de l'Art secret qui l'exécute. J'ai tracé l'ébauche de ces Idées dans le Chapitre II du Tome I de mes *Considérations sur les Corps Organisés*. Je les ai un peu plus développées dans le Chapitre VI du même Volume,

& j'en ai donné le Résultat général dans l'Article 170. Je les ai présentées sous un autre point de vue, en traitant de la *Réminiscence* dans le Chapitre IX de mon *Essai Analytique*, §. 96, 97, &c. Enfin, je les ai crayonnées de nouveau dans le Chapitre VII de la Partie VII de ma *Contemplation de la Nature*.

Si on lit avec attention les endroits que je viens d'indiquer, on y verra, que je suppose par-tout un *Fond primordial*, dans lequel les Atomes *nourriciers* s'incorporent ou *s'incrustent*, & qui *détermine* par lui-même l'*Ordre* suivant lequel ces Atomes s'incrustent & l'*Espece* d'Atomes qui doivent s'incruster.

Je présuppose par-tout, que ce Fond *primordial* préexiste dans le *Germe*. Je fais envisager les *Solides* de celui-ci comme des Ouvrages *à réseau*, d'une finesse & d'une délicatesse extrêmes.

Je fais entrevoir que les *Elémens* composent les *Mailles* du Réseau, & qu'ils sont faits & arrangés de maniere, qu'ils peuvent s'écarter plus ou moins les uns des autres, & se prêter ainsi à la *Force* qui tend continuellement à chasser les

Atomes nourriciers dans les Mailles, &
à les y incorporer.

Je n'ai pas repréſenté ces *Elémens*
comme de petits Corps parfaitement *ſimples*, ou comme des Elémens *premiers*.
J'ai aſſez donné à entendre, qu'ils étoient
compoſés eux-mêmes de Corps plus petits. Je ne devois pas remonter plus haut;
je me ſuis arrêté ſur-tout aux Elémens *dérivés* ou ſécondaires, que j'ai ſuppoſé former les Mailles ou les Pores du Tiſſu organique.

Pour ſimplifier mon Sujet, j'ai appliqué ces Principes généraux à l'Accroiſſement d'une *ſimple Fibre*, & j'ai tâché
de faire concevoir l'Art ſecret par lequel
cette Fibre conſerve ſa Nature propre &
ſes fonctions tandis qu'elle croît.

En eſquiſſant ainſi mes Idées ſur l'*Accroiſſement* en général, je n'imaginois pas
que l'Expérience les confirmeroit un jour
ou que du moins elle les rendroit beaucoup plus probables. Tout eſt ſi enchaîné
dans l'Univers, qu'il eſt bien naturel que
nos Connoiſſances, qui ne ſont au fond
que des Repréſentations plus ou moins
fidelles de différentes Parties de l'Univers,

s'enchaînent comme elles, les unes aux autres. Auroit-on soupçonné que pour essayer de rendre raison de la *Réminiscence*, il fallût remonter jusqu'à la Méchanique qui préside à l'Accroissement des Fibres ? (*) Auroit-on de même soupçonné que des Recherches sur la Structure des *Os* & sur celle de divers *Corps marins*, nous conduiroient à découvrir, au moins en partie, le Secret de la Nature dans l'*Accroissement* de tous les Corps organisés ?

❧

Un excellent Anatomiste, (†) à qui nous devons des Découvertes intéressantes sur divers Points de *Physiologie*, a démontré que les *Os* sont formés originairement de deux Substances, l'une *membraneuse*, l'autre *tartareuse* ou *crétacée*. Il a prouvé, que c'est à cette derniere que l'Os doit sa dureté : il a trouvé le secret de la séparer de l'autre, & en l'en séparant, il a ramené l'Os à son état primitif de *Membrane*. Il a plus fait encore ; il a rendu à l'Os devenu membraneux, sa premiere dureté. Pouvoit-on mieux

---

(*) *Essai Analyt.* §. 96, 97 & suiv.
(†) M. Herissant, de l'Académie Royale des Sciences, &c. *Mém. de l'Acad.* 1763.

saisir la marche de la Nature, & n'est-ce pas de cet Anatomiste, plutôt que de Tournefort, qu'on peut dire, *qu'il a surpris la Nature sur le fait ?* (*)

Une Découverte en engendre une autre : le Monde Intellectuel a ses *Générations*, comme le Monde Physique, & les unes ne sont pas plus de *vraies* Générations que les autres. L'Esprit découvre par l'*Attention* les Idées qui préexistoient, pour ainsi dire, dans d'autres Idées. A l'aide de la *Réflexion*, il déduit d'un Fait *actuel* la *possibilité* d'un autre Fait analogue, & convertit cette possibilité en actualité par l'*Expérience*. Ainsi, quand un habile Homme tient une Vérité, il tient le premier anneau d'une Chaîne, dont les autres anneaux sont eux-mêmes des Vérités ou des Conséquences de quelques Vérités. Notre célebre Anatomiste réfléchissant sur la Structure des Os, conjectura que celles des *Coquilles* pouvoit lui

(*) Fontenelle, Elóge de Tournefort, *Hist. de l'Acad.* 1708. C'étoit de la prétendue végétation des *Pierres*, dans la fameuse Grotte d'*Antiparos*, que l'Illustre Historien disoit ingénieusement, que le célebre Botaniste *avoit surpris la nature sur le fait.* Voyez ce que j'ai dit contre cette prétendue *végétation* des Pierres, Art. 210 des *Consid. sur les Corps Organ.* & Chap. XVII de la Part. VIII de la *Contemplation.*

être analogue, & imagina d'appliquer à celle-ci les Expériences qu'il avoit si heureusement exécutées sur ceux-là. Voici le Précis, sans doute trop décharné, de ces curieuses Découvertes.

Deux Substances entrent dans la composition des *Coquilles*, comme dans celle des *Os*.

La premiere Substance est purement *animale* & *parenchymateuse*. Elle conserve son caractere propre, aussi long-temps que la Coquille subsiste, & même lorsqu'elle est devenue *fossile*.

La seconde Substance est purement *terreuse* ou *crétacée*. Elle est sur-tout très-abondante dans les Coquilles les plus dures & les plus compactes. C'est uniquement à cette Substance que la Coquille doit sa dureté. Il en est donc ici précisément comme dans les *Os*.

Le Microscope démontre que le *Tissu* de la Substance *parenchymateuse* est formé d'une multitude presqu'infinie de Tubes *capillaires* remplis d'Air.

Ce *Parenchyme* est une expansion du

Corps même de l'*Animal* : il est continu aux Fibres tendineuses des *Ligamens*, qui attachent l'Animal à la Coquille. C'est encore ainsi que le *Parenchyme* des *Os* est continu aux Fibres *ligamenteuses* des Liens qui les unissent les uns aux autres.

Ces Fibres *ligamenteuses* des Coquilles sont entrelacées de *Vaisseaux blancs*, qui leur portent la nourriture.

L'*Organisation* de la Substance *parenchymateuse* offre de grandes variétés dans différentes Especes de Coquilles.

En général, elle paroît composée de *Fibres simples*, poreuses ou *à réseau*, formées elles-mêmes d'une sorte de *Gomme*, qui a tous les Caracteres de la *Soie*, & qui n'en differe qu'en ce que dans son principe elle est chargée d'une quantité considérable de Particules *terreuses*, destinées à *incruster* chaque Fibre.

On observe que les variétés du Tissu *parenchymateux* peuvent se réduire à deux *Genres principaux*, qui ont sous eux bien des *Especes*.

Le premier *Genre* est le plus *simple*.

Il est composé de Fibres qui forment par leur assemblage des *Bandelettes réticulaires*, disposées par *couches* les unes sur les autres.

Le second *Genre* est fort *composé*, & présente un Spectacle intéressant. Ici les *Bandelettes* sont hérissées d'une quantité prodigieuse de petits *Poils soyeux*, arrangés en différens sens, & qui forment une sorte de *velouté*. Dans quelques Especes, ces petits *Poils* composent de jolies *Aigrettes*.

Les riches *Couleurs* des Coquilles résident dans la Substance *parenchymateuse*, devenue *terreuse* par l'*Incrustation*. C'est le *terre* qui se charge ici des Particules *colorantes*, comme dans les *Os*. On sait que la Racine de *Garance* rougit fortement les Os des Animaux qui s'en nourrissent ; la Substance terreuse ou *crétacée* qui incruste la Substance *membraneuse* de l'Os, retient la *Couleur*. On sait encore combien de Vérités nouvelles cette Coloration des Os a introduit dans la *Physiologie*. (*) On peut voir dans le cinquieme Mémoire de mon Livre *sur l'Usage des*

(*) M. DUHAMEL, *Mém. de l'Acad.* an. 1739, 1741, 1743, 1746. *Conf. sur les Corps Organ.* Art. 221, 223, 224.

Feuilles dans les *Plantes*, l'application que j'ai essayé de faire de cette Expérience à la Coloration du *Corps ligneux* analogue aux *Os*.

Les Particules *colorantes* dont les Sucs *nourriciers* des Coquillages sont impregnés, sont déposés séparément dans les *Lamelles* du *Réseau* membraneux que la Substance *terreuse* incruste peu à peu. Par cette incrustation, ces Lamelles *modifient* diversement la lumiere.

Imagineroit-on que pour produire ces belles Couleurs *changeantes* de la *Nacre*, il n'a fallu à la Nature que plisser, replisser ou même chiffonner cette Membrane diaphane & lustrée, qui constitue la Substance *animale* ou *parenchymateuse* ? C'est à aussi peu de frais qu'elle a su dorer si bien certains Insectes. (*) Il n'entre pas la plus petite parcelle d'Or dans cette riche parure: une Peau mince & brune appliquée proprement sur un fond blanc, en fait tout le mystere. Ici, comme ailleurs, *la magnificence est dans le dessein, & l'épargne dans l'exécution.* FONTENELLE

(*) M. de RÉAUMUR; *Mém. sur les Insectes*, T. I.

ajoutoit, que dans les Ouvrages des Hommes, *l'épargne étoit dans le deſſein & la magnificence dans l'exécution ;* mais nos *Cuirs dorés,* où il n'entre pas non plus la moindre parcelle d'Or, montrent que nous ſavons au moins dans certains Arts, imiter la ſage Œconomie de la Nature.

L'*Analogie*, qui égare aſſez ſouvent le Phyſicien, n'a pas égaré celui dont je crayonne les intéreſſantes Découvertes. Après avoir pénétré avec tant de ſagacité & de ſuccès l'admirable Organiſation des *Coquillages,* il a étendu avec le même ſuccès ſes Expériences à diverſes Eſpeces ce *Corps marins.* Les *Pores,* les *Madrepores,* les *Millepores,* (*) les *Coraux,* &c. ont été ſoumis à ſes ſavantes Recherches.

Il a obſervé par-tout à peu près le même Méchaniſme. Il a reconnu que toutes ces Productions, qui offrent à l'Œil de

(*) Tous ces termes déſignent des *Productions marines* qui appartiennent aujourd'hui, comme les *Coraux,* les *Corallines,* &c. à la nombreuſe Famille des *Polypes,* & dont les Naturaliſtes avoient ignoré juſqu'à nos jours la véritable nature, & que pluſieurs avoient rangées dans la Claſſe des *Végétaux.*

» si agréables & de si nombreuses variétés,
« sont des Massifs ou des Groupes, qui
» résultent de l'assemblage d'une quan-
» tité prodigieuse de petits Tubes testa-
» cés, dont chacun est composé, comme
» les *Coquilles*, de substance *animale*, &
» de substance *terreuse* : que ces Tubes
» sont aux Insectes qui y sont logés, ce
» que les *Coquilles* sont aux Animaux
» qu'elles renferment.

Il a reconnu encore, que tous ces Corps marins, aussi bien que les *Coquilles* d'*Œuf*, les *Crustacés*, (*) les *Bélemnites*, (**) les *Glossopetres*, (***) les *Piquans d'Oursins*, (†) &c. sont autant d'*Incrustations animales* formées essen-

(*) » On entend par ce mot des Animaux couverts
» d'une croûte dure par elle-même, molle en compa-
» raison des *Coquilles*. On met au nombre des *Crustacés*,
» l'*Ecrevisse*, l'*Homar*, le *Crabe*, &c. » *Dictionnaire d'Histoire naturelle* de M. de BOMARE, au mot *Crustacé*.

(**) » Corps fossile, dur, pierreux, calcaire, coni-
» que, de diverses grosseurs, & qu'on croit être une
» *Dent* de quelque Animal. » *Ibid.* au mot *Bélemnite*.

(***) » Nom qu'on a donné à des Dents pétrifiées
» ou fossiles, « &c. *Ibid.* au mot *Glossopetre*.

(†) » L'*Oursin*, genre de Coquille multivalve, de
» forme ronde, ovale, à pans irréguliers, &c. quelque-
» fois plate & toute unie; d'autres fois mammelonnée

tiellement sur le même modele que celles des *Os* & des *Coquilles*.

Enfin, il n'a pu se lasser d'admirer l'*Organisation* de la Substance *animale* de toutes ces Productions. On peut en prendre une légere Idée par celle des *Coquilles*.

※

C'est de cet habile Académicien lui-même, que je tiens des Connoissances si neuves & si intéressantes. Elles avoient fait la matiere d'un beau Mémoire qu'il avoit lu à une Rentrée publique (†) de l'Académie Royale des Sciences, & elles avoient fait aussi celle de quelques-unes de nos Lettres. En s'empressant obligeamment à me les communiquer, il avoit bien voulu m'écrire, qu'elles lui paroissoient confirmer pleinement mes principales Idées sur l'*Accroissement*, & m'inviter à reprendre & à pousser plus loin mes Méditations sur ce grand Sujet.

» &c. *Ibid.* au mot *Oursin*. On le nomme aussi Hérisson,
» parce qu'il est couvert d'épines ou de *piquans* comme
» une Châtaigne. » *Cons.* Chap. XIX. Part. XII.

(†) En Novembre 1766.

Je

Je ne diffimulerai point, que j'ai été extrêmement flatté de cette conformité de mes Idées avec les décisions de la Nature elle-même, & je ne préfumois pas d'avoir autant approché du Vrai. On jugera mieux encore de cet accord, si je transcris ici quelques Propofitions de notre Académicien, qui font comme les Réfultats de fes Obfervations, & si on prend la peine de les comparer avec ce que j'ai expofé dans le Chapitre VII de la Partie VII de la *Comtemplation de la Nature.*

Il admet la *Préexiftence* des *Germes* des Coquillages. Il les définit, *des Etres parfaits qui contiennent en miniature le Corps Organifé qui en doit naître avec toutes fes Parties effentielles.*

Il dit, *qu'il y a une gradation infenfible dans l'Accroiffement.*

Que *l'Accroiffement fe fait par Développement.*

Que *le Développement eft une fuite de l'incorporation des Atomes nourriciers qui s'infinuent dans les Pores ou dans les Mailles des Fibres élémentaires de la Subf-*

tance animale, & qui les étendent & les agrandiſſent peu à peu en tout ſens.

Qu'à cette extenſion ſuccede bientôt l'endurciſſement de ces Fibres par l'interpoſition de la Subſtance terreuſe qui les pénetre & les incruſte.

J'acheverai de développer mes Idées ſur l'*Accroiſſement*, en joignant ici au Précis des Découvertes de Mr. HÉRISSANT, quelques remarques qu'elles m'ont donné lieu de faire, & dont je lui ai fait part dans une de mes Lettres. (*)

IL eſt à préſent plus que probable, que l'*Accroiſſement* des Corps organiſés ſe fait par une ſorte d'*Incruſtation*. Le Tiſſu *parenchymateux* eſt ce Fond *primordial*, que je ſuppoſois conſtamment dans mes Méditations, & même dans mes premieres Méditations. (†) On peut le voir dans les Chapitres II & VI du Tome I.

(*) En date du 17 d'Avril 1767 : c'eſt donc en très-grande partie de cette Lettre que les Remarques qui vont ſuivre ont été tirées.

(†) En 1748. *Conſid. ſur les Corps Organ.* Préface, pag. 1, IX, X de la premiere Edition.

de mes *Considérations sur les Corps Organisés.*

Le Tissu *parenchymateux* des Os, celui des Coquilles, nous repréfentent ce *Fond primordial* fur lequel la Nature travaille par tout, & qu'elle remplit peu à peu des Matieres étrangeres. Un morceau de Cœur de *Chêne* dépofe dans la Machine de PAPIN une Subftance *terreufe*. Le fond du Vafe eft garni d'une Subftance gélatineufe: ce qui paroît prouver que le *Bois* eft formé d'une *terre* fine & légere, liée par une forte de *Glu* ou de *Gelée* végétale. (*) Cette *terre* que le Bois dépofe, eft, fans doute, analogue au *Tartre* ou à la Subftance *crétacée* des Os. Mr. HERISSANT a démontré, que ce *Tartre* eft lié à la Subftance *cartilagineufe* ou *membraneufe* par une forte de *Gelée* ou de *Mucus*. C'eft cette Subftance *membraneufe* & fon *Mucus* qui fe digerent dans l'Eftomac du Chien; la Subftance *tartareufe* ou *crétacée* eft rejettée, & on la retrouve dans les Excrémens. (†)

(*) M. DUHAMEL; *Exploitation des Bois*, Tom. I. pag. 42.

(†) M. HERISSANT, *Mémoire fur l'Offification*.

Si la Machine de PAPIN n'agissoit pas trop fortement ; si elle ne détruisoit pas toute la Conformation organique, le Fond *cortical* du Végétal, analogue au Cartilage ou au Tissu *membraneux* de l'Animal, subsisteroit probablement. Il faudroit ici un *dissolvant*, qui n'agît que sur la Substance terreuse, & l'on rameneroit ainsi le *Bois* à son état primitif d'Ecorce ou de *Membrane*. Le Végétal *éroit* comme l'Animal. (*) Si donc nous parvenions à extraire les Matieres *étrangeres* du Fond *primordial* où elles sont *incrustées*, nous ramenerions le Corps Organisé à son état *primitif*. Je le disois expressément à la fin de l'Article 170 de mes *Considérations*.

Nous l'avons vu ci-dessus : la Substance *animale* des Coquilles est formée de *Bandelettes* ou de Couches *membraneuses*. Ces Couches s'incrustent successivement. La plus extérieure forme apparemment l'*Extérieur* de la Coquille. Sous cette premiere Couche reposent une multitude d'autres Couches, qui s'in-

---

(*) Consultez ici les Articles 221, 223, 225 des *Consid. sur les Corps Organ.* & les Chap. VIII, IX de la Part. X de la *Cont.*

crusteront à leur tour, & épaissiront la Coquille. Ceci seroit analogue au travail de l'*Ecorce* dans les Arbres, & à celui du *Périoste* dans les *Os*. (*)

Le Tissu *parenchymateux* se prolongeant dans les inégalités ou les protubérances plus ou moins saillantes de certaines Coquilles, fournit de même par ses Couches à l'accroissement & à l'endurcissement de ces protubérances.

J'avois donc commis une erreur sur les *Coquillages*, Chap. XXI, Part. III. de la *Contemplation*, & cette erreur, je l'avois commise d'après feu mon Illustre Ami Mr. de REAUMUR : (†) J'avois dit « qu'il est très-sûr qu'il y a des » Coquilles qui croissent par *juxtaposi-* » *tion;* qu'elles se forment des Sucs pier- » reux qui transudent des pores de l'A- » nimal; que son Corps en est réelle- » ment le Moule, » &c. Des Expériences équivoques avoient trompé Mr. de REAUMUR : la *Coquille* ne croît point par *Apposition* ou par *transudation*; elle n'est point *moulée* sur le Corps de l'Ani-

(*) *Corps Organisés*, Art. 221.
(†) *Mémoires de l'Acad.* 1709.

mal; mais elle est une Partie essentielle du Corps de l'Animal. Elle est en quelque sorte, au Coquillage, ce que les *Os* font aux grands Animaux.

Il y a donc cette différence essentielle entre l'Accroissement *par apposition* & celui *par intussusception*, que dans celui-ci l'*Apposition* se fait sur un Fond *primordial organique*, & que dans celui-là elle s'opere immédiatement ou par le *simple contact* des Molécules. L'Expérience a démontré encore cette Vérité à Mr. HERISSANT. Lorsqu'il a soumis les *Concrétions* des Goutteux à l'action de son *Dissolvant*, (*) il n'a eu après la dissolution aucun Résidu *organique*: tandis qu'un fragment d'*Os* ou de *Coquille* exposé à l'action de ce même Dissolvant, y laisse un Résidu vraiment *organique*: le *Tartre* est extrait & le *Parenchyme* subsiste en entier.

Chaque Partie du Végétal ou de l'Animal a une *organisation* qui lui est *propre*, d'où résultent ses *fonctions*.

(*) Ce Dissolvant est de l'Esprit de Nitre affoibli par de l'Eau commune. *Mém. sur l'Ossification. Mém. de l'Acad.* 1763.

Cette Organisation est *durable*. Elle demeure essentiellement la même dans tous les points de la durée de l'Etre. Elle est *essentiellement* très en grand, ce qu'elle étoit auparavant très en petit.

La Partie s'*assimile* donc les Sucs nourriciers dans un *rapport direct* à son Organisation & conséquemment à ses fonctions.

Nous ignorons le secret de l'*Assimilation*. Mais nous concevons en général qu'elle dépend de la *dégradation* proportionnelle du Calibre des Vaisseaux & de l'*Affinité* des Molécules nourricieres avec les *Elémens* du Fond *primordial*.

L'*Incrustation* des Os & des *Coquilles* est une sorte d'imitation grossiere de ce qui se passe dans la *Nutrition* & l'*Accroissement* des Parties les plus fines & les plus délicates d'un Végétal ou d'un Animal.

Non seulement le *Calibre* des Vaisseaux détermine plus ou moins les *Sécrétions* ; mais les *proportions* variées des *Mailles* des différens *Réseaux* doivent encore influer & sur les Sécrétions

& sur l'arrangement des Molécules nourricieres.

Les plus grands *Calibres*, les Mailles les plus larges admettent les Molécules les plus grossieres, & en particulier la *Terre*. Il y a probablement une forte *attraction* entre ces Molécules & les Fibrilles auxquelles elles doivent s'unir. De là cette *dureté*, propre aux parties *osseuses*, aux Parties *crustacées*, &c.

Les plus petits *Calibres*, les *Mailles* les plus fines n'admettent, sans doute, que très-peu de *Terre*, & beaucoup de Molécules plus fines sont introduites & incorporées. De là cette délicatesse propre aux Parties les plus molles.

La *Glu* végétale & la *Glu* animale sont le *lien* naturel de toutes les Parties soit *primordiales*, soit *étrangeres*. Cette *Glu* mérite la plus grande attention : elle est, sans doute, le principal fond de la Matiere *assimilative* ou *nutritive* des Plantes & des *Animaux*.

Les Découvertes de Mr. HERISSANT sur les *Pores*, les *Madrepores*, les *Co-*

raux, &c. nous éclairent beaucoup sur la véritable nature de toutes ces Productions marines; on peut même dire qu'elles nous la dévoilent entiérement. Mr. de REAUMUR nommoit le *Corail* un *Polypier*; comme on nomme un Nid de Guêpes un *Guépier*. (*) Cette Idée étoit très-fausse, & a été pourtant généralement adoptée d'après cet Illustre Naturaliste. (†) Moi-meme je ne me suis pas exprimé exactement sur ce Sujet dans l'Article 188 de mes *Considérations*: j'y ai aussi adopté le Mot très-équivoque de *Polypier*: je m'en suis encore servi Chap. XVII Part. VIII de ma *Contem-*

(*) *Mémoires pour servir à l'Histoire des Insectes*; T. IV. Préface.

(†) M. de BOMARE l'a pareillement admise en divers endroits de son *Dictionnaire d'Histoire naturelle*: voyez les Mots *Corail*, *Polype* &c. Il y a çà & là dans cet intéressant Ouvrage d'autres erreurs ou méprises, que je ne releverai pas. Il faut les pardonner à l'estimable Auteur, en considération de la grandeur de son entreprise, & de son zele infatigable pour l'avancement de l'Histoire Naturelle. Cette Science est aujourd'hui si étendue, qu'il est moralement impossible qu'un seul Homme puisse l'embrasser en entier. Il est même des Branches qui fourniroient seules la matiere de Dictionnaires aussi volumineux que celui-ci. On sentira un jour la nécessité de ne traiter plus l'*Histoire Naturelle* que par petites Parties, & je puis prédire qu'on publiera alors des Dictionnaires sur chacune de ces parties.

plation. Mon célebre Ami & Parent Mr. TREMBLEY, ne s'y est point mépris, & je regrette qu'il n'ait pas publié ses Observations sur le *Corail.* On sait, que ce sont ses admirables Découvertes sur le *Polype*, qui ont mis les Naturalistes sur les voies de pénétrer la véritable Origine des *Coraux* & de tous les Corps *marins* de la même Classe.

Le *Corail* n'est donc point un *Polypier*; il n'est point le *Nid* de certains *Polypes*; mais il fait réellement Corps avec les *Polypes* qui concourent à sa formation. Chaque Polype tient par des productions membraneuses ou gélatineuses à son espece d'Enveloppe. Ces productions *s'incrustent* bientôt d'une sorte de *Tartre* ou de *Craie*, & s'endurcissent peu à peu.

Je prie qu'on remarque bien que l'espece d'*Enveloppe* dont je parle, n'est que le *Polype* lui-même, qui dans son origine, est entiérement gélatineux. Cette Enveloppe est probablement composée d'un très-grand nombre de Couches, qui s'incrustent, & s'endurcissent successivement. Les Polypes du *Corail* multiplient, comme tant d'autres, par *Rejettons :* ces Rejettons en pouſſent eux-mêmes d'autres plus petits. Tous demeurent implantés les uns ſur les autres, & tous tiennent à un Tronc principal, qui n'eſt autre choſe que le premier Polype *générateur.* De là cette forme *branchue* qui eſt propre au *Corail,* & qui a contribué à le faire prendre pour une *Plante marine.* (*)

Au reſte, toutes les Expériences de Mr. HERISSANT, me donnent lieu de penſer, que les *Coquilles* & toutes les Subſtances analogues, ſont compoſées en très-grande partie d'*Air* & de *Terre.* On n'a pour s'en convaincre qu'à conſidérer cette quantité de vaiſſeaux pleins d'Air que notre Savant Académicien a découverts dans le *Parenchyme,* & la multitude de *Bulles,* qui ſe ſont élevées des morceaux de Coquille qui trempoient dans le Diſſolvant. Qu'on ſe rappelle ici les belles Expériences de Mr. HALES ſur le déguiſement de l'*Air* & ſur ſon incorporation aux différentes Subſtances. Il a

(*) *Conſid. ſur les Corps Organ.* Art. 188.

démontré que plusieurs Substances ne sont que les ⅔ ou les ½ d'Air condensé. (†) Quelle profonde Méchanique que celle qui exécute cette *assimilation*, ou si l'on aime mieux, cette *incorporation* de l'Air aux Substances organiques ! Quel Art que celui qui opere la même chose sur la *Lumiere* ; car il est probable que la Lumiere entre aussi dans la composition des Corps Organisés ! Nous ne pouvons pas espérer de percer jusqu'à des Infiniment-petits d'un tel Ordre : c'est déjà beaucoup que nous soyons parvenus à entrevoir le rôle que l'Air & la Lumiere jouent ici. Il est vraisemblable, que c'est sur-tout en *isolant* les Particules *élémentaires* de ces deux fluides, que les Organes les plus déliés du Tout organique operent l'incorporation dont il s'agit. (*)

(†) *Statique des Végétaux & Analyse de l'Air.*

(*) Environ deux mois après avoir écrit ceci, j'ai reçu de M. Herissant, une *Thèse* Latine soutenue dans les Ecoles de Médecine de Paris, le 24 de Novembre de cette année 1768, par un de ses Parens qui porte son nom. Ce Savant Académicien a fait inférer dans cette Thèse une nouvelle Découverte, qu'il venoit de faire sur l'*Organisation* de la Substance *animale* du Cartilage, & qui m'apprend *lui avoir coûté bien du tems*. Voici les termes de la *Thèse*, pag. 5. Il s'agit de l'*Os Pariétal* d'un Fœtus de six semaines, exposé

LES Idées que je viens de développer, me conduisent à une Conclusion générale : nous apprenons de la Physiologie, qu'il n'est aucune Partie organique qui ne soit revêtue extérieurement & intérieurement du *Tissu cellulaire* ou *parenchymateux*. Il est si universellement répandu, qu'il embrasse le Système entier des Fibres. On peut donc le regarder comme le principal Instrument de l'Accroissement. C'est dans ses *Mailles* ou dans ses Pores, variés presque à l'infini, que se font les diverses *incrustations* ou incorporations, qui déterminent le de-

---

au Foyer d'une Lentille, après avoir été plongé dans la Liqueur acide. *Quod avidè intuenti sese prodidit, eò magis mirandum quòd incognitum antea, nec à quolibet descriptum. Et verò nec fibrarum sive longitudinalium, sive transversim, aut orbiculariter discurrentium, nec lamellarum, nec stratorum ullum patuit vestigium. Corpus unum detectum est spongiosum, aut cellulosum innumeris filamentis, ut ita dicam, reteporis constans, sibi invicem implicatis, quæ in omnes sensus crescunt, & plurimas ramificationes aut vegetationes efformant ab eodem centro procedentes. Quamdam formæ similitudinem deprehendes, hæ inter vegetationum species & ramusculos quibus constat substantia corporis cujusdam maritimi quod à Tournefortio Corallum album foliatum nuncupatur. Accretionis tempore, varii ramusculi sibi, quoquò occurrant, agglutinantur, & sic undequaque pergunt donec ad absolutum pervenerit incrementum substantiæ animalis, & corpus omnino spongiosum effecerit.* Les Figures jointes à cette *Thèse* rendent admirablement bien tout ceci.

gré de confiſtance, l'Accroiſſement & les Modifications les plus eſſentielles de chaque Partie. Mais l'*incorporation* des Molécules *alimentaires* ſuppoſe leur *ſéparation* d'une Maſſe commune, leur préparation ou leur *aſſimilation*. Le Tiſſu *cellulaire* eſt donc un Organe *ſécrétoire*: il a été conſtruit dans un rapport direct aux diverſes fonctions qu'il devoit exercer, & dont la *Nutrition* & le *Développement* dépendoient eſſentiellement. Les *Mailles* ou les *Cellules* de ce Tiſſu renferment donc des *Conditions* relatives à ces importantes fins. Que de choſes, & de choſes infiniment intéreſſantes ſe dérobent ici à notre foible vue! Comment la Matiere *alimentaire* eſt-elle portée au *Tiſſu cellulaire* ? Comment y eſt-elle reçue, ſéparée, élaborée ? Comment les Molécules ſéparées & élaborées ſont-elles *incorporées* au *Tiſſu* ? Comment opé-

---

Je l'écrivois le 12 de Décembre à M. HERISSANT: je ſoupçonnerois, que ce qui ne paroît point ici *fibreux*, l'eſt réellement. Je comparerois ce qui ſe paſſe ici, à ce qui ſe paſſe dans la *Membrane ombilicale*. Voyez l'Article 164 de mes *Corps Organiſés*, où je décris les premiers Accroiſſemens de cette *Membrane*, d'après l'Illuſtre M. de HALLER.

Je fais grande attention à ce *Centre*, d'où l'Accroiſ-

rent-elles son *extension* en tout sens ? Comment arrive-t-il qu'en se déposant dans les Mailles de chaque Partie *organique*, ces Molécules n'alterent ni sa Structure ni ses Proportions ? Toutes nos lumieres physiologiques & tous les secours de l'Art ne suffisent point pour éclaircir les ténebres épaisses qui couvrent ici le travail de la Nature, & ce seroit bien vainement que nous tenterions de le deviner. Il semble que nous ne soyons pas faits pour pénétrer ces profonds mysteres de l'Economie organique : ils n'ont pas assez de proportion avec nos Facultés actuelles.

Je le disois dans le Chapitre IX de mon *Essai Analytique sur l'Ame*, §. 103, en exposant mes Idées sur le *Physique*

sement semble partir, pour s'étendre à la ronde, & que la Figure 2 exprime très bien.

Ne semble-t-il pas que ce *Centre* soit un *Foyer* d'Action, une sorte de petit *Cœur* ou de petit *Mobile*, destiné à exercer de tous côtés une *Force* impulsive, & à chasser ainsi le Fluide *alimentaire*.

Il me vient là-dessus une Idée, qu'on ne prendra, si l'on veut, que pour une Vision : n'y auroit-il point dans chaque partie *organique*, & même dans chaque *Fibre*, un pareil *Foyer*, un pareil *Mobile*, appellé à procurer l'extension de la partie en tout sens ?

de la *Réminiscence :* « Lorsque nous vou-
» lons saisir la Nature tandis qu'elle est
» occupée à l'important Ouvrage de la
» *Nutrition* ou du *Développement*, elle
» se couvre de nuages épais qui la déro-
» bent à nos regards ; & plus nous ten-
» tons d'avancer, plus ces nuages sem-
» blent s'épaissir. Nous avons beau re-
» courir aux images, aux comparaisons,
» aux hypothèses, nous ne parvenons
» point à nous faire une idée nette de son
» travail. Nous sommes donc réduits à
» nous contenter des notions générales
» qui paroissent résulter des Faits qu'il
» nous est permis d'oserver ; & ce sont
» ces notions dont je viens de donner un
» précis.

Je ne saurois finir cette Partie, sans
dire un mot d'une Découverte importante
de M. SPALLANZANI, qui concourt
avec celles sur le *Poulet* (*) à établir la
Préexistence du Germe à la *Fécondation.*
Il a comparé les Œufs de Grenouilles
non-fécondés à ceux qui l'avoient été ;
& quoiqu'il ait poussé la comparaison

(*) *Consid. sur les Corps Organ.* T. I. Chap. IX.
Contemp. de la Nat. Part. VII. Chap. VIII, IX, X.
Tableau des Considérations, Art. VII, VIII &c.

jusques

jusques dans les plus grands détails, il n'a pu découvrir la plus légere différence entre les uns & les autres. (*)

De cette comparaison est sortie une autre Vérité, inconnue aux Naturalistes qui s'étoient le plus occupés des *Grenouilles*. Mr. SPALLANZANI a découvert que ce qu'ils avoient pris dans cette Espece d'Amphibie pour de véritables Œufs, est l'Animal lui-même replié & concentré ; ensorte que la Grenouille est plutôt *vivipare*, qu'*ovipare*.

Là-dessus, notre habile Observateur fait ce raisonnement : † « Les Œufs qui
» *n'ont point été fécondés* ne different en
» quoi que ce soit des Œufs *fécondés*; or
» les Œufs fécondés ne sont que les *Tétards concentrés & repliés sur eux-mêmes*;
» donc on en doit dire de même des Œufs
» qui n'ont pas été fécondés. Donc les
» Tétards *préexistent à la fécondation*, &
» n'attendent pour se développer que le
» secours de la Liqueur *séminale* du Mâle.»

(*) *Programme ou Précis d'un Ouvrage sur les Reproductions animales*; traduit de l'Italien, à Geneve, chez Claude Philibert 1768. Chap. v.

(†) *Ibid.* pag. 51.

Bien des années avant les Découvertes sur le *Poulet*, & par conséquent avant celles sur les prétendus *Œufs* des *Grenouilles*, je m'étois exprimé ainsi : (*)
„ On veut juger du temps où les Parties
„ d'un Corps organisé ont commencé
„ d'exister, par celui où elles ont com-
„ mencé de devenir sensibles. On ne
„ considere point que le repos, la peti-
„ tesse & la transparence de quelques-
„ unes de ces Parties, peuvent nous les
„ rendre invisibles, quoiqu'elles existent
„ réellement. "

Le *Poulet* & la *Grenouille* se réunissent donc pour décider la fameuse Question, si le *Germe* appartient au *Mâle* ou à la *Femelle* ou à tous les deux *ensemble*. On sait, qu'on avoit disputé pendant bien des Siecles sur cette Question, & l'on connoît les diverses *Hypotheses* (†) auxquelles elle avoit donné naissance. On n'avoit garde de soupçonner, que pour pénétrer le secret de la Nature, il ne fallût qu'examiner un *Œuf* de Poule (**) ou le *Fray* des Grenouilles. On avoit

(*) *Consid. sur les Corps Organ.* Préface pag. VI,
VII, VIII. Art. 125.
(†) *Ibid. passim.* (**) *Ibid.* Art. 153.

donc discouru pendant des Siecles sur un Point de Physiologie, que quelques jours d'observation auroient pu décider : mais, les Hommes auront toujours plus de disposition à discourir, qu'à observer & à expérimenter. Le célebre Inventeur de la *Méthode* de philosopher, le grand DESCARTES, s'il est besoin de le nommer, avoit-il soupçonné, que pour *anatomiser* la Lumiere, il ne fallût qu'en faire tomber un Rayon sur un *Prisme*, ou observer une *Bulle de Savon?* Il connoissoit le Prisme & la Bulle de Savon; mais, il lui manquoit les yeux du Pere de l'*Optique*.

J'ai suivi (*) aussi loin qu'il m'a été possible, les divers traits d'*Analogie* que nous offrent les Végétaux & les Animaux : j'ai comparé entr'eux plusieurs de ces traits, (†) & j'ai cru pouvoir en tirer cette Conséquence que le Germe du Végétal *préexiste* à la *Fécondation*, comme celui de l'Animal. J'ai montré la grande ressemblance qui est entre la *Graine* & l'*Œuf*. L'Anatomie d'une *Feve* ou d'un *Pois*

(*) *Ibid.* T. I. Chap. X, XI, XII. *Contemp. de la Nat.* Part. X. *Tableau des Considérations*, XIII.

(†) *Contemplat. de la Nat.* Part. VII, Chap. XIX, Part. X, Chap. II, III, X, XI, XII, XIII.

démontre, que la *Plantule* qui y est logée en entier, fait corps avec ses *Enveloppes*. Les *Vaisseaux* très-déliés qui se ramifient dans la Substance *farineuse* partent du Germe ou de la *Plantule*. Je suis parvenu à *injecter* ces Vaisseaux par une sorte d'injection naturelle, (*) qui les rendoit très-sensibles. Or, si la *Graine* est à la plante, ce que l'*Œuf* est à l'Animal, ne s'ensuit-il pas, que si la Graine préexiste à la *Fécondation*, la *Plantule* y *préexiste* aussi ?

Il semble donc, qu'il ne s'agisse plus que de s'assurer de cette *Préexistence* de la Graine pour être certain que le *Germe* y préexiste pareillement. J'invite mes Lecteurs à s'en assurer eux-mêmes par une Observation la plus simple & la plus facile, & que je ne sache pas néanmoins qui eût encore été faite. Je la dois à un excellent Observateur, (†) dont les

---

(*) *Recherches sur l'Usage des Feuilles dans les Plantes*, pag. 256.

(†) M. MULLER, Gentilhomme Danois, de l'Académie Impériale Léopoldine. Il travaille à un Traité sur les *Champignons*, Plantes si peu connues encore & si dignes de l'être. Ce qu'il a bien voulu me communiquer de cet Ouvrage m'a assez appris tout ce que les Naturalistes peuvent attendre de ses lumieres, de ses talens & de son zele infatigable pour la perfection de l'Histoire Naturelle.

Yeux ont su découvrir des Vérités plus cachées. Il a très-bien vu, & m'a fait voir (*) très-distinctement les *Siliques* du *Pois*, avant l'épanouissement de la *Fleur*, ou ce qui revient au même, avant que les *Poussieres fécondantes* eussent pu agir. Une Loupe médiocre suffisoit pour faire découvrir dans ces *Siliques* les *Grains*, qui y étoient rangés à la file : je parvenois sans peine à les démêler & même à les compter.

Si pour infirmer ces belles preuves que les nouvelles Découvertes, & en particulier celles sur le *Poulet*, nous fournissent de la *Préexistence* du Germe à la *Fécondation*; on recouroit à la supposition qu'une partie du Germe est fournie par le Coq, l'autre partie par la Poule, & que les deux Parties ou les *deux Corps* (†) de l'Embryon *se greffent* l'un à l'autre

_____

(*) En Juillet 1766.
(†) « Dans ces premiers temps, le Poulet paroît donc un Animal à deux Corps. La Tête, le Tronc, & les Extrémités composent l'un de ces Corps ; le Jaune & ses Dépendances composent l'autre. Mais à la fin de l'Incubation, la Membrane ombilicale se flétrit, le Jaune & les Intestins sont repoussés dans le Corps du Poulet par l'irritabilité qu'acquièrent les Muscles du Bas-Ventre, & le petit Animal n'a plus qu'un seul Corps ». *Consid. sur les Corps Organisés* Art. 146.

dans l'acte de la Génération ; si, dis-je, on recouroit à une pareille supposition, l'on diroit la chose du monde la plus improbable. Mais pour sentir fortement l'excès de cette improbabilité, il faut prendre la peine de descendre dans le détail & dans le plus grand détail. Il faut se représenter, si on le peut, ce qu'est un *Systême vasculeux*, ce qu'est un *Systême nerveux* : il faut réfléchir un peu profondément sur la prodigieuse *composition* de l'un & de l'autre. Il faut, sur-tout, n'oublier point, que parmi les milliers & peut-être les millions de Vaisseaux de différens Ordres qui composent le *Systême vasculeux*, il n'en est pas un seul qui ne soit accompagné d'un *Nerf*, & que la distribution des Nerfs, comme celle des Vaisseaux, offre des variétés presqu'infinies. Qu'on se demande après cela, si cette *Greffe*, qu'on suppose si gratuitement ici, est tant soit peu probable.

Je pourrois objecter encore.... mais, en vérité, ne seroit-ce pas me défier trop de la pénétration & du discernement de mon Lecteur, que d'argumenter davantage contre une supposition, qui n'a pas même en sa faveur le plus petit air de vraisemblance: D'ailleurs je ne dois pas oublier que je ne fais point actuellement un Traité de la *Génération*, & je ne l'ai déjà que trop oublié. Je prie donc ceux de mes Lecteurs qui souhaiteront de pousser plus loin cet examen intéressant, de consulter principalement les Chapitres IX & X du Tom. I. de mes *Considérations*, & les Chapitres VIII, IX, X, XI, XII de la Partie VII de ma *Contemplation*.

A Genthod près de Geneve, le 21 Septembre 1768.

NOTES

Qui devoient être insérées dans la Partie XI.

ON a vu dans la *Note* que j'ai mise au bas de la page 412 du Tome I. de cet Ouvrage, le Précis d'une Lettre que j'avois écrite à M. HERISSANT le 12 de Décembre 1768, au sujet d'une Thèse sur l'*Accroissement des Os*, qu'il m'avoit envoyée, & qui contenoit de nouvelles Observations sur cette Matiere. Des circonstances particulieres ayant retardé la Réponse de ce Savant Académicien, je ne l'ai reçue que le 10º de Mars suivant, lorsque l'Impression de mon second Volume étoit déja très avancée. Comme cette Réponse confirme les Idées que je m'étois faites sur l'*Accroissement* en général, & qu'elle donne le Précis de la Théorie de M. HERISSANT sur celui des *Os* en particulier; je crois convenable de la placer ici.

A Paris le 3 de Mars 1769.

« Vous me mandez, Monsieur, dans votre Lettre » du 12 de Décembre dernier, que vous soupçonnez, » *que ce qui ne paroît point fibreux, l'est réellement* dans la » Substance *animale* du *Pariétal* dont il s'agit dans la » *Thèse* de mon Cousin. Faites attention, je vous prie, » qu'il est dit dans cette *Thèse*, page 5; *filamentis, ut » ita dicam, reteporis constans sibi invicem implicatis &c.* » Il n'est donc rien dans cette phrase qui ne s'accorde » avec le mot *fibreux*.

» Voici donc en abrégé ce que je pense. La Composition des *Os* ne consiste pas, comme on l'a pensé » jusqu'ici, en un certain arrangement de Fibres soit » *longitudinales* dans les *Os longs*, soit *radiées* dans les » *Os plats*; comme, par exemple, les *Os* du *Crâne*, » &c. ces Fibres qu'on suppose, ne sont point non » plus arrangées ni disposées de maniere à former des » *Plaques* appliquées les unes sur les autres par *couches*;

» mais cette Composition des *Os* consiste en une Subs-
» tance *animale* formée de *Filamens* disposés en tout
» sens comme ceux des *Eponges*: son accroissement se
» fait de même par l'Evolution graduée des *Mailles* qui
» résultent de l'arrangement des *Filamens rétéporeux*,
» dont cette Substance *animale* n'est qu'un Tissu.

» Cette Substance animale & spongieuse des *Os* croit
» en formant d'abord des ramifications qui végetent les
» unes des autres. Ces ramifications se confondent en-
» suite ensemble pour former une Masse spongieuse
» figurée à l'*Os* qu'elle doit représenter.

» Telle est l'Idée abrégée que je puis vous présenter
» ici de la Structure de la Substance *animale* des Par-
» ties *osseuses*, dont l'*Evolution* a, selon moi, une
» grande Analogie avec celle que vous avez très-bien
» établie dans l'Article 164 de vos *Corps Organisés*,
» en parlant de la *Membrane ombilicale* du Poulet.

Je ne puis laisser ignorer au Public, que M. l'Abbé
SPALLANZANI, qui a fait de si belles Découvertes sur
les Reproductions *animales*, est ce même *Professeur de
Reggio* aux Observations duquel M. NÉEDHAM me ren-
voyoit avec confiance pour la confirmation des Idées
étranges qu'il s'étoit formées sur la nature des *Animalcules des Infusions*, & que j'ai exposées & combattues
dans le Chapitre VI du Tom. II de mes *Considérations
sur les Corps Organisés*. *Je n'ai trouvé encore aucune
raison de changer mes Sentimens sur ces Animalcules*,
m'écrivoit M. NÉEDHAM dans cette Lettre dont j'ai
donné l'Extrait à la fin de ce Chapitre: *j'ai souvent
répété les mêmes Expériences, avec le même succès; &
encore depuis peu un Professeur de Reggio a fait précisément les mêmes Observations, auxquelles il en a ajouté
plusieurs autres pour confirmer mes sentimens là-dessus.
Il va les publier, & vous les verrez bientôt*.

A la suite de l'Extrait de cette Lettre, je m'exprimois ainsi : « En attendant la publication de ces nou-

» velles Observations, j'oserois bien prédire qu'elles
» ne *démontreront* pas que les Animalcules dont il s'agit,
» ayent une Origine aussi étrange que l'a pensé & que
» le pense encore mon célebre Confrere. Je m'en tiens
» donc sans balancer, aux réflexions que je viens de
» soumettre au jugement du Lecteur éclairé & impartial.

Je ne m'étois pas attendu en écrivant ceci, que le *Professeur de Reggio* se feroit lui-même connoître à moi, & qu'il m'enverroit une *Dissertation sur les Animalcules des Infusions* qui confirmeroit pleinement mon espece de *prédiction*, & qui étayeroit les Argumens par lesquels j'avois tenté de réfuter les Opinions singulieres de M. NEEDHAM. C'est pourtant ce que j'ai eu le plaisir de voir arriver. Le *Professeur de Reggio*, aujourd'hui M. SPALLANZANI, a prouvé par un grand nombre d'Expériences bien faites, que les Etres *microscopiques* dont il s'agit, sont de vrais *Animalcules*, qui ne doivent point leur *Origine* à une sorte de *Végétation*, comme l'avoit pensé M. NEEDHAM ; qu'il n'est point de *Conversion de Filamens en Animalcules*, & *d'Animalcules en Filamens* ; en un mot, que les *Animalcules des Infusions* ont une Origine aussi *réguliere* que je l'avois présumé ; qu'ils ne la doivent point à une prétendue Force *végétatrice* ou *formatrice* inhérente à la Matiere de l'*Infusion*, & qu'il n'est point ici de ces *Générations* qu'on a nommées *équivoques*. On lira dans la *Note* que j'ai mise au bas de la page 107 du Tome II de cette *Palingénésie*, les principaux Résultats des Observations de M. SPALLANZANI sur ces *Animalcules*.

Au reste, cet habile Observateur n'avoit point lu mes *Considérations sur les Corps Organisés* lorsqu'il composoit sa *Dissertation sur les Animalcules*, publiée en italien en 1765. Il est donc d'autant plus remarquable que nous nous soyons si bien rencontrés dans le jugement que nous avons porté des Opinions de M. NEEDHAM, & que sans nous être rien communiqué, nous ayons tiré tous deux les mêmes Conséquences générales.

DANS le Chapitre VIII du Tome I de mes *Considérations sur les Corps organisés*, j'avois hasardé quelques

Conjectures sur la nature des *Animalcules des Infusions* & sur leur maniere de multiplier. J'avois dit, Art. 133: « Préférons des Conjectures qui ayent leur fon-
» dement dans l'Obfevation ou l'Expérience. Compa-
» rons les Animalcules en question, aux *Polypes* & aux
» autres Infectes qui se multiplient de Bouture.....
» Suppofons qu'ils se propagent, soit par une *divifion*
» *naturelle* semblable ou analogue à celle des *Polypes*
» *à Bouquet*, soit en se rompant ou en se partageant
» avec une extrême facilité, comme les petites *An-
» guilles* de l'Eau douce, dont j'ai parlé dans mon
» *Traité d'Infectologie*, Obf. XXI, Part. II. Nous expli-
» querons par-là affez heureufement les principaux Phé-
» nomenes que nous offrent les *Animalcules*, en par-
» ticulier, celui de leur diminution de groffeur, & de
» leur augmentation de nombre.

Je n'avois pas trop efpéré, je l'avoue, que ces Conjectures fe vérifieroient un jour, & je n'y étois pas fort attaché. Ces *Animalcules* font fi petits, qu'il n'étoit pas facile de préfumer qu'on parviendroit à nous dévoiler le Myftere de leur *Multiplication*. Il eft pourtant dévoilé aujourd'hui ce *Myftere*, & nous en fommes redevables aux Recherches d'un Naturaliste, qui quoique très-initié dans l'Art fi peu commun encore d'interroger la Nature, ne fe preffe point d'en publier les Oracles, parce qu'il eft affez modefte pour craindre toujours de ne les avoir pas bien entendus. Ce Naturalifte eft déja connu du petit nombre de fes pareils, par un Écrit qu'il mit au jour en 1762, & où l'on trouve des Obfervations très-fines fur un Sujet fort peu connu, *fur les Pétales des Fleurs*. On voit que je parle de M. de SAUSSURE, qui dans un âge où le commun des Hommes ne fait que commencer à penfer, rempliffoit déja avec diftinction une de nos Chaires de Philofophie. Le tendre attachement qu'il a pour moi, & que je mérite par celui que je lui ai voué, ne lui permettoit pas de me laiffer ignorer fes Découvertes fur la maniere dont les *Animalcules des Infufions* multiplient: il me les a racontées affez en détail dans une Lettre, que je produis ici avec d'autant plus de plaifir, qu'elle me paroit plus digne de l'attention des Obfervateurs.

A Geneve, le 28 de Septembre 1769.

» Vous aviez donc, Monsieur, bien raison de pen-
» ser que les *Animalcules des Infusions* pouvoient comme
» les Polypes se multiplier par une *division & subdivi-*
» *sion* continuelles. Vous ne proposiez cette opinion
» que comme un *doute*; mais les Observations que j'ai
» faites sur plusieurs Especes de ces singuliers Ani-
» maux, m'ont convaincu qu'on pouvoit la regarder
» comme une *vérité*. Ceux de ces Animaux qui ont
» une forme ronde ou ovale sans aucun Bec ou Cro-
» chet en avant, se divisent en deux transversalement.
» Il se forme au milieu de leur longueur un étrangle-
» ment qui augmente peu à peu jusques à ce que les
» deux Parties ne tiennent plus qu'à un fil. Alors l'Ani-
» mal ou plutôt les deux Animaux font de grands
» efforts pour achever la division, & après leur sépa-
» ration, ils demeurent quelques momens comme en-
» gourdis, mais ensuite ils se mettent à courir çà &
» là dans la Liqueur, comme le faisoit l'Animal entier
» dont ils ont été produits.

» Vous comprenez bien, Monsieur, que dans ces
» premiers momens de leur nouvelle vie ils doivent
» être plus petits que l'Animal de la division duquel
» ils résultent ; chacun d'eux n'est que la moitié de ce
» Tout, mais ils grossissent en peu de temps, acquie-
» rent la grandeur du Tout dont ils ont fait Partie, & se
» divisent à leur tour en Animaux qui viennent aussi
» à les égaler.

» M. l'Abbé NEEDHAM m'a fait l'honneur de parler
» avec éloge de cette Observation dans ses *Notes* (*)
» sur la Traduction du bel Ouvrage de M. SPALLAN-
» ZANI, & il s'en sert pour appuyer son Système,
» qui est, que les plus petites Especes d'Animal-
» cules qu'on voit dans les *Infusions*, celles-là même
» qui aux plus forts Microscopes ne paroissent que
» des Points, sont produites par la *division & subdivi-*

(*) Ces *Notes* ont été imprimées à Paris en 1768, à la fin de la
Traduction Françoise de l'Ouvrage de M. SPALLANZANI sur les *Animalcules des Infusions*, publié en Italien en 1765.

» *sion* continuelles des grandes Especes. Mais sans
» doute que pendant l'espace de quatre ans qui s'est
» écoulé depuis que je lui communiquai cette Obser-
» vation, il aura oublié que j'avois constamment observé
» que les Parties de l'Animalcule divisé, deviennent
» en peu de temps aussi grandes que les Touts aux-
» quels elles ont appartenu ; ensorte qu'on retrouvoit
» dans les Générations la même constance & la même
» uniformité que l'on voit dans le reste de la Nature.
» Peut-être n'insistai-je pas avec M. NEEDHAM sur cette
» particularité ; peut-être ne lui dis-je pas, que pour
» écarter toute espece de doute, j'étois venu à bout
» à force de patience, de mettre un de ces Animaux
» parfaitement seul dans une goutte d'eau, que cet
» Animal s'étoit partagé en deux sous mes yeux, que
» le lendemain ces deux en étoient devenus cinq, le
» surlendemain soixante, le troisieme jour un si grand
» nombre qu'il m'avoit été impossible de les compter,
» & que tous, excepté ceux qui venoient d'être pro-
» duits sur l'heure, étoient égaux à celui dont ils
» étoient sortis.

» Si vous voyiez, Monsieur, pour la premiere fois
» un de ces Animaux dans le moment où il est sur le
» point de se diviser, vous croiriez que ce sont deux
» Animaux accouplés. Je m'y trompai complettement
» la premiere fois que je les vis, je crus comme MI-
» CROMÉGAS avoir pris la nature sur le fait ; je ne fus
» détrompé que quand j'en eu vu un passer successi-
» vement dans l'espace de vingt minutes par tous les
» degrés qui séparent l'étranglement le plus impercep-
» tible d'une séparation parfaite.

» Et ce qu'il y a de plus remarquable par rapport
» à l'instinct de ces Animaux, c'est que quand ils en
» voient ou du moins en apperçoivent deux qui sont
» sur le point de se séparer, mais qui ont de la peine
» à en venir à bout, ils se précipitent entr'eux, comme
» pour leur aider à rompre les ligamens qui les retien-
» nent, & l'on ne sauroit soupçonner que ce soit une
» rencontre fortuite, parce qu'à l'ordinaire ils s'évitent
» très-soigneusement, & ne se heurtent jamais dans
» leurs courses, quelque rapides qu'elles soient.

» Une autre Espece que jai trouvée dans l'infusion
» de Graine de Chanvre, & qui a un Bec ou Crochet
» en avant, se multiplie aussi *par division*, mais d'une
» maniere bien plus singuliere que celle dont je viens
» de vous entretenir. Lorsque l'Animalcule est sur le
» point de se diviser, il cherche au fond de l'Infusion
» une place qui lui convienne, & c'est ordinairement
» cette espece de Mucilage demi-transparent qui se
» forme dans l'Infusion du Chenevis. On voit l'Ani-
» mal aller, revenir, essayer une place, en essayer
» une autre, & puis enfin se fixer. Il *rammoncelle* alors
» son Corps naturellement un peu allongé, & fait ren-
» trer ou du moins disparoitre son Bec crochu, en-
» sorte qu'il prend la forme d'une petite Sphere. Alors
» il commence insensiblement à tourner sur lui-même,
» de maniere que le centre de son mouvement de-
» meure fixe, & que la Boule ne change point du
» tout de place. Ce mouvement se fait avec la plus par-
» faite régularité, & ce qu'il y a de bien remarquable,
» c'est que la direction de cette rotation change con-
» tinuellement: ensorte que si vous l'avez vu d'abord
» tourner de droite à gauche, vous le voyez peu de
» temps après tourner d'avant en arriere, puis de
» gauche à droite, puis d'arriere en avant, &c. Tous
» ces changemens se font par degrés insensibles & sans
» que l'Animalcule ou la Machine tournante change
» jamais de place. Sur la fin, le mouvement s'accélere,
» & au lieu que la Boule vous paroissoit uniforme, vous
» commencez à y appercevoir deux divisions en croix
» comme sur la coque d'un Marron prêt à s'ouvrir. Peu
» après l'Animal s'agite, se tremousse, & enfin se
» partage en quatre animalcules parfaitement sembla-
» bles à celui dont ils ont été produits, mais seule-
» ment plus petits. Ils grossissent ensuite, se subdivisent
» chacun en quatre qui grossissent à leur tour; je n'ai
» pu voir aucune fin à cette *subdivision*, & toujours
» les petits sont venus à égaler leurs Peres, si du moins
» on peut se servir du nom de *Pere* dans cet ordre sin-
» gulier de Générations. »

On peut juger par ces intéressans détails, combien
la *Multiplication* de ces *Animalcules* est analogue à celle
des *Polypes à Bouquet*, que j'ai décrite assez au long,

art. 199, 200, 201, 319, 320 de mes *Confidérations fur les Corps Organifés*, & Chap. XI, de la Part. VIII de ma *Contemplation de la Nature*.

La derniere efpece d'*Animalcules* dont M. de SAUSSURE fait mention dans fa Lettre, lui a offert une autre analogie avec les *Polypes à Bouquet*. On fait que ces derniers excitent dans l'Eau un petit tournoyement, qui précipite vers leur Bouche les divers Corpufcules dont ils fe nourriffent. Nos Animalcules favent auffi exciter dans la Liqueur de l'Infufion un pareil mouvement, & fans doute pour la même fin.

Au refte, je me faifois une forte de peine d'enrichir de ces Découvertes cette feconde Edition de la *Palingénéfie*; je me reprochois d'en priver ceux qui avoient acheté la premiere édition : mais j'efpere qu'ils me le pardonneront, fi je leur dis, que je ne manquerai pas de les inférer dans un Recueil de quelques autres Pieces que je me propofe de publier fous le titre *d'Opufcules*, &c.

Fin du Tome premier.

www.ingramcontent.com/pod-product-compliance
Lightning Source LLC
Chambersburg PA
CBHW051816230426
43671CB00008B/728